Economia e Finanças Públicas

Economia e Finanças Públicas
DA TEORIA À PRÁTICA

Paulo Trigo Pereira
Professor Associado do ISEG

3ª Edição
COM CAPÍTULO SOBRE A CRISE 2009-2015

ECONOMIA E FINANÇAS PÚBLICAS
AUTOR
PAULO TRIGO PEREIRA
EDITOR
EDIÇÕES ALMEDINA, S.A.
Rua Fernandes Tomás, nºs 76, 78, 80
3000-167 Coimbra
Tel.: 239 851 904 · Fax: 239 851 901
www.almedina.net · editora@almedina.net
DESIGN DE CAPA
FBA.
PRÉ-IMPRESSÃO
G.C. – GRÁFICA DE COIMBRA, LDA.
Palheira Assafarge, 3001-453 Coimbra
producao@graficadecoimbra.pt
IMPRESSÃO E ACABAMENTO
Tipografia Lousanense, Lda. – Lousã
Fevereiro, 2012
DEPÓSITO LEGAL
340608/12

Apesar do cuidado e rigor colocados na elaboração da presente obra, devem os diplomas legais dela constantes ser sempre objecto de confirmação com as publicações oficiais.

Toda a reprodução desta obra, por fotocópia ou outro qualquer processo, sem prévia autorização escrita do Editor, é ilícita e passível de procedimento judicial contra o infractor.

BIBLIOTECA NACIONAL DE PORTUGAL – CATALOGAÇÃO NA PUBLICAÇÃO

PEREIRA, Paulo Trigo

Economia e finanças públicas : da teoria à prática. – 3ª ed
ISBN 978-972-40-4781-2

CDU 336

*à memória de
Luís Melo Breyner,
meu Pai*

ÍNDICE

1. **Economia e finanças públicas em democracia** 5
   Resumo 1
   Tópicos de reflexão: Capítulo 1 3
   Questões de escolha múltipla 5

2. **Teorias sobre o papel do Estado** 11
   Resumo 11
   Tópicos de reflexão: Capítulo 2 13
   Questões de escolha múltipla 16

3. **Fundamentos para a intervenção pública** 27
   Resumo 27
   Tópicos de reflexão: Capítulo 3 29
   Questões de escolha múltipla 32
   Exercícios sobre bens públicos e bens mistos 41

4. **Escolhas colectivas e decisão política** 45
   Resumo 45
   Tópicos de reflexão: Capítulo 4 47
   Questões de escolha múltipla 49

5. **Teorias e políticas públicas num contexto de incerteza** 53
   Resumo 53
   Tópicos de reflexão: Capítulo 5 55
   Questões de escolha múltipla 58
   Exercícios sobre externalidades e teorema de Coase 62

6. **Despesas públicas: avaliação e tendências** 65
   Resumo 65
   Tópicos de reflexão: Capítulo 6 67
   Questões de escolha múltipla 70

7. **Receitas públicas e sistema fiscal: uma introdução** 73
   Resumo 73
   Tópicos de reflexão: Capítulo 7 75
   Questões de escolha múltipla 77
   Exercícios sobre incidência económica e carga excedentária
   de impostos unitários em mercado concorrencial 84

8. **Tributação, eficiência e equidade: desenvolvimentos** 87
   Resumo 87
   Tópicos de reflexão: Capítulo 8 90
   Questões de escolha múltipla 91
   Exercícios sobre impostos em mercados concorrenciais de bens ou de
   trabalho (imposto ad valorem) e em mercado monopolista de bens
   (unitário e ad valorem) 94

9. **O sistema fiscal português** 97
   Resumo 97
   Tópicos de reflexão: Capítulo 9 100
   Questões de escolha múltipla 104
   Exercícios sobre fiscalidade 107
   Nota sobre o IVA: confusões e controvérsias 113

10. **Federalismo orçamental e descentralização** 117
    Resumo 117
    Tópicos de reflexão: capítulo 10 119
    Questões de escolha múltipla 122

11. **O sector público em Portugal: âmbito, estrutura e contas** ... 125
    Resumo 125
    Tópicos de reflexão: capítulo 11 128
    Questões de escolha múltipla 130
    Exercícios sobre contas das administrações públicas 136

12. **Orçamento do Estado** 143
    Resumo 143
    Tópicos de reflexão: capítulo 12 145
    Questões de escolha múltipla 148
    Exercícios sobre Orçamento do Estado 153

13. **Política Orçamental** 159
    Tópicos de reflexão: capítulo 13 161
    Questões de escolha múltipla 163
    Exercícios sobre finanças e política orçamental 166

14. Sustentabilidade das Finanças Públicas 173
    Resumo 173
    Tópicos de reflexão: Capítulo 14 175
    Questões de escolha múltipla 177
    Exercício sobre dívida pública 180

15. Política Orçamental na União Europeia 181
    Resumo 181
    Tópicos de reflexão: Capítulo 15 183
    Questões de escolha múltipla 184
    Exercícios: Capítulo 15 186

16. A crise económica e orçamental 2009-2015 (?) 191

Exercícios Resolvidos 201

Capítulo 3 203
    Exercício E.3.1. 203
    Exercício E.3.2. 204
    Exercício E.3.3 205
Capítulo 5 206
    Exercício E.5.1. 206
    Exercício E.5.2. 207
    Exercício E.5.3. 209
    Exercício E.5.4. 211
Capítulo 7 211
    Exercício E.7.1. 211
    Exercício E.7.3. 215
Capítulo 8 218
    Exercício E.8.3. 219
    Exercício E.8.5. 222
Capítulo 9 224
    Exercício E.9.1. 224
    Exercício E.9.6. 225
Capítulo 11 228
    Exercício E.11.5. 228
Capítulo 12 232
    Exercício E.12.1. 232
Capítulo 14 235
    Exercício E.14.1. 235
Capítulo 15 237
    Exercício 15.1. 237

A. Anexos Estatísticos	**239**
Contas e Estimativas das Administrações Públicas	241
Subsector Estado	251
Subsector Fundos e Serviços Autónomos (da Adm. Central)	259
Subsector da Segurança Social	263
Subsector da Administração Regional e Local	267
Outros dados sobre Portugal	273
Dados de países da União Europeia e OCDE	279
Legislação	**299**
Bibliografia	**301**

Índice de Quadros

Quadro 6.1 –	Despesa das Administrações Públicas em % PIBpm (PT,EU15, EU27)	68
Quadro 6.2 –	Esperança de vida à nascença (PT e UE15)	69
Quadro 6.3 –	Projecções do rácio de dependência dos idosos até 2060	69
Quadro 9.1 –	Despesa Fiscal em IRS (2005-2008)	101
Quadro 9.2 –	Estrutura Fiscal em Portugal e na UE15	102
Quadro 9.3 –	Taxas e escalões de IRS para 2011	108
Quadro 9.4 –	Taxas e escalões de IRS para 2008	109
Quadro 9.5 –	Imposto Sobre Veículos (Tabela A) para 2012	110
Quadro 9.6 –	Imposto Único Automóvel (IUC), automóveis ligeiros, 2008	111
Quadro 11.1 –	Estrutura de Receitas e Despesas das Admin. Públicas (2001)	129
Quadro 11.2 –	Estrutura de Receitas e Despesas das Admin. Públicas (2007)	130
Quadro 11.3 –	Estimativa das Receitas e Despesas do Sector Público Administrativo (2010)	136
Quadro 11.4 –	Estimativa das Receitas e Despesas das Administrações Públicas (2011)	137
Quadro 11.5 –	Estimativa das Receitas e Despesas das Administrações Públicas, 2005	139
Quadro 11.6 –	Despesas das Administrações Públicas, 2009	140
Quadro 11.7 –	Saldo das Administrações Públicas (CP)	141
Quadro 11.8 –	Estimativa das Administrações Públicas (CP), 2009	141
Quadro 12.1 –	Estrutura da Despesa do Estado segundo a Classificação Funcional	147
Quadro 12.2 –	Despesa do Estado por cassificação económica	154
Quadro 12.3 –	Despesa do Estado segundo a classificação funcional	155
Quadro 12.4 –	Despesa do Estado por Grandes Agregados da Despesa	156
Quadro 12.5 –	Estimativa das Administrações Públicas -2010	158
Quadro 13.1 –	Saldos global e ajustado do ciclo, Portugal (1995-2003)	166
Quadro 13.2 –	Perspectivas Orçamentais: 2005-2009 (PEC 2005 Portugal)	167
Quadro 13.3 –	Perspectivas Orçamentais: 2007-2011 (PEC 2007 Portugal)	167

Quadro 13.4 –	Perspectivas Orçamentais: 2004-2007 (PEC 2004 Bélgica)............	168
Quadro 13.5 –	Perspectivas Orçamentais: 2004-2007 (PEC 2004 Irlanda)............	168
Quadro 13.6 –	Perspectivas Orçamentais: 2006-2009 (PEC 2006 Grécia)............	169
Quadro 13.7 –	Perspectivas Orçamentais: 2005-2009 (Pro.Conv. República Checa)..	170
Quadro 13.8 –	Saldos Orçamentais (%PIBpm) nos países da Área Euro (2008-2010)..	170
Quadro 13.9 –	Dados sobre a situação das finanças públicas...........................	171
Quadro 14.1 –	Dívida Pública Bruta das Administrações Públicas em Portugal (SEC 95) em % do PIB..	175
Quadro 14.2 –	Dívida Pública Bruta das Administrações Públicas na Bélgica, Finlândia, Irlanda e Itália (SEC95) em % do PIB.......................	176
Quadro 14.3 –	Projecções de Despesas Associadas com o Envelhecimento da População em Portugal (2000-2050)....................................	177
Quadro 15.1 –	Perspectivas Orçamentais de um País da UEM...........................	186
Quadro 15.2 –	Actualização do Programa de Estabilidade da Irlanda (Janeiro de 2009)..	187
Quadro 15.3 –	Perspectivas Orçamentais: 2006-2009 (PEC 2006 Grécia)............	187
Quadro 15.4 –	Perspectivas Orçamentais: 2009-2012 (PEC 2009 Grécia)............	188
Quadro 15.5 –	Perspectivas Orçamentais: 2010-2013 (Portugal)........................	189
Quadro 15.6 –	Perspectivas Orçamentais: Abril 2011 (PEC Irlanda)..................	189
Quadro 16.1 –	Necessidades de Financiamento Líquidas e Dívida Pública (cont. nac.)..	192
Quadro 16.2 –	Saldo global dos subsectores das Adm. Públicas (em Cont. Pub.)..	192
Quadro 16.3 –	Receitas Fiscais do Estado (IRS,IRC, IVA e ISP) 2007-2011............	193
Quadro 16.4 –	As prestações sociais com pensões (2007-2011).........................	193
Quadro 16.5 –	Despesa pública segundo a classificação funcional (1995-2009)......	194
Quadro 16.6 –	Previsões de encargos líquidos com Parcerias Público-Privadas.......	194
Quadro 16.7 –	PPPs na Europa: valor de contratos assinados em M.€............	195
Quadro 16.8 –	O financiamento da troika e as necessidades de financiamento........	197
Quadro 16.9 –	Défice e dívida das administrações regionais e local (2007-2010) ..	198
Quadro 16.10 –	Correcção das necessidades de financiamento em 2011..............	198
Quadro 16.11 –	Contributos dos vários sub-sectores para a consolidação orçamental em 2011 (em c.p.)..	199
Quadro 16.12 –	O saldo global consolidado do Subsector Estado (2010 e 2011).......	199
Quadro 16.13 –	Perspectivas de evolução da economia portuguesa (2011-2016).......	200

Anexos Estatísticos ....

Quadro A.1	Estimativa das Administrações Públicas em C.P. (2009)...............	243
Quadro A.2	Estimativa das Administrações Públicas em C.P. (2011)...............	244
Quadro A.3	Estimativa das Administrações Públicas em C.N. (2009)...............	245
Quadro A.4	Estimativa das Administrações Públicas em C.N. (2011)...............	246

Quadro A.5	Conta das Administrações Públicas em C.N. (2009)	247
Quadro A.6	Conta das Administrações Públicas em C.N. (2010)	248
Quadro A.7	Conta Consolidada da Administração Central e Segurança Social (2009)	249
Quadro A.8	Execução Orçamental do Subsector Estado, classificação económica (2010 e 2011)	253
Quadro A.9	Receita do Subsector Estado (2010 e 2011)	254
Quadro A.10	Despesa do subsector Estado, por classificação económica	255
Quadro A.11	Despesa do Subsector Estado, Classificação Orgânica (2011)	256
Quadro A.12	Despesa do subsector Estado segundo classificação funcional	257
Quadro A.13	Execução Orçamental do Subsector dos FSA (2010 e 2011)	261
Quadro A.14	Execução Orçamental da Segurança Social (2010 e 2011)	265
Quadro A.15	Receitas e Despesas da Administração Regional e Local	269
Quadro A.16	Estrutura das Receitas Efectivas dos Municípios Portugueses (2001, 2004, 2007 e 2010)	270
Quadro A.17	Estrutura das Despesas Efectivas dos Municípios Portugueses (2001, 2004, 2007 e 2010)	271
Quadro A.18	Composição do ajustamento estrutural (PEC)	274
Quadro A.19	Distribuição individual do Rendimento Disponível	274
Quadro A.20	Distribuição individual do Rendimento Disponível por adulto equivalente. Taxas anuais de crescimento real por decis	275
Quadro A.21	Distribuição individual do Rendimento Disponível por adulto equivalente, em percentagem da média e da mediana	275
Quadro A.22	Distribuição individual do Rendimento Disponível por adulto equivalente	276
Quadro A.23	Rendimento Médio por Adulto equivalente por Decis [2000-2006]	277
Quadro A.24	Índices de Desigualdade [2000-2006]	277
Quadro A.25	Distribuição Individual do Rendimento Disponível por Adulto Equivalente. Medidas de Pobreza	278
Quadro A.26	Indicadores de pobreza monetária [1993/2000/2003/2008]	278
Quadro A.27	População Total	281
Quadro A.28	Produto Interno Bruto a preços de Mercado (U.E27)	282
Quadro A.29	Deflacionador do PIBpm (U.E27)	283
Quadro A.30	Produto Interno Bruto a Preços de Mercado em Paridades de Poder de Compra (PPS)	284
Quadro A.31	Despesa das Administrações Públicas (% PIB) (U.E27)	285
Quadro A.32	Carga fiscal (incl. contrib. Inputadas à Seg. Social) no PIBpm (U.E27)	286
Quadro A.33	Estrutura fiscal em Portugal e nos países da U.E15 (2000 a 2007)	287
Quadro A.34	Projecções do rácio dos idosos (+65) relativamente aos	288

Quadro A.35	Dívida Bruta das Administrações Públicas em % do PIBpm (U.E27)	289
Quadro A.36	Saldo global em % do PIBpm (U.E27)	290
Quadro A.37	Componente cíclica do Saldo Orçamental Global das Adm. Púb. (U.E27)	291
Quadro A.38	Saldo das Administrações Públicas Ajustado do Ciclo em % do PIB potencial (U.E27)	292
Quadro A.39	Juros em % da Dívida das Administrações Públicas (U.E27)	293
Quadro A.40	Classificação Funcional (COFOG) da Despesa das	294
Quadro A.41	Classificação Funcional (COFOG) da Despesa das Administrações Públicas em Saúde, 2009 (U.E27)	295
Quadro A.42	Classificação Funcional (COFOG) da Despesa das Administrações Públicas em Protecção Social, 2009 (U.E27)	296
Quadro A.43	Classificação Funcional (COFOG) da Despesa das Administrações Públicas em Educação, 2009 (U.E27)	297

Índice de Figuras

Figura 16.1	Carros de Passageiros por quilómetros de auto-estradas no país 2007.	196
Figura 16.2	Densidade de Auto-estradas por país -2007 Km por Km2 de área terrestre.	196

Anexos Estatísticos

Índice de Figuras

NOTA PRÉVIA À 3ª EDIÇÃO

A terceira edição deste livro surge num momento particularmente difícil da economia portuguesa, que vive um período de recessão, elevado desemprego e uma situação problemática das finanças públicas, com a dívida pública a ter ultrapassado os cem por cento do PIBpm em 2011. Portugal, por força de ter chegado a uma situação de quase bancarrota e de ter recorrido a um resgate financeiro internacional está condicionado a tomar um conjunto de medidas orçamentais e a seguir uma trajectória de consolidação orçamental. Num livro cujo subtítulo é: *da Teoria à Prática*, não poderíamos deixar de abordar a situação presente. Fizémo-lo através da introdução de um capítulo adicional (Capítulo 16) sobre *A Recente Crise Orçamental 2009-2015(?)* que coloca um conjunto de problemas e de exercícios simples que permitirão, a quem os fizer, perceber muito do que explica a situação actual. Este capítulo é complementar da primeira parte de um ensaio intitulado *Portugal: Dívida Pública e Défice Democrático*, editado pela Fundação Francisco Manuel dos Santos em 2012 onde argumentamos que o problema das finanças públicas não é de agora, é estrutural, e é um problema perene da nossa democracia.

Também no início de 2012 saíu a *4ª edição* de *Economia e Finanças Públicas* (Pereira, Afonso, Arcanjo e Santos, pela Escolar Editora), que é o livro teórico que acompanha o presente livro e que actualiza os dados do sistema fiscal português, do processo orçamental, das contas das administrações públicas e apresenta o novo quadro orçamental da União Europeia.

Na página pessoal (http://www.iseg.utl.pt/~ppereira/finpub) de finanças públicas existe informação adicional sobre este livro e os outros dois, bem como artigos no jornal *Público* onde tenho realizado mensalmente a análise da execução orçamental e versado outros temas correlacionados. Seguindo o *link* deste livro poderá encontrar materiais estatísticos adicionais, referentes a Portugal, países da União Europeia, bem como dados disponíveis sobre países de língua oficial portuguesa. Há uma página institucional aberta ao público (http://www.iseg.utl.pt/~efp), da disciplina de *Economia e Finanças Públicas* (licenciatura em Economia) e de *Finanças Públicas: Estado e Autarquias Locais* (mestrado em Economia e Políticas Públicas). Existe acesso reservado aos alunos do ISEG a outros materiais (readings, bases de dados, provas de avaliação, powerpoints) através do portal Áquila. Os docentes do ensino superior que utilizem o livro terão também acesso a outros materiais adicionais incluindo soluções (favor contactar *uece2@iseg.utl.pt* com conhecimento para *ppereira@iseg.utl.pt*).

PAULO TRIGO PEREIRA, ISEG Janeiro de 2012.

INTRODUÇÃO

Nunca como hoje a temática das finanças públicas esteve na agenda mediática. Entre os problemas que se colocam à economia e às finanças públicas em Portugal nos próximos anos estão os seguintes: Qual o ritmo óptimo para a consolidação orçamental em 2011-14, tendo em conta os seus efeitos recessivos? Como fazer essa consolidação, isto é qual o *mix* de corte na despesa, aumento de impostos e que tipo de cortes na despesa? Qual o objectivo de médio prazo para o saldo das administrações públicas? Que regras orçamentais deverão existir para alcançar esse objectivo? Devem ser constitucionalizadas? Esse saldo deve ser alcançado com que peso das despesas públicas no PIBpm? Do ponto de vista das receitas fiscais deve manter-se o modelo recente de peso excessivo de impostos sobre a produção e o consumo ou deve haver uma alteração no sentido de aumentar o peso dos impostos sobre o rendimento? Que incentivos fiscais deverão ser dados para incentivar o crescimento económico e o desenvolvimento do território? Do lado da despesa como assegurar a igualdade de oportunidades quando é necessário cortar a despesa pública? Por exemplo, que medidas deveriam ser tomadas para compensar a exclusão social no ensino superior provocada pela introdução de Bolonha e o associado aumento significativo das propinas do 2º ciclo quando comparadas com as do 1º ciclo?

Infelizmente em Portugal há ainda um certo desconhecimento, teórico e empírico, sobre a realidade portuguesa. Contudo, como afirmamos no capítulo 4 deste livro *"a prossecução do interesse público depende da qualidade da deliberação o que pressupõe a existência de um espaço político e público de apreciação e ponderação dos argumentos justificativos das várias medidas de políticas públicas."*

O livro *Economia e Finanças Públicas* (agora na sua 4ª ed. 2012, Escolar Editora em co-autoria com António Afonso, José Gomes Santos e Manuela Arcanjo) necessitava um complemento prático e daí a razão de ser deste livro. Aqui pode encontrar exercícios, cuja feitura permitirá clarificar, no sentido de uma apreciação crítica, muitas medidas que estão a ser tomadas. Desde o objectivo relativo ao défice orçamental, à sustentabilidade da dívida e outras questões relacionadas aos Programas de Estabilidade e Crescimento, às leis das Finanças Regionais e Locais, ao IVA, ao IRS, à consolidação e cálculo da contribuição dos vários sub-sectores para o saldo global das administrações públicas. Ao contrário do que alguns podem fazer crer não há um único caminho para o crescimento, desenvolvimento e sustentabilidade das finanças públicas. Há variados, e várias são as opções que podem ser tomadas. Há pois que estudá-las.

Cada capítulo deste livro começa com um breve *resumo* da temática fundamental aí abordada. Alguns dos conceitos fundamentais são aqui recordados para contextualizar a análise que se segue. Seguem-se *tópicos de reflexão* sobre as matérias versadas nos diferentes capítulos do livro e *questões de escolha múltipla* onde existe apenas uma alínea que está certa.[1] Nalguns capítulos justifica-se a elaboração de *exercícios*, para uma melhor assimilação dos conceitos teóricos e contacto com a realidade portuguesa. Alguns destes exercícios têm resolução no final que está indicada no capítulo através de sublinhado (exemplo: E.9.1)

Nos tópicos de reflexão, quando os problemas são de natureza normativa, não há uma única resposta correcta. Trata-se então de clarificar quais os critérios normativos subjacentes (hierarquização e *tradeoffs*) e qual, de acordo com esses critérios *específicos*, a prescrição adequada para, por exemplo, uma dada política pública. Quando se trata de análise positiva, em que o intuito é prever o efeito da manipulação de certas variáveis instrumentais (e.g. investimento público, taxas de imposto) em variáveis objectivo, há que clarificar as hipóteses subjacentes e as principais características do modelo que se consideram. A alteração das primeiras ou das segundas levam, como não poderia deixar de ser, a previsões distintas. No final do capítulo 9 introduzimos uma "Nota sobre o IVA: confusões e controvérsias". Essa nota serve para ilustrar os três níveis que deveriam ser considerados para uma discussão séria sobre as alterações no IVA. Os dados empíricos, a análise teórica positiva e os juízos de valor normativos.

Na parte final do livro, para além de *Anexos Estatísticos* que dão mais informação empírica e permitem a elaboração de mais estudo aplicado, actualiza-se a *legislação* e apresenta-se uma resumida bibliografia.

---

[1] As soluções da escolha múltipla, bem como alguns exercícios resolvidos são dados prioritariamente aos docentes que utilizem este livro, numa área reservada na página do livro na internet.

AGRADECIMENTOS

Gostaria de agradecer em particular a colaboração dos Professores António Afonso, José Carlos Gomes Santos e Manuela Arcanjo, co-autores do livro de Economia e Finanças Públicas (Escolar Editora) por um percurso que continua com a quarta edição e pelos contributos que deram para a melhoria deste livro. Francisco Nunes, está agora também no projecto de finanças públicas e com o seu rigor e dedicação, tem também dado valiosos contributos. Tem sido um estímulo poder contar com a amizade e o apoio solidário de todos. Quero ainda agradecer o apoio de revisão (1ª edição) dado pela Mariana Pereira, bem como na actualização de dados e revisão da Ana Cordeiro Ferreira (2ª edição) e da Raquel Azevedo (3ª edição).

Uma palavra também de apreço aos Professores Vítor Martins, Carlos Farinha Rodrigues, Carlos Gouveia Pinto e Luís Costa, *compagnons de route* na leccionação destas matérias. Ao Professor João Ferreira do Amaral um agradecimento pelas conversas sobre tópicos de macroeconomia. Escusado será dizer que qualquer erro remanescente é da minha inteira responsabilidade. Mas aqui socorro-me da frase de Bento Jesus Caraça, com que me cruzo diariamente no *hall* de entrada do ISEG: *"não temo o erro, porque estou sempre pronto a corrigi-lo"*.

Parte das questões deste livro foram já trabalhadas com os alunos do ISEG/UTL, da Universidade da Madeira e da Universidade Eduardo Mondlane, alunos esses que são sempre o grande incentivo e a razão de ser destes projectos académicos e da própria actividade docente. Como investigador da UECE (Unidade de Estudos sobre a Complexidade e a Economia do ISEG/UTL) gostaria de agradecer o co-financiamento da FCT (*Fundação para a Ciência e a Tecnologia*), no âmbito do projecto plurianual. (Pest-OE/EGE/UI0436/2011).

Espero sinceramente que o livro seja um instrumento útil para professores, estudantes e simples estudiosos de economia e finanças públicas e que contribua para um melhor conhecimento da realidade portuguesa e das opções económicas e políticas em matéria de finanças públicas. Sobretudo que ainda possa vir a surgir, na sociedade portuguesa, um *think tank* que, de uma forma sustentável analise e avalie, o impacto das políticas públicas, mesmo depois de elas já terem saído das páginas dos jornais e "perdido" actualidade na agenda político-mediática devoradora dos dias de hoje. Dependerá sobretudo da vontade e capacidade de alguns, dos recursos de outros e de um desenho institucional adequado. As respostas para os problemas das finanças públicas se forem entendidas e elaboradas de forma autónoma pelos portugueses poderão ser soluções duradouras. Porém, se forem impostas por outros serão paliativos conjunturais que se esfumarão quando não estivermos sob a ameaça da espada.

PAULO T. P.

1.
Economia e finanças públicas em democracia

Resumo

O livro Economia e Finanças Públicas analisa o papel do sector público numa economia mista, com um particular enfoque de aplicação ao caso português.

Este capítulo clarifica, antes do mais, a abordagem político-económica que ultrapassa uma mera análise económica normativa da intervenção das entidades do sector público, antes tomando em consideração os condicionalismos institucionais e as restrições de natureza política envolvidas nas tomadas de decisão colectiva.

É clarificada a distinção essencial entre análise positiva e normativa. A primeira pressupõe a existência de um modelo baseado num conjunto de hipóteses e visa a previsão das consequências em certas variáveis objectivo da manipulação de variáveis instrumentais (ou estruturais). Já a análise normativa (que muitas vezes não dispensa uma análise positiva prévia) destina-se a produzir juízos de valor quer sobre determinadas características da sociedade actual (e.g. distribuição de rendimento, características do mercado de trabalho, etc), quer sobre os resultados da implementação de certas políticas públicas.

Dentro dos critérios normativos utilizados pelos economistas sobressaem os de equidade, eficiência e liberdade (negativa). Tratando-se de juízos de valor, não existe obviamente consenso entre economistas quer em relação à prioridade de cada critério relativamente aos restantes, quer em relação à natureza e intensidade de eventuais conflitos entre eles. Contribui para a transparência do debate económico e político que cada economista clarifique quais as suas prioridades e qual o seu entendimento do conflito entre, por exemplo, eficiência e equidade. Contudo, *"Demasiadas vezes se assiste a intervenções de economistas que procuram passar recomendações com implicações morais e políticas como se de pronunciamento científicos se tratassem"*.[1]

Por exemplo, a liberalização do mercado de arrendamento contribui para uma melhoria na eficiência na afectação de recursos (habitação), mas qual o efeito sobre a equidade? Alguns dirão que o efeito é negativo, assumindo que em média o grupo dos proprietários está melhor na sociedade que o grupo dos arrendatários, apesar da média esconder situações muito díspares. A primazia dada ao critério da eficiência sugere claramente a liberalização total do mercado, enquanto que a ponderação mais forte da equidade sugere uma não liberalização total e sobretudo o uso de instrumentos adequados (na tributação e nas prestações sociais) para prosseguir objectivos de equidade.

As divergências dos economistas são mais pronunciadas na análise normativa, mas estendem-se também à análise positiva. Também há divergências quanto aos modelos que melhor se adaptam à realidade e quanto à necessidade (ou não) de estes se basearem em hipóteses realistas.[2]

Já no que diz respeito à forma de entender a sociedade, existe algum acordo entre economistas quanto a uma visão humanista (ou individualista) em que a sociedade é entendida como uma comunidade de indivíduos onde o bem-estar social está necessariamente relacionado com o bem-estar desses indivíduos. Deste modo, o impacto das políticas públicas na sociedade será necessariamente analisado em termos do impacto nos indivíduos que a compõem. Esta perspectiva opõe-se a uma visão orgânica, não partilhada pela maioria dos economistas, em que a sociedade seria vista como uma entidade autónoma e em que seria possível identificar a sua *"vontade"*, o seu *"bem-estar"* a partir de algo estranho e exógeno aos indivíduos que a compõem (por exemplo, um líder político ou religioso que *"revelaria"* o bem comum da sociedade).

O papel do governo numa sociedade democrática tem sido analisado de forma diversa pelos economistas que se têm debruçado sobre as finanças públicas. Numa tradição que remonta a Erik Lindhal e cujo expoente máximo foi até há pouco tempo Richard Musgrave, o governo tem sido entendido como um ditador benevolente, isto é, como um agente que pretende ma-

---

[1] Vítor Constâncio in Prefácio à 1ª edição de Economia e Finanças Públicas (2012).
[2] É conhecida a posição de Milton Friedman de que o realismo das hipóteses não é relevante desde que as predições sejam boas. No capítulo 9, sobre o sistema fiscal português, indicaremos como num dado estudo editado pelo Banco de Portugal e que teve algum acolhimento mediático se chega a conclusões logicamente certas a partir de premissas de tal modo irrealistas que essas conclusões, são na nossa opinião não só irrelevantes, como sugestivas de políticas públicas erradas, de acordo com um quadro normativo que será tornado claro.

ximizar o bem-estar da sociedade, funcionando sem restrições de natureza institucional. Em certo sentido, esta perspectiva é mais relevante em sociedades democráticas, onde através do voto e de sondagens de opinião os cidadãos manifestam alguma preferência em relação às políticas públicas. Outra tradição, que remonta a Knut Wicksell e cujo principal mentor foi James Buchanan, dá maior importância às questões institucionais e tem adoptado, sobretudo na corrente da teoria da escolha pública (ver capítulo 4), uma visão mais céptica do governo, nomeadamente pela subordinação da sua acção a grupos de interesse procurando rendas, ou a burocratas procurando maximizar orçamentos, ou a políticos maximizando votos. A ênfase numa ou noutra das formas de encarar o governo, sugere também diferentes perspectivas quanto à importância relativa das funções do sector público numa economia mista.

Musgrave sistematizou as três funções do sector público numa economia mista contemporânea: melhoria da eficiência na afectação de recursos, ultrapassando certos fracassos do mercado; melhoria da equidade e justiça social, através de políticas de redistribuição de rendimentos e de promoção de igualdade de oportunidades; e estabilização macroeconómica, através da promoção do crescimento, do emprego, da estabilidade de preços e alisando os ciclos económicos.

Tópicos de reflexão: Capítulo 1

1. *"A abordagem político-económica da economia do sector público traduz-se em fundamentar economicamente as políticas financeiras do sector público, tendo em conta as regras e instituições que propiciam, ou não, essas políticas."* Clarifique o conteúdo desta afirmação.

2. Tendo em conta as funções que Musgrave atribui ao sector público e os critérios normativos relevantes, justifique a intervenção do Estado nos seguintes casos:
a. Plano de vacinação obrigatório.
b. Regulação das emissões industriais de poluição, incluindo um quadro de sanções pecuniárias.

3. O aumento da esperança de vida dos portugueses e o declínio das taxas de natalidade, com o consequente aumento do rácio de dependência da população idosa, levou a défices no financiamento da segurança social que obrigaram a que se tomassem medidas para a reforma da forma de financiamento em 2007. Várias alternativas seriam possíveis para o financia-

mento. Uma delas seria manter as características do sistema, diminuindo os benefícios futuros (nomeadamente com descida do valor das pensões) ou aumentando as contribuições para a segurança social. Outra seria alterar as características do sistema, passando de um regime exclusivo de repartição (em que os contribuintes actuais financiam os pensionistas actuais) para um regime misto de repartição e capitalização (em que há uma componente de capitalização das poupanças numa lógica de tipo privado).
   a. Identifique qual o problema referido que é claramente do âmbito da análise positiva.
   b. Explique porque é que o tipo de resposta dado ao problema do desejável método de financiamento da segurança social é do âmbito da análise normativa.

4. Se um governo toma uma medida no sentido da liberalização do mercado das telecomunicações, a que critério(s) está a dar primazia? Será que neste caso se pode falar em conflito entre eficiência e equidade? Justifique.

5. Há alguns anos o parlamento italiano alterou o sistema eleitoral do país com a expectativa de dar maior estabilidade política aos governos italianos e deste modo contribuir para resolver o problema das finanças públicas em Itália. Que tipo de variáveis foi aqui considerado?

6. Explique qual a distinção entre uma perspectiva humanista (ou individualista) e uma perspectiva orgânica de considerar conceitos como: bem-estar social, interesse público ou vontade colectiva.

7. Duas das funções do sector público numa economia mista têm sobretudo a ver com uma intervenção microeconómica do governo e outra com uma natureza macroeconómica. Identifique-as explicitando o seu conteúdo.

8. *"A perspectiva de que a actuação do governo pode sempre ser modelizada como um 'ditador benevolente' leva a certo tipo de erros, enquanto que a visão oposta de que os actores políticos defendem apenas interesses individuais enferma de outro tipo de limitações."* Comente.

9. Diminuir o sigilo em relação às contas bancárias individuais é uma medida que é favorável de acordo com um critério normativo, mas desfavorável de acordo com outro. Identifique esses critérios e, tendo em conta o conflito resultante entre ambos, dê a sua opinião sobre o carácter desejável (ou não) dessa medida de política.

10. Dê um exemplo de três medidas de políticas públicas cuja racionalidade fundamental assenta respectivamente num critério de: i) Eficiência; ii) Equidade; iii) Liberdade

11. Dê um exemplo de três medidas de políticas públicas em que existe um *conflito* entre *dois* critérios normativos: i) Eficiência e equidade; ii) Equidade e liberdade; iii) Eficiência e liberdade.

12. Um governo democrático tem poderes especiais, que mais nenhuma organização na sociedade possui. Explicite quais são esses poderes que o distinguem relativamente a outras instituições e qual a sua justificação.

13. Considere o debate em torno de um eventual aumento das taxas moderadoras nos serviços de urgência hospitalar.
a. Discuta os fundamentos e os efeitos desta proposta de medida à luz dos critérios normativos de eficiência e de equidade.
b. Explique porque é que, em relação a este debate, diferentes economistas podem ter opiniões divergentes em termos da análise normativa e positiva.

Questões de escolha múltipla

1.1. Uma diferença entre a análise normativa e positiva é que:
a. Apenas a análise normativa é relevante para escolher entre opções de política.
b. A análise positiva trata de factos e portanto não pode ser fonte de desacordo.
c. A análise positiva é descritiva enquanto que a análise normativa é valorativa.
d. A análise normativa é mais importante que a análise positiva.

1.2. As opiniões dos economistas são divergentes:
a. Apenas porque discordam dos modelos que mais se adaptam à realidade.
b. Apenas porque têm valores diferentes.
c. Pois não se entendem sobre a importância da economia.
d. Pois, por vezes, discordam quer sobre a análise normativa, quer sobre a análise positiva.

1.3. Qual das seguintes proposições não diz respeito à análise positiva:
a. Uma política de preços subsidiados leva a um excesso de oferta.

b. Se o rendimento mínimo garantido for baixo não haverá diminuição da oferta de trabalho.
c. Uma política de controlo de rendas é preferível quando as rendas são ajustadas periodicamente.
d. A subida da taxa de juro vai aumentar os encargos das famílias com o endividamento.

1.4. O que é que não é necessariamente verdade no que respeita aos critérios de eficiência de Pareto e melhoramento de Pareto:
a. A existência de um potencial melhoramento de Pareto implica que a economia está numa situação Pareto ineficiente.
b. Um melhoramento de Pareto leva a uma afectação de recursos Pareto eficiente.
c. Um movimento de uma afectação Pareto eficiente para outra afectação Pareto eficiente nunca é um melhoramento de Pareto.
d. Se a economia tem uma afectação de recursos óptima, então não é possível melhorar a situação de um agente sem ser à custa da diminuição no bem-estar de outro agente.

1.5. Diga qual das seguintes afirmações é do âmbito da análise positiva:
a. O Estado só deve recorrer ao crédito para financiar investimentos.
b. Prevê-se que crescimento do PIB no ano seja de 1,3%.
c. O governo devia liberalizar o mercado do arrendamento.
d. A tributação sobre as empresas deveria ser reduzida.

1.6. Diga qual das seguintes proposições é do âmbito da análise positiva:
a. Devem ser promovidas as exportações com incentivos públicos.
b. As taxas moderadoras nas urgências hospitalares são baixas.
c. Prevê-se um crescimento do investimento público em 2006.
d. A taxa normal de IRC deve descer.

1.7. O critério normativo de liberdade (negativa) significa:
a. Que cada indivíduo deve ser livre de fazer aquilo que quer.
b. Que as empresas devem ser livres de realizarem os investimentos que quiserem.
c. Ausência de coerção de uma entidade pública (Estado) sobre as escolhas individuais.
d. A escolha entre sapatos e camisolas não deve ter a interferência dos impostos.

1.8. O aumento das taxas moderadoras nos serviços de urgência hospitalar pode justificar-se:
a. Apenas por razões de equidade.
b. Por razões de eficiência e numa lógica de utilizador pagador.
c. Apenas por razões de encaixe financeiro do Estado.
d. Apenas por razões de justiça distributiva.

1.9. A função afectação do Estado concretiza-se, entre outras medidas, com a:
a. Provisão pública de bens de mérito.
b. Provisão pública de bens públicos.
c. Tributação progressiva do rendimento.
d. Tribuição de prestações sociais no âmbito da segurança social.

1.10. A função redistribuição do Estado tem a ver, entre outras coisas, com a:
a. Provisão pública dos chamados bens de mérito.
b. Provisão pública de bens públicos.
c. Regulação das actividades geradoras de externalidades.
d. Promoção do investimento privado.

1.11. A função redistribuição do Estado tem a ver, entre outras coisas, com a:
a. Promoção do investimento público.
b. Produção de bens públicos puros.
c. Pagamento de prestações sociais.
d. Apoio financeiro à actividade exportadora.

1.12. Diga qual das seguintes frases é verdadeira:
a. A função afectação justifica-se pela existência de fracassos de mercado.
b. A função redistribuição justifica-se porque o mercado é um processo justo.
c. A redistribuição do rendimento justifica-se porque a utilidade marginal do rendimento é constante.
d. A função estabilização atribui sempre prioridade à estabilidade de preços em relação ao emprego.

1.13. Diga qual das seguintes afirmações é do âmbito da análise positiva:
a. Espera-se que o desemprego vá aumentar no ano que vem.
b. As administrações públicas não devem ter défice.
c. O subsídio de desemprego deve aumentar.
d. O sector das telecomunicações deve tornar-se mais competitivo.

1.14. Diga qual das seguintes afirmações é do âmbito da análise positiva:
a. O saldo global das administrações públicas deve ser equilibrado.
b. O investimento público deveria aumentar.
c. O salário mínimo nacional é muito baixo.
d. Prevê-se que as exportações aumentem no ano que vem.

1.15. Diga qual das seguintes afirmações é falsa:
a. Os defensores do Estado Mínimo consideram que o mercado é um processo justo.
b. Os defensores do Estado de Bem-Estar dão sobretudo ênfase à função afectação do sector público.
c. Os que consideram o Estado Imperfeito dão ênfase aos fracassos do governo e à necessidade do seu controle.
d. As finanças clássicas advogam que o orçamento do Estado deve ser equilibrado.

1.16. O governo decidiu introduzir portagens em estradas com elevado tráfego e actualmente sem custos para o utilizador. Para além do encaixe financeiro da medida, ela destina-se a melhorar a:
a. Eficiência.
b. Equidade, em termos de capacidade de pagar.
c. Liberdade.
d. Igualdade.

1.17. Diga qual das seguintes afirmações é do âmbito da análise positiva:
a. A inflação irá aumentar no próximo ano.
b. O salário mínimo nacional é baixo.
c. A tributação sobre as empresas é alta.
d. O novo Aeroporto deve ser construído na Ota.

1.18. O critério de eficiência, associado à função afectação do Estado, tem a ver com:
a. Produzir os bens ao mais baixo custo.
b. Ser capaz de alcançar os objectivos.
c. Para os mesmos recursos obter o máximo de resultados.
d. Afectar recursos de forma óptima de acordo com as preferências dos agentes económicos.

1.19. O critério de liberdade (negativa) significa que:
a. Deve existir uma esfera de autonomia individual face à intervenção coerciva do Estado.
b. Não deve haver limites à intervenção do Estado.
c. Cada individuo pode agir livremente segundo as suas motivações.
d. O Estado pode e deve interferir em todas as decisões dos indivíduos.

1.20. Indique qual das seguintes interrogações se enquadra no âmbito da análise positiva em finanças públicas:
a. Quais os efeitos decorrentes de alterações em variáveis estruturais (leis, instituições) na forma como são concebidas e implementadas as políticas públicas?
b. Qual deve ser o âmbito de intervenção do Estado na economia em matéria de gestão das despesas e das receitas públicas?
c. Que conjunto de políticas orçamentais podem assegurar a promoção da sustentabilidade das finanças públicas de um país?
d. Quais as políticas públicas prioritárias que devem ser suportadas pela despesa pública?

1.21. A função estabilização do Estado está relacionada, entre outras atribuições, com:
a. A regulação de actividades económicas geradoras de externalidades.
b. Intervenções que visam assegurar um determinado nível de crescimento e de emprego.
c. Intervenções que visam acautelar as desigualdades sociais e promover a igualdade de oportunidades.
d. Intervenções no domínio fiscal com o propósito de melhorar a repartição do rendimento na sociedade.

1.22. Diga qual das seguintes afirmações é do âmbito da análise positiva:
a. O respeito da *"regra de ouro"* das finanças públicas é um bom princípio de política orçamental.
b. O saldo global das Administrações Públicas deve ser equilibrado (não registar nem défice nem superavit).
c. O Complemento Social para os Idosos (CSI) deveria ser mais elevado, para melhorar a eficácia na redução da pobreza em Portugal.
d. Prevê-se que a inflação na Zona Euro deverá estabilizar nos 2,1% no próximo ano.

2.
Teorias sobre o papel do Estado

Resumo

O objectivo central deste capítulo é apresentar, ainda que de forma sucinta, os fundamentos filosóficos das três principais concepções de Estado, que têm como corolário três abordagens distintas em relação ao papel das finanças públicas. Conforme facilmente se verá, os debates políticos actuais acabam por estar ancorados, de uma forma ou de outra, numa destas distintas concepções de Estado ou numa combinação delas.

Uma das questões centrais de qualquer economia mista contemporânea, quer ela se designe capitalista, como nos países europeus (do Oeste e do Leste), quer nos que ainda se designam formalmente comunistas mas que são economias mistas, como a China, é qual o papel e a importância relativa dos mercados, por um lado, e do sector público, por outro.

Convém referir que os primeiros defensores do Estado Mínimo (Adam Smith, David Ricardo, Jean Baptiste Say), que escreveram entre finais do séc.XVIII e meados do séc.XIX, fizeram-no numa altura em que as restrições de toda a natureza à circulação de bens, pessoas e capitais eram enormes tendo em conta os padrões actuais. O desejo de um Estado Mínimo, com pouca despesa pública e baixos impostos era visto como condição necessária ao crescimento económico, que seria assegurado por mercados no essencial auto-regulados. No essencial, para estes autores o papel do Estado é essencialmente o de providenciar a defesa em relação a ataques de países estrangeiros, a segurança e paz interna e as infraestruturas necessárias ao desenvolvimento que nenhum privado quereria suportar sozinho. O recurso ao endividamento público era pois claramente condenado a menos que se justificasse por razões extraordinárias como a guerra. Neste sentido, os orçamentos deveriam estar, por regra, equilibrados e a principal fonte de financiamento deveria ser os impostos. A isto se chama hoje a perspectiva das finanças clássicas. Do ponto de vista filosófico, o principal mentor moderno da perspectiva de que a redistribuição de rendimento *não* deve ser uma função do Estado contemporâneo é Robert Nozick. Este autor dá uma justificação para a justeza do funcionamento e dos resultados do mercado, pelo que qualquer interferência neste deve ser mínima.

Já a perspectiva do Estado de Bem-Estar ou Providência puro (isto é, sem restrições de qualquer natureza) teve o seu auge nas décadas de 30 a 50 do séc.XX e está bastante distante do Estado Mínimo. Apesar de os mercados serem instrumentos poderosos de afectação dos recursos, eles não são auto-regulados, como o demonstrou a grande depressão de 1929 nos EUA que rapidamente alastrou à Europa. Para além disso, os mercados não são processos inteiramente justos, pois tendem a reproduzir as desigualdades sociais. Os que têm, pelo berço ou pela sorte, acesso a maior riqueza, melhores escolas, melhor ambiente familiar, têm uma probabilidade imensamente maior de ter maior sucesso nos mercados, havendo deste modo uma reprodução e por vezes um acentuar das desigualdades. Neste sentido, os defensores do Estado de Bem-Estar advogam um papel bastante mais pro-activo do sector público, sobretudo na função redistribuição, pretendendo assegurar que todos os indivíduos tenham acesso a um rendimento mínimo, a um conjunto de outros bens primários necessários à sua formação como cidadãos autónomos (educação, cuidados básicos de saúde, etc.) e que estejam cobertos dos riscos associados a um conjunto de contingências sociais (desemprego, doença, etc.). O papel das finanças públicas é agora bastante mais intervencionista, pois a despesa pública não serve apenas a função afectação (produção de bens públicos, etc.), mas destina-se também à função redistribuição. Deriva daqui que o peso da despesa pública no PIBpm deverá ser maior, bem como os impostos, aceitando estes autores, em matizes diferentes, as várias formas de financiamento do défice público (impostos, endividamento e criação de moeda). O défice, seja de que montante for, não é problema e deverá ter um efeito contra-cíclico, isto é, deverá ter um efeito de expansão económica quando a economia está em recessão. Estas ideias inspiraram-se economicamente nas correntes keynesianas da década de 40 e foram sustentadas por economias que cresceram fortemente nas décadas de 50 e 60.

As ideias do Estado Imperfeito, o Estado que cresce sem cessar, uma espécie de "monstro" devorador de recursos, são já antigas, embora tenham tido uma divulgação recente entre nós[3]. No pensamento económico desenvol-

---

[3] A imagem popularizou-se entre os media e certo discurso político português a partir de um artigo de opinião de Aníbal Cavaco Silva, actual Presidente da República. Cavaco

veram-se sobretudo nas décadas de 60 a 80, com as teorias sobre os fracassos do governo. Vários factores podem contribuir para esses fracassos. Por um lado a tendência para ganhar votos com aumentos de despesa pública e diminuição de impostos sugere que os défices (receita menos despesa) são endémicos dos regimes democráticos. A existência de informação assimétrica entre parlamentos que aprovam orçamentos e a administração que os executa, faz com que estes possam gastar muito acima do óptimo. Grupos de interesse podem também explicar medidas orçamentais dificilmente justificáveis na óptica do interesse público. Resulta desta imperfeição da actuação governamental no quadro institucional democrático, a necessidade de restrições (regras orçamentais) de preferência constitucionais ou simplesmente de lei de valor reforçado, que controlem os governos de forma a que estes sirvam o interesse público de longo prazo e não meros interesses eleitoralistas miópicos de curto prazo. Está-se, pois, perante uma forma de constitucionalismo financeiro[4].

Na actualidade, na maioria dos países da União Europeia, a gestão das finanças públicas tem elementos das finanças intervencionistas associadas ao Estado de Bem-Estar, mas também tem alguns elementos do constitucionalismo financeiro como pode ser ilustrado, não só pelo Pacto de Estabilidade e Crescimento (capítulo 15), como pelas lei orçamentais que estabelecem regras para as Administrações Públicas (capítulo 12)[5].

Tópicos de reflexão: Capítulo 2

1. *"O laissez faire deveria ser a prática corrente: qualquer afastamento deste princípio, a menos que justificado por algum benefício maior, é maléfico."* J.Stuart Mill
   a. Identifique e caracterize a concepção de Estado implícita na afirmação.
   b. Explique duas das implicações que tal concepção do Estado traz para as finanças públicas.

Silva, como economista, tomou certamente contacto com a ideia do "monstro" sistematizada por Thomas Hobbes no seu livro *Leviathan*, pois Hobbes é também uma referência para os autores da teoria da escolha pública, do qual Alan Peacock, seu orientador de doutoramento, era dos principais mentores no Reino Unido.
[4] A análise em torno das implicações da democracia nas finanças públicas é desenvolvida em P.T. Pereira (2012).
[5] Para uma visão da situação em 2012 em Portugal e de algumas linhas gerais do modelo europeu de governação económica, ver o novo capítulo 16 deste livro.

2. *"O Estado deve envolver-se na correcção das assimetrias na distribuição dos rendimentos e da riqueza e na promoção activa da igualdade de oportunidades."*
a. Em que concepção de Estado e das finanças públicas esse envolvimento mais se fundamenta? Justifique.
b. Dê quatro exemplos de instrumentos orçamentais que se possam utilizar na função de Musgrave expressa na afirmação.

3. *"O melhor de todos os planos financeiros é gastar pouco e o melhor de todos os impostos é aquele que for menor."* Jean Baptiste Say
a. Explique qual a concepção de Estado subjacente a esta afirmação e quais os argumentos que a suportam.
b. Diga algumas características que poderão definir, em sua opinião, *"o melhor de todos os impostos"*.

4. De entre as várias teorias do Estado, uma delas dá particular ênfase à função redistribuição.
a. Clarifique qual delas é e quais as suas implicações na abordagem das finanças públicas.
b. Duas concepções éticas que justificam a redistribuição são o utilitarismo e o rawlsianismo. Interprete estas duas concepções de bem-estar social.

5. A redistribuição é uma função importante do sector público numa economia mista.
a. Explique, utilizando um conceito de bem-estar social, porque é que a redistribuição de rendimento pode fazer aumentar o bem-estar social.
b. Identifique e clarifique, qual a concepção de Estado que dá maior importância à função redistribuição e quais os fundamentos que a justificam.

6. Comente a seguinte afirmação: *"As concepções de Estado Mínimo e de Estado de Bem-Estar, representam duas visões distintas do papel do mercado e do sector público numa economia mista"*.

7. A atribuição de incentivos fiscais na compra de veículos todo-o-terreno (*jeeps*), entretanto abolidos, não correspondeu a uma perspectiva de interesse público de apoiar a agricultura, mas antes de interesses privados daqueles que comercializam estes veículos. Qual a concepção de Estado mais adequada para se entender este tipo de medida? Justifique.

8. Utilizando o jogo *"dilema do prisioneiro"*, explique como é que na Idade Média, embora os europeus preferissem a paz à guerra, a situação frequente

era a de invasões e ataques frequentes. Clarifique porque é que para Hobbes a solução do *"dilema do prisioneiro"* leva à criação de outro problema: a emergência do monstro *"Leviatã"*.

9. O facto de que muitas vezes os políticos tendem a subir impostos após serem eleitos e descerem-nos em vésperas de eleições radica em razões eleitoralistas e não em necessidades de políticas económicas apropriadas[6]. Clarifique o conteúdo da afirmação e quais os autores que deram relevância ao estudo deste tipo de comportamentos.

10. Tendo em conta as três grandes funções do sector público propostas por Musgrave, identifique qual a que melhor caracteriza a noção de Estado de Bem-Estar e explicite sucintamente os seus fundamentos teóricos.

11. Faça uma análise comparativa ao estatuto que os *mercados* assumem em duas concepções distintas do papel do sector público: i) o Estado de Bem-Estar; ii) o Estado Imperfeito.

12. Explique quais as principais razões porque certos autores defendem o Estado *Mínimo* e caracterize as finanças públicas segundo esta concepção.

13. Tendo em conta as finanças clássicas, intervencionistas e o constitucionalismo financeiro, clarifique em relação a cada uma das situações seguintes, qual(quais) a(s) que melhor se ajusta(m) a cada tipo de abordagem das finanças públicas: i) Rendimento social de inserção; ii) Orçamento equilibrado; iii) Critérios de Maastricht sobre o défice e a dívida pública; iv) Orçamento limitado à função afectação; v) Regras genéricas para redistribuição; vi) Rácio de despesa pública no PIB de 20%.

14. Há autores que defendem que os cidadãos quer na esfera privada (mercado), quer na esfera pública (Estado), prosseguem essencialmente os seus interesses. Comente esta visão do Estado e dê dois exemplos de medidas que podem ser implementadas para limitar ou impedir tais comportamentos e consequências.

15. Certos autores defendem que o Estado é imperfeito e há fracassos do governo. Dê dois exemplos destes fracassos e de duas medidas de finanças públicas defendidas por esses autores.

---

[6] A compreensão das políticas económicas apropriadas será deixada para o capítulo 13 e seguintes.

16. Vários economistas políticos consideram que existem fracassos do governo, a par dos fracassos do mercado.
a. Caracterize a concepção de Estado que dá mais relevância às falhas do governo.
b. Indique algumas medidas de finanças públicas preconizadas pelos que consideram o Estado Imperfeito.

17. Responda às seguintes questões:
a. Duas das funções do sector público numa economia mista são a função afectação e a função estabilização. Explique sucintamente o seu conteúdo e dê um exemplo ilustrativo de intervenção pública referente a cada uma delas.
b. De acordo com a concepção do Estado de Bem-Estar, o sector público deve modificar o funcionamento das forças de mercado com determinadas finalidades normativas. Com que objectivos deve o Estado intervir na economia à luz desta concepção?

18. Explique o que entende por Estado de Bem-Estar e que implicações tem nas finanças públicas.

Questões de escolha múltipla

2.1. A noção de que o Estado deve garantir a todos um rendimento mínimo independentemente do valor da sua propriedade é associada ao:
a. Estado Mínimo.
b. Estado Paternalista.
c. Estado de Bem-Estar.
d. Estado Imperfeito.

2.2. Diga qual das seguintes afirmações é falsa:
a. Os defensores do Estado Mínimo consideram que o peso do sector público na economia deve ser pequeno.
b. Os defensores do Estado de Bem-Estar aceitam o défice público e o recurso ao crédito.
c. Os que vêem o Estado como imperfeito consideram que não existem fracassos do governo.
d. Os defensores das finanças clássicas consideram que os impostos devem ser altos pois são a principal fonte de financiamento do Estado.

2.3. Diga qual das seguintes afirmações é falsa:
a. Os defensores do Estado Mínimo argumentam que o papel do Estado é necessário para fornecer infra-estruturas.
b. Os defensores do Estado Protector argumentam que a função redistribuição do Estado é uma função importante.
c. Os que acham o Estado imperfeito consideram que, sem limitações, o Estado pode crescer de forma desmesurada.
d. Os defensores das finanças clássicas consideram que os impostos aduaneiros (sobre as importações) devem ser altos.

2.4. Diga qual das seguintes afirmações é falsa:
a. Os defensores das Finanças Clássicas consideram que os orçamentos devem estar equilibrados.
b. Os defensores do Estado de Bem-Estar dão particular ênfase à função redistribuição.
c. Os defensores do Estado Imperfeito consideram que não existem fracassos do mercado.
d. As finanças modernas, sobretudo na Europa, são uma síntese das finanças intervencionistas e do constitucionalismo financeiro.

2.5. Um bem de mérito é um bem:
a. Público.
b. Que alguns indivíduos consideram meritório.
c. Em que não se verifica necessariamente a soberania do consumidor.
d. Adquirido com esforço e merecido.

2.6. Diga qual das seguintes afirmações é falsa:
a. Os defensores do Estado Mínimo advogam que os impostos devem ser baixos.
b. Os defensores do Estado de Bem-Estar dão uma importância grande à função redistribuição.
c. Os que consideram o Estado Imperfeito dão ênfase à necessidade de impôr restrições às actividades dos governos.
d. Os defensores do Estado de Bem-Estar não dão importância à função afectação.

2.7. John Rawls considera que a melhoria do bem-estar social se verifica necessariamente quando:
a. Aumenta o rendimento médio da sociedade.
b. Diminui a desigualdade da distribuição de rendimento.

c. Aumenta o bem-estar dos que estão pior na sociedade.
d. Aumenta o rendimento mediano da sociedade.

2.8. Nozick considera que as desigualdades:
a. São todas justas.
b. São todas injustas.
c. Que não resultam do roubo, extorsão, etc. são justas.
d. Devem ser corrigidas.

2.9. Os economistas clássicos (Smith, Ricardo, John Stuart Mill,...) consideram que a função essencial do Estado é a:
a. Função afectação.
b. Função de redistribuição do rendimento.
c. Função estabilização.
d. Função de promoção da igualdade de oportunidades.

2.10. As finanças "modernas" consubstanciadas na prática dos países da União Europeia são um misto de finanças:
a. Clássicas e intervencionistas.
b. Clássicas e constitucionalismo financeiro.
c. Clássicas, intervencionistas e constitucionalismo financeiro.
d. Intervencionistas e constitucionalismo financeiro.

2.11. Diga qual a afirmação falsa. O Estado Leviatã a que se refere Hobbes corresponde a um:
a. Estado imperfeito.
b. Estado que cresce sem restrições.
c. Caso de fracasso do governo.
d. Caso de fracasso do mercado.

2.12. Diga o que é falso. Os autores que defendem as finanças clássicas consideram:
a. Que a despesa pública deve ser financiada sobretudo por impostos.
b. Que o peso do Estado na economia deve ser pequeno.
c. Que o Orçamento do Estado deve estar equilibrado.
d. Que a redistribuição de rendimento seja justa.

2.13. Diga qual a afirmação falsa. Os autores que defendem o Estado de Bem-Estar consideram que:
a. A função redistribuição é importante.

b. A função afectação é importante.
c. Os défices são legítimos para financiar a despesa pública.
d. O Orçamento do Estado deve estar equilibrado.

2.14. A denúncia de que muitas das decisões em políticas públicas, embora relevantes para a comunidade, são influenciadas pelos ciclos eleitorais é uma característica do discurso dos que entendem o Estado como:
a. Estado Mínimo.
b. Estado de Bem-Estar.
c. Estado Imperfeito.
d. Estado de Direito.

2.15. Diga qual das seguintes afirmações é verdadeira:
a. Os defensores do Estado de Bem-Estar consideram que as funções afectação e estabilização são as mais importantes funções do sector público.
b. Os defensores das finanças intervencionistas consideram que o recurso ao crédito só é admissível em períodos de recessão económica.
c. Os autores que defendem as finanças clássicas consideram indiferente o peso do Estado na economia desde que a capacidade de gerar receitas fiscais seja adequado ao nível de despesa.
d. Apesar de as concepções de Estado Mínimo e Estado de Bem-Estar apresentarem bastantes diferenças entre si, ambas consideram relevantes a função afectação.

2.16. Diga qual das seguintes afirmações é verdadeira. Os autores que defendem as finanças clássicas consideram que:
a. A despesa pública poderá ser financiada através de emissão de moeda ou, em alternativa, através de emissão de dívida pública.
b. O peso do Estado na economia deve ser significativo, para atender às necessidades essencialmente exigidas pela função afectação.
c. Despesa pública deve ser financiada sobretudo por impostos.
d. Os défices são legítimos para financiar a despesa pública.

2.17. A introdução do rendimento social de inserção pode ser enquadrada:
a. Na concepção de Estado de Bem-Estar, mas não na de Estado Mínimo e de Estado Imperfeito.
b. Nas concepções de Estado de Bem-Estar, de Estado Mínimo e de Estado Imperfeito, simultaneamente.
c. Na concepção de Estado Mínimo, mas não na de Estado de Bem-Estar e de Estado Imperfeito.

d. Na concepção de Estado de Bem-Estar e de Estado Mínimo, mas não na de Estado Imperfeito.

2.18. Nozick – um autor ligado à reflexão contemporânea sobre o Estado Mínimo – considera que as desigualdades:
a. São todas justas.
b. São todas injustas.
c. Que não resultem de roubo, extorsão ou de quaisquer outras acções ilegítimas, são justas.
d. Mesmo que resultem de roubo, extorsão ou de quaisquer outras acções ilegítimas, não devem ser corrigidas.

2.19. Diga qual das seguintes afirmações é falsa:
a. Os defensores do Estado Mínimo dão primazia aos impostos como recurso financeiro do Estado.
b. Os defensores do Estado de Bem-Estar não aceitam o défice público e o recurso ao crédito.
c. Os defensores do Estado Imperfeito consideram que existem fracassos do governo.
d. As finanças modernas, sobretudo na Europa, são uma síntese das finanças intervencionistas e do constitucionalismo financeiro.

2.20. A teoria sobre a criação de desigualdades e a defesa do mercado como processo justo deve-se a:
a. Stuart Mill (1848).
b. Briggs (1961).
c. Nozick (1974).
d. Rawls (1971).

2.21. Diga qual das seguintes afirmações é falsa:
a. Os defensores do Estado Mínimo argumentam que o papel do Estado é importante para assegurar a existência de instituições necessárias ao bom funcionamento dos mercados.
b. Os defensores do Estado de Bem-Estar consideram que a função estabilização é a mais importante função do sector público.
c. Os defensores do Estado Imperfeito consideram que, sem limitações constitucionais, o peso do Estado na economia pode aumentar de forma incontrolável.
d. Os defensores do Estado Mínimo argumentam que o papel do Estado é importante para assegurar o fornecimento de infra-estruturas.

2.22. Suponha uma sociedade composta apenas por dois indivíduos, A e B, em que B tem um rendimento inicial superior ao do indivíduo A. O indivíduo B faz uma transferência monetária para o indivíduo A tal que, em resultado dessa transferência, a redução da utilidade para B iguala o acréscimo de utilidade para A. Após esta operação redistributiva, a ordenação dos rendimentos é a mesma que inicialmente. Nestas condições:
a. O nível de bem-estar social mantém-se quer para os utilitaristas, quer para os rawlsianos.
b. O nível de bem-estar social aumenta para os utilitaristas e mantém-se inalterado para os rawlsianos.
c. O nível de bem-estar social aumenta para os rawlsianos e diminui para os utilitaristas.
d. O nível de bem-estar social aumenta para os rawlsianos e mantém-se inalterado para os utilitaristas.

2.23. Admitindo que o bem-estar depende estritamente do nível de rendimento disponível dos indivíduos, qual das seguintes combinações de situações representa, *ceteris paribus*, uma melhoria do bem-estar quer para os utilitaristas, quer para os rawlsianos?
a. Redução da taxa máxima do IVA e redução de 2 pontos percentuais nas taxas marginais dos três últimos escalões do IRS.
b. Aumento do salário médio na economia e aumento das prestações de Rendimento Social de Inserção.
c. Isenção de propinas no ensino superior público e aumento da pensão média de reforma.
d. Eliminação das taxas moderadoras nos hospitais públicos e aumento da progressividade no IRS.

2.24.* Suponhamos a existência de dois agentes – o indivíduo A e o indivíduo B – sobre os quais se sabe que têm funções de utilidade distintas e que estas dependem exclusivamente do rendimento. Sabe-se, igualmente, que não existem custos de redistribuição do rendimento e que A tem maior rendimento que B. Nestas condições, podemos concluir que o óptimo social rawlsiano se verifica quando:
a. A utilidade marginal do rendimento do indivíduo A seja maior do que a utilidade marginal do indivíduo B.
b. O indivíduo A tenha o mesmo rendimento do que o indivíduo B.
c. Não dispomos de informação suficiente para poder definir a condição de formação do óptimo social rawlsiano.
d. O indivíduo B tenha maior rendimento do que o indivíduo A.

2.25. Diga qual das seguintes afirmações não é verdadeira:
a. Os defensores do Estado de Bem-Estar aceitam naturalmente o défice público.
b. Os defensores do Estado Imperfeito consideram que é necessário precaver em relação aos fracassos do governo.
c. As finanças modernas, sobretudo na Europa, são uma síntese do constitucionalismo financeiro e das finanças intervencionistas.
d. Os defensores do Estado Mínimo dão primazia ao crédito como recurso financeiro do Estado.

2.26. O que é que não é verdade de acordo com o utilitarismo clássico?
a. Justifica-se a transferência de rendimento de um indivíduo mais rico para um mais pobre, quando a utilidade marginal do rendimento é decrescente e não há custos de redistribuição do rendimento.
b. Um euro transferido para uma determinada pessoa tem o mesmo valor que um euro retirado a outra pessoa qualquer.
c. O nível de bem-estar social não se altera se, *ceteris paribus*, o acréscimo de bem-estar de um indivíduo pobre for igual ao decréscimo de bem-estar de um indivíduo rico.
d. O bem-estar social aumenta se o acréscimo de bem-estar de um indivíduo rico for superior ao decréscimo do indivíduo pobre.

2.27. O que é que não é necessariamente verdade acerca de uma função de bem-estar rawlsiana:
a. Tem curvas de indiferença social em ângulo recto.
b. É derivada de uma concepção de justiça.
c. Se o bem-estar social aumenta, a desigualdade de rendimentos entre os mais pobres e os mais ricos diminui.
d. É uma função crescente com o nível de bem-estar dos mais pobres na sociedade.

2.28. Diga o que é necessariamente verdade acerca do rawlsianismo:
a. A melhoria de bem-estar de um grupo origina uma melhoria do bem-estar social.
b. O bem-estar social não se altera se o acréscimo de bem-estar de um grupo for igual ao decréscimo de outro.
c. Se o nível de bem-estar dos que estão pior aumenta e dos que estão relativamente melhor diminui, o bem-estar social melhora.
d. Tudo o resto constante, uma melhoria do bem-estar dos que estão pior na sociedade melhora o bem-estar social.

2.29. Diga o que nem sempre é verdade acerca do utilitarismo:
a. O bem-estar social é a soma dos níveis de bem-estar individual.
b. Se um indivíduo melhora o seu bem-estar mais do que o outro piora, o bem-estar da sociedade melhora.
c. A redistribuição de rendimento entre indivíduos com iguais funções de utilidade e capacidades contributivas diferentes altera o bem-estar social.
d. Quando aumenta o rendimento de uma sociedade e há redistribuição, o bem-estar social aumenta necessariamente.

2.30.* A quantidade eficiente (óptima) de produção de um bem público obtêm-se se e só se:
a. A soma dos preços fiscais pagos pelos indivíduos iguala o custo marginal.
b. A soma das quantidades procuradas por cada indivíduo, a cada preço fiscal, iguala o custo marginal.
c. Para certa quantidade, a soma das disposições marginais a pagar iguala o custo marginal.
d. Cada indivíduo contribui para o bem público aquilo que está disposto a pagar.

2.31.* Assuma que há custos de redistribuição de rendimento, os indivíduos A e B têm funções de utilidade iguais, e o "estado social" inicial é Pareto eficiente. Contudo, A tem maior rendimento que B. Então a distribuição de rendimento óptima, na óptica utilitarista, será quando:
a. O individuo B tiver maior rendimento que o A.
b. O indivíduo A tiver maior rendimento que o B.
c. O rendimento de A e B for igual.
d. A utilidade total de A e de B for a mesma.

2.32.* Assumindo que não há custos de redistribuição de rendimento e que o indivíduo A tem maior capacidade de transformar rendimento em bem-estar individual (utilidade) que o indivíduo B (para idênticos rendimentos), então o óptimo social rawlsiano é quando:
a. O indivíduo B tem maior rendimento que o A.
b. O indivíduo A tem maior rendimento que o B e a mesma utilidade total.
c. A utilidade marginal do rendimento de A e de B é a mesma.
d. A utilidade marginal do rendimento de A deve ser maior que a de B.

2.33.* Sabe-se que a quantidade de um bem público é menor que a quantidade eficiente (óptima) se e só se:
a. O custo marginal igualar o custo médio mínimo.

b. Para um certo preço fiscal os indivíduos quiserem quantidades diferentes do bem público.
c. A soma das disposições marginais a pagar por essa quantidade for superior ao custo marginal.
d. Todos os indivíduos desejam essa quantidade do bem público independentemente do que pagaram.

2.34. Diga qual das afirmações não é necessariamente verdadeira. Existe uma melhoria de bem-estar social na óptica rawlsiana se:
a. Os que estão pior na sociedade melhoram o seu bem-estar.
b. Todos os indivíduos melhoram o seu bem-estar.
c. A soma dos níveis de bem-estar dos membros da sociedade diminui, mas quem está pior melhora a sua situação.
d. Um indivíduo melhora o seu bem-estar e todos os outros mantêm a sua situação.

2.35.* Assumindo que não há custos de redistribuição de rendimento e que para idênticos níveis de rendimento a utilidade marginal do rendimento do indivíduo A é superior à do indivíduo B, então o óptimo social utilitarista é quando:
a. O indivíduo A tem maior rendimento que o B e a mesma utilidade marginal.
b. O indivíduo A tem maior rendimento que o B e a mesma utilidade total.
c. A utilidade total do rendimento de A e de B é a mesma.
d. A utilidade marginal do rendimento de B é maior que a de A.

2.36.* Assumindo que os indivíduos são diferentes e que a sua utilidade depende só do rendimento, que a utilidade marginal é decrescente e que não há custos de redistribuição do rendimento, então:
a. O óptimo social utilitarista é quando os indivíduos tiverem o mesmo rendimento.
b. O óptimo social rawlsiano é quando os indivíduos tiverem o mesmo rendimento.
c. O óptimo social utilitarista é quando os indivíduos tiverem a mesma utilidade marginal do rendimento.
d. O óptimo social rawlsiano é quando os indivíduos tiverem a mesma utilidade marginal.

3.
Fundamentos para a intervenção pública

Resumo

Este capítulo apresenta os fundamentos microeconómicos para a intervenção do sector público na economia. Eles prendem-se em primeiro lugar com a justificação da necessidade de intervenção por razões de melhor afectação de recursos segundo o critério de eficiência de Pareto. Em segundo lugar com a necessidade de, por razões de equidade, melhorar a justiça distributiva e assegurar uma melhor igualdade de oportunidades do que aquela que resultaria do livre funcionamento dos mercados. Por último, equaciona-se a natureza do eventual conflito entre prosseguir objectos de equidade e de eficiência.

Os mercados são instrumentos poderosos de transmissão de informação entre agentes económicos e levam a uma afectação de recursos *eficiente* caso sejam *competitivos*, os bens sejam *privados*, os custos das decisões dos agentes (consumidores e produtores) sejam *internalizados* e a informação entre eles seja *simétrica*. Este resultado é conhecido como o primeiro teorema fundamental da economia de bem-estar. Uma afectação de recursos eficiente é aquela em que ninguém poderia ficar melhor sem ser à custa da diminuição do bem-estar de outrém (critério de Pareto).

A forma como se formularam as condições do teorema esclarece, desde logo, quando é que os mercados fracassam (total ou parcialmente), ou seja, em que situações é que eles não geram uma afectação de recursos eficiente. A ausência de competição gera ineficiências. Ela pode resultar de mercados em que poucas empresas operam (oligopolistas) ou em que apenas uma opera (monopolistas), quer esta situação resulte de condições naturais (custos médios decrescentes) ou de factores artificiais (barreiras à entrada). A existência de *bens públicos*, de custos da acção dos agentes *externalizados* para terceiros ou de *informação assimétrica* são outras fontes de fracasso de mercado. Em qualquer destas situações pode haver um preço ao qual compradores e vendedores estariam dispostos a transaccionar, mas essa transacção não se realiza.

Os bens públicos são aqueles em que não existe rivalidade no consumo e em que a exclusão, se possível a baixo custo, não é desejável. Na presença destes bens, o *equilíbrio de mercado*, isto é, a quantidade produzida seria ou nula ou positiva, mas abaixo do nível óptimo. O nível óptimo de produção do bem público seria aproximadamente aquele que igualasse as disposições marginais a pagar de todos os beneficiários do bem ao custo marginal do bem. Em teoria, há um mecanismo para determinar essa quantidade óptima que seria através de um leiloeiro, a quem cada indivíduo revelaria a sua disposição marginal a pagar pelo bem público. Na prática, os indivíduos adoptam comportamentos *free rider* e subestimam a sua valorização do bem público. Assim, é o sistema político que, embora de forma imperfeita, dá uma resposta ao problema da determinação do nível de produção de bens públicos (ver capítulo 4).

As acções de indivíduos ou empresas podem gerar custos (ou benefícios) para terceiros que não são transmitidos através do sistema de preços. Quando isto acontece, está-se na presença de uma externalidade negativa (ou positiva) e os mercados tendem a produzir em demasia (ou de forma insuficiente) e a um preço abaixo do óptimo (ou acima do óptimo). Isto acontece porque existe uma divergência entre os custos (ou benefícios) marginais privados e os custos (ou benefícios) marginais sociais. Estes últimos incorporam os primeiros e ainda o custo (ou benefício) marginal externo. A existência de externalidades sugere que para a melhoria da eficiência poder-se-á tributar (ou subsidiar) a actividade geradora de um custo (ou benefício) marginal externo através de impostos (subsídios) pigouvianos.

Bens públicos e externalidades, a par das situações que violam a concorrência ou as situações em que a assimetria de informação entre agentes é significativa, justificam a intervenção pública por razões de eficiência.

Um fundamento distinto para a intervenção pública é a equidade. Uma determinada situação da sociedade pode ser eficiente mas injusta. Na realidade, os mercados funcionam na base de uma distribuição inicial de direitos de propriedade dos agentes (sobre a terra, sobre o capital, etc.) que pode ser considerada injusta, pelo que os resultados do funcionamento desse mercado reproduzem em grande medida essas desigualdades e injustiças iniciais. A um estado social que é simultaneamente eficiente e justo chama--se um óptimo social. O segundo teorema fundamental da economia de bem-estar mostra que é possível alcançar um óptimo social (qualquer que ele seja) se primeiro houver uma apropriada redistribuição de direitos de propriedade e depois se deixar os mercados funcionarem livremente. O problema é determinar qual o estado social eficiente e simultaneamente justo.

Apesar de não haver consenso em torno do que é equidade e bem-estar social, existem duas maneiras alternativas mais importantes de as abordar. Os utilitaristas consideram que o bem-estar da sociedade é dado pela *soma* dos níveis de bem-estar de *todos* os indivíduos da sociedade. Assim, políticas públicas que façam melhorar o bem-estar agregado, melhoram o bem-estar social. Se não for possível aumentar essa utilidade agregada, então está-se perante um óptimo social utilitarista. A perspectiva utilitarista tem implicações sobre qual a distribuição de rendimento óptima. Assumindo indivíduos iguais, utilidade marginal do rendimento decrescente e ausência de custos de redistribuição, a distribuição de rendimentos óptima seria igualitária. Com custos de redistribuição, o óptimo social verifica-se também quando a utilidade marginal do rendimento é igual entre indivíduos, mas agora para níveis desiguais de rendimento.

Já a abordagem rawlsiana (de John Rawls) é diferente. Antes do mais porque dá maior importância à igualdade de oportunidades em termos de um conjunto de bens primários – os bens de mérito (instrução, saúde básica, rendimento mínimo) – a que todos os indivíduos devem ter acesso para desenvolverem os seus planos de vida quaisquer que eles sejam. Depois, porque avalia o bem-estar social e a sua evolução (positiva ou negativa) pelo nível de bem-estar dos que estão pior na sociedade e pela sua variação ao longo do tempo. Rawls, à semelhança de Amartya Sen, não reduz a equidade à distribuição de rendimento, mas alarga-a às capacidades básicas dos indivíduos numa sociedade justa. Nesta sociedade quer a redistribuição de rendimento, quer o acesso a *"bens primários"* necessários a uma vida condigna devem contribuir para melhorar os níveis de bem-estar dos que estão pior na sociedade.

Pode haver conflito entre equidade e eficiência, ou seja, políticas que promovam a equidade podem ter custos de eficiência e vice-versa.

Tópicos de reflexão: Capítulo 3

1. Explique duas importantes razões pelas quais os mercados fracassam e de que forma pode o Estado intervir para tentar ultrapassar os correspondentes fracassos.

2. Clarifique o conceito de não rivalidade no consumo, dando exemplo de um caso concreto. Explique porque é que é ineficiente o pagamento de um preço para acesso e consumo de um bem não rival.

3. *"A possibilidade de excluir indivíduos do consumo de um bem tem uma dimensão tecnológica, mas também jurídica. A racionalidade de excluir tem uma dimensão económica."* Comente.

4. Dê dois exemplos de intervenção pública no âmbito dos bens públicos, mais um no âmbito de externalidades positivas e outro relativo a externalidades negativas. Justifique as suas escolhas, explicando, em cada caso, a racionalidade económica dessa intervenção.

5. É provável que o nível óptimo de produção de estradas em Portugal vá ser ultrapassado. Estando as estradas construídas, mesmo a nível excessivo, ter-se-á que pagar a sua manutenção de alguma forma (impostos, contribuições ou taxas de utilização).
a. Diga qual a forma que, do ponto de vista teórico, permitiria determinar o nível óptimo de estradas a construir em Portugal.
b. Explique as dificuldades de se saber com exactidão qual esse nível óptimo.
c. Discuta formas alternativas que permitiriam, contudo, encontrar uma resposta satisfatória para o problema.

6. Clarifique porque é que existe apoio do sector público à investigação científica e a certo tipo de artes e não existe à produção de cimento ou a idas ao cinema.

7. Tendo em conta o conceito de "preço fiscal" clarifique:
a. Qual o significado do preço fiscal de um submarino.
b. Qual o significado do preço fiscal de um estádio adicional para o euro 2004.
c. Qual o significado do preço fiscal de 100 km a mais de TGV.
d. Quem não paga preços fiscais pelos bens públicos.

8. Explique porque fracassa o mercado na correcção de externalidades e ilustre graficamente a quantidade de equilíbrio e óptima de produção de um bem na presença de uma externalidade negativa na produção.

9. Considere dois indivíduos, A e B, em que as disposições marginais a pagar por um bem X são dadas respectivamente por DMP_A e DMP_B e podem ser representadas por funções lineares (sendo que A tem maior disposição a pagar para qualquer quantidade) e que o custo marginal da produção desse bem é constante.
   a. Represente no *mesmo* gráfico: i)A função procura agregada do bem X caso se trate de um *bem privado*; ii)A função procura agregada do bem X caso se trate de um *bem público*.
   b. Justifique e compare as quantidades de *equilíbrio* (caso X seja privado) com a quantidade *eficiente* (caso X seja um bem público).

10. Considere um mercado de um bem com oferta e procura normais (nem completamente rígidas nem infinitamente elásticas) caracterizado por uma externalidade negativa. Explique, ilustrando graficamente: i) o equilíbrio de mercado; ii) a solução eficiente; iii) a política pública para alcançar a solução eficiente.

11. Analise os efeitos económicos da produção privada e provisão pública de estacionamento numa cidade congestionada e da produção pública e provisão privada de serviços de urgências hospitalares.

12. Explique como as teorias do utilitarismo e do rawlsianismo podem fundamentar políticas distintas associadas ao Estado de Bem-Estar. Dê exemplos ilustrativos.

13. Represente no *mesmo* gráfico as curvas de indiferença social utilitarista e rawlsiana e interprete o seu significado. Ilustre como é possível uma melhoria de bem-estar na óptica utilitarista, sem que isso represente uma melhoria na óptica rawlsiana. Discuta no caso de um país hipotético que condições devem ser satisfeitas para que tal se verifique.

14. Distinga *utilitarismo* de *rawlsianismo* e clarifique, para cada teoria, qual o sentido na variação do bem-estar social resultante das duas medidas seguintes:
   i) Introdução de um rendimento mínimo, num país que anteriormente não tinha.
   ii) Redistribuição de rendimento de uma classe de alto rendimento para uma classe de médio rendimento.

15. Suponha que um governo, para aumentar as receitas públicas, pretende: i) introduzir pagamentos diferenciados (em função do IRS) dos serviços de urgência hospitalar; ii) introduzir portagens em auto-estradas actualmente sem custos para o utilizador (SCUT). Comente estas medidas tendo em conta a natureza dos serviços e os critérios de equidade e eficiência.

16. Explique em que consiste o potencial conflito entre eficiência e equidade nas políticas públicas e dê dois exemplos concretos que traduzam esse conflito.

17. A provisão pública de um bem privado constitui uma fonte potencial de conflito entre eficiência e equidade.
a. Proceda à distinção entre provisão privada e provisão pública.
b. Admita que o acesso a um determinado bem (ou serviço) privado deixa de depender do pagamento de uma tarifa e passa a ser gratuito. Com o apoio da análise gráfica explique a razão para o conflito entre equidade e eficiência.

18. Represente graficamente a Fronteira de Possibilidades de Utilidade e uma curva de indiferença social associada a cada uma das duas concepções éticas de justiça distributiva. Admitindo que os indivíduos são diferentes e que não existem custos de redistribuição, assinale os dois óptimos sociais e explique a sua diferente natureza.

19. "*As tentativas de provisão voluntária – através de mercados competitivos – de bens com características económicas de bens públicos conduzem a situações de ineficiência*".
a. Fundamente teoricamente, de forma sucinta, a frase acima.
b. Continuando com o referencial teórico das características económicas dos bens – rivalidade e exclusão no consumo – explique a noção de *bem misto*, apresentando dois exemplos ilustrativos.

20. Como avalia o potencial conflito entre eficiência e equidade nas seguintes situações: i) Produção privada e provisão pública de transportes colectivos numa grande cidade; ii) Produção privada e provisão privada de quiosques com serviço de café e esplanada em jardins públicos?

21. A implementação de taxas moderadoras nas urgências hospitalares pode introduzir um conflito entre eficiência e equidade. Explique a natureza do conflito e justifique a afirmação.

22. Identifique as características económicas dos bens mistos e dê dois exemplos ilustrativos.

23. Explique porque é que a provisão privada de um bem público é sempre ineficiente.

Questões de escolha múltipla

3.1. Existe um fracasso de mercado quando:
a. O preço mínimo a que produtores estão dispostos a vender é inferior ao máximo que os consumidores estão dispostos a pagar.
b. Há oferta do bem, mas não há procura.
c. Há procura do bem, mas não há oferta.
d. Não há procura nem oferta do bem.

3.2. Quando um mercado não funciona de forma competitiva, uma razão para a intervenção governamental é que:
a. Existem externalidades na produção.
b. Existem bens públicos que não são produzidos.
c. O mercado privado provavelmente não produz a quantidade eficiente.
d. Os preços de produção são abaixo do óptimo.

3.3. Existe um conflito entre eficiência e equidade porque:
a. Não é possível melhoramentos de Pareto sem aumentar a desigualdade.
b. A redistribuição de rendimento tende a reduzir os incentivos para um comportamento eficiente.
c. A eficiência e a equidade são necessariamente objectivos contraditórios.
d. Quem prefere mais equidade não valoriza a eficiência.

3.4. Uma Câmara Municipal concessionou a uma empresa privada a gestão e manutenção de um lar para a terceira idade. Cada utente paga uma mensalidade equivalente a 20% dos custos operacionais e o remanescente é coberto por um subsídio da Câmara. Neste caso está-se perante:
a. Provisão pública e produção privada.
b. Provisão pública e produção pública.
c. Provisão privada e produção pública.
d. Provisão privada e produção privada.

3.5. A provisão privada de um bem público puro é sempre ineficiente porque:
a. A exclusão não é possível.
b. O racionamento do consumo não se traduz em benefícios sociais.
c. A provisão pública é mais eficiente.
d. O sector privado é mais eficiente do que o sector público.

3.6. A provisão pública de um bem público puro em geral não é completamente eficiente porque:
a. A provisão pública comporta sempre custos superiores à provisão privada.
b. Um bem público puro é aquele em que não há rivalidade no consumo.
c. É difícil conhecer as verdadeiras disposições a pagar por esse bem, logo a quantidade óptima do bem.
d. Como ninguém paga pelo acesso todos querem consumir mais do que devem.

3.7. Verifica-se exclusão, sempre que:
a. Os direitos de propriedade são privados.
b. Existe uma tecnologia que permite excluir indivíduos do consumo de um bem (ou do acesso a um recurso).
c. O consumo só se faz mediante pagamento de um preço.
d. O consumo de um indivíduo afecta o bem-estar de outro indivíduo.

3.8. Se um bem privado é fornecido a um preço nulo:
a. Haverá consumo até ao ponto em que os benefícios marginais igualam o custo marginal de produção.
b. Haverá consumo excessivo até ao ponto em que os benefícios marginais se tornam nulos.
c. Torna-se um bem público, pois todos podem consumir a quantidade que quiserem e ninguém é excluído.
d. Todos consomem a mesma quantidade do bem.

3.9. A ineficiência associada à provisão pública de um bem privado é tanto maior quanto:
a. Maior a elasticidade da procura.
b. Maior for o grau de exclusão.
c. Menor a elasticidade da procura.
d. Maior o grau de rivalidade no consumo.

3.10. Diga qual dos seguintes bens não é um bem público:
a. Defesa nacional.
b. Iluminação pública.

c. Hospitais públicos.
d. Conhecimento científico.

3.11. Uma afectação de recursos numa economia diz-se um óptimo social se e só se:
a. É um óptimo de Pareto.
b. É a solução mais justa dentro das afectações eficientes.
c. Não é possível aumentar a soma dos níveis de bem-estar dos membros da sociedade.
d. Não é possível melhorar o bem-estar dos que estão pior na sociedade.

3.12. Diga o que é falso tendo em conta a natureza dos bens públicos e dos bens privados:
a. Nos bens públicos o consumo por mais um indivíduo em nada subtrai a quantidade disponível para os restantes.
b. Nos bens privados os agentes revelam as suas preferências e nos públicos não.
c. Nos bens públicos nunca é possível a exclusão.
d. Nos bens privados os agentes ajustam quantidades ao preço de mercado.

3.13. O que é que não é necessariamente verdade relativamente a um bem público puro:
a. Excluir pessoas do seu consumo geralmente não é desejável.
b. A provisão pública assegurará que uma quantidade eficiente é produzida.
c. A provisão privada levará em geral a um nível de produção insuficiente.
d. Não tem rivalidade no consumo.

3.14. Uma Câmara Municipal concessionou a uma empresa privada o tratamento do lixo e os munícipes pagam uma tarifa que cobre os custos de produção. Neste caso, está-se perante:
a. Provisão pública e produção privada.
b. Provisão pública e produção pública.
c. Provisão privada e produção pública.
d. Provisão privada e produção privada.

3.15. Um bem público puro é um bem em que não há:
a. Rivalidade no consumo e não há exclusão.
b. Exclusão, mas há alguma rivalidade no consumo.
c. Rivalidade no consumo e a exclusão, se possível, não é desejável.
d. Exclusão e há rivalidade no consumo.

3.16. Deslocações ao longo de uma curva de indiferença social mostram:
a. Que o bem-estar social varia quando a utilidade de um indivíduo é constante.
b. O máximo de bem-estar de um grupo sendo dado o nível de bem-estar do outro grupo.
c. Que a sociedade é indiferente entre mais e menos bem-estar social agregado.
d. Que a sociedade é indiferente entre diferentes combinações de bem--estar de vários grupos.

3.17. O conflito entre eficiência e equidade significa que:
a. Um melhoramento de Pareto é sempre socialmente injusto.
b. A justiça social é inconciliável com a eficiência.
c. Por vezes para melhorar a equidade é necessário ter custos de eficiência.
d. Qualquer afectação de recursos eficiente é injusta.

3.18. A direcção de recursos humanos de um *laboratório associado* (subsector dos Fundos e Serviços Autónomos) decidiu celebrar um contrato de prestação de serviços com uma empresa do ramo hoteleiro, para o fornecimento de almoços aos funcionários do laboratório. Cada utente paga o preço de mercado por cada almoço. Este caso ilustra um exemplo de:
a. Produção pública e provisão pública.
b. Produção privada e provisão pública.
c. Produção privada e provisão privada.
d. Produção pública e provisão privada.

3.19. Identifique a afirmação falsa, tendo em conta a natureza dos bens públicos e dos bens privados:
a. Nos bens privados existe sempre rivalidade no consumo.
b. Nos bens públicos os agentes consomem a mesma quantidade de cada bem.
c. Nos bens privados os agentes revelam as suas preferências e nos bens públicos não.
d. Nos bens públicos os agentes pagam sempre preços fiscais diferentes e positivos.

3.20. Uma Câmara Municipal concessionou a uma empresa privada de prestação de serviços de apoio educativo (explicações) a exploração e gestão de uma Sala de Estudo destinada a alunos carenciados do Ensino Básico

do concelho, em que as famílias não suportam qualquer custo. Estamos perante um caso de:
a. Provisão pública e produção pública.
b. Provisão privada e produção privada.
c. Provisão pública e produção privada.
d. Provisão privada e produção pública.

3.21. As licenciaturas existentes no ISEG correspondem a:
a. Produção pública e provisão pública.
b. Produção privada e provisão pública.
c. Produção pública e provisão privada.
d. Produção privada e provisão privada.

3.22. O pagamento de uma portagem na Ponte Vasco da Gama, representa uma aplicação do:
a. Princípio da equidade vertical.
b. Princípio da equidade horizontal.
c. Princípio da capacidade de pagar.
d. Princípio do benefício.

3.23. O primeiro teorema fundamental da economia de bem-estar estabelece que:
a. Um equilíbrio de mercado é sempre Pareto eficiente.
b. Sob certas condições, mercados competitivos levam a uma afectação de recursos eficiente.
c. É sempre possível ultrapassar fracassos de mercado.
d. Se o bem-estar de um indivíduo melhora, então o de outro tem de piorar.

3.24. A ineficiência associada à provisão pública de um bem privado traduz-se na existência de:
a. Um consumo do bem acima do óptimo.
b. Um preço do bem acima do óptimo.
c. Exclusão no consumo.
d. Um consumo do bem abaixo do óptimo.

3.25. É condição necessária e suficiente para se ter um bem público que:
a. Seja fornecido pelo Estado ou outro organismo público.
b. Nunca possa haver exclusão no consumo.
c. Todos possam consumir sem pagar.
d. Não haja rivalidade no consumo.

3.26. Certos bens designam-se públicos porque:
a. São fornecidos por uma entidade pública.
b. O público valoriza esses bens.
c. Não há rivalidade no consumo dos bens.
d. A provisão privada fracassaria totalmente na sua provisão.

3.27. A ineficiência associada à provisão privada de um bem público é tanto maior quanto:
a. Maior a elasticidade da procura.
b. Menor o preço do bem.
c. Menor a elasticidade da oferta.
d. Maior o grau de rivalidade no consumo.

3.28. Tendo em conta que as taxas moderadoras pagas nos hospitais pertencentes ao Serviço Nacional de Saúde (SNS) são muito inferiores aos custos associados à prestação de serviço ao utilizador do SNS, como classifica a prestação e provisão desses serviços?:
a. Provisão pública e produção pública.
b. Provisão pública e produção privada.
c. Provisão privada e produção pública.
d. Provisão privada e produção privada.

3.29. Diga qual das proposições relativamente aos bens públicos não é necessariamente verdadeira:
a. Não existe rivalidade no consumo.
b. A exclusão se possível não é desejável.
c. É de provisão pública.
d. O consumo por mais um indivíduo em nada subtrai a quantidade disponível para os restantes.

3.30. Diga em que situação não existe conflito entre eficiência e equidade, definida de acordo com o princípio da capacidade de pagar:
a. Eliminação de taxas moderadoras nos hospitais.
b. Introdução de portagens em pontes congestionadas.
c. Eliminação de tarifas de resíduos sólidos urbanos.
d. Introdução do pagamento de tarifas em toldos de praia com pouca utilização.

3.31. Qual das seguintes situações não está associada a um fracasso de mercado?
a. Desigualdade na distribuição de rendimento.
b. Provisão mercantil de bens públicos.
c. Correcção privada de externalidades.
d. Informação completa aos consumidores.

3.32. Diga qual a afirmação verdadeira que completa a seguinte frase: *"Quando o aumento do bem-estar social de um grupo iguala a redução para um outro grupo, então necessariamente..."*:
a. Melhora o bem-estar social na óptica utilitarista.
b. Melhora o bem-estar na óptica rawlsiana.
c. Mantém-se o bem-estar social na óptica rawlsiana.
d. Mantém-se o bem-estar social na óptica utilitarista.

3.33. Diga o que é falso tendo em conta a natureza dos bens públicos e dos bens privados:
a. Nos bens privados os agentes ajustam quantidades ao preço de mercado.
b. Nos bens públicos os agentes consomem a mesma quantidade a preços fiscais diferentes.
c. Nos bens privados os agentes revelam as suas preferências e nos públicos não.
d. Nos bens públicos nunca é possível a exclusão.

3.34. Diga qual das proposições é falsa:
a. A provisão privada de um bem público é ineficiente.
b. A provisão pública de um bem privado é ineficiente.
c. Tudo o resto constante, quanto mais elástica a função procura, maior a ineficiência da provisão pública de um bem privado.
d. A provisão pública da água é eficiente.

3.35. As auto-estradas sem custos para o utilizador (SCUT), em que a manutenção e gestão é realizada por entidades privadas são um caso de:
a. Provisão pública e produção pública.
b. Provisão pública e produção privada.
c. Provisão privada e produção pública.
d. Provisão privada e produção privada.

3.36. O pagamento de uma taxa na travessia da Ponte 25 de Abril é uma aplicação do:
a. Princípio da equidade horizontal.
b. Princípio da equidade vertical.
c. Princípio do benefício.
d. Princípio da capacidade de pagar.

3.37. Complete a seguinte afirmação: *"A tributação sobre o tabaco ...."*
a. Corresponde a um subsídio pigouviano que visa corrigir uma externalidade negativa na produção.
b. Corresponde a um imposto pigouviano que visa corrigir uma externalidade negativa no consumo.
c. Corresponde a um imposto pigouviano que visa corrigir uma externalidade positiva na produção.
d. Corresponde a um subsídio pigouviano que visa corrigir uma externalidade positiva no consumo.

3.38. Admitindo que os indivíduos são diferentes, que a sua utilidade apenas depende do rendimento, que a utilidade marginal é decrescente e que não existem custos de redistribuição, então:
a. Ao contrário dos rawlsianos, os utilitaristas não ponderam os ganhos e as perdas de bem-estar social dos diferentes grupos.
b. Ao contrário dos utilitaristas, os rawlsianos ponderam os ganhos e as perdas de bem-estar social dos diferentes grupos.
c. Os rawlsianos defendem uma redistribuição mais forte do que os utilitaristas, por privilegiarem a posição de um dado grupo na sociedade.
d. Utilitaristas e rawlsianos defendem a mesma política redistributiva.

3.39. Identifique a afirmação verdadeira relativa ao conceito de bem de mérito:
a. Corresponde a um bem privado, cuja provisão pública e compulsiva obedece ao princípio da soberania do consumidor.
b. Corresponde a um bem público puro, cuja provisão pública e compulsiva decorre de uma atitude paternalista do Estado.
c. Corresponde a um bem privado, cuja provisão pública e compulsiva decorre de uma atitude paternalista do Estado.
d. Corresponde a um bem público puro, cuja provisão pública e compulsiva respeita a soberania do consumidor.

Exercícios sobre bens públicos e bens mistos

E.3.1. João e Ana têm moradias que bordejam um jardim não iluminado e consideram investir em candeeiros com um preço unitário de 50. A disposição marginal a pagar do João é DMPj = $50 - 2Q$ e a da Ana é DMPa = $100 - 3Q$.
a. Determine o número óptimo de candeeiros.
b. Determine os preços de Lindahl. Interprete.
c. Será que há outra forma de financiamento? Justifique.
d. Qual seria o equilíbrio de subscrição privada caso João e Ana não se entendessem em co-financiar os candeeiros?

E.3.2. Considere dois municípios, A e B, com territórios contíguos que analisam a possibilidade de construir um parque natural e de diversões a ser utilizado sobretudo pelos residentes de ambos os municípios. Estudos efectuados mostram que, com uma área superior a 10 hectares, o uso do parque não será congestionado para os potenciais utilizadores do parque. Considere ainda que os Presidentes das Câmaras respectivas traduzem fielmente as preferências dos munícipes em cada jurisdição e que a respectiva disposição marginal a pagar pelo parque pode ser dada por:

$$DMP^a = 100 - 2Q \text{ e } DMP^b = 50 - Q$$

O custo de produção de cada hectare de parque são 30 u.m.
a. Determine a dimensão óptima do parque.
b. Determine os preços de Lindahl e discuta em que medida é razoável pensar que essa vai ser a contribuição das duas câmaras municipais para o projecto conjunto.
c. Caso não haja acordo entre os presidentes da Câmara, determine qual a quantidade de equilíbrio de subscrição *"privada"*, isto é, a quantidade em que o bem é fornecido por apenas um município. Compare esta quantidade com a óptima e diga quais as medidas que o presidente em causa pode tomar para evitar os *free riders*.

E.3.3. Considere dois indivíduos, *A* e *B*, cujas funções procura de um bem *X* são dadas respectivamente por *DA* e *DB* e podem ser representadas por funções lineares (sendo que A tem maior disposição a pagar para qualquer quantidade) e que o custo marginal da produção desse bem é constante.

a. Represente graficamente:
   a1. A função procura agregada do bem X, caso se trate de um bem privado;
   a2. A função soma das disposições marginais a pagar do bem X, caso X seja um bem público.
b. Identifique no gráfico:
   b1. O equilíbrio e o óptimo (preços e quantidades) no caso do bem ser privado.
   b2. No caso do bem ser público: o nível eficiente (óptimo) de provisão, os preços de Lindahl, o equilíbrio de subscrição privada.
c. Analise as principais diferenças do bem ser um bem público ou privado.

E.3.4. Considere que numa pequena vila os cem residentes têm preferências idênticas acerca de um bem público local dadas pela seguinte disposição marginal a pagar para o indivíduo i (i=1,2,....100):

$$DMP^a = 10 - \frac{1}{100}Q \quad \forall i$$

e que o custo total da produção do bem público é dado por $CT = 400Q$.
a. Determine o nível óptimo de produção do bem público.
b. Determine os preços de Lindahl e o equilíbrio de subscrição privada, justificando.
c. Caso o financiamento desse bem público local seja realizado através do imposto municipal sobre imóveis (IMI) que incide sobre o valor patrimonial, será que estaremos na presença de preços fiscais de Lindahl? Justifique.
Nota: Assuma uma única taxa de IMI.

E.3.5. A educação (no nível de ensino superior) é geralmente considerada como um bem/serviço misto.
a. Justifique por que razões a educação pode ser analisada como um bem misto e, com a ajuda de um gráfico apropriado, mostre quais os níveis de equilíbrio na provisão totalmente *privada* de educação e na provisão *pública* de educação. Clarifique as razões pelas quais ambas as formas de provisão são ineficientes.
b. Diga o que entende por provisão óptima, de que depende a ineficiência da provisão pública e qual a política que permitiria passar de uma hipotética situação de provisão pública para uma provisão óptima. Enuncie dois tipos de dificuldades, baseados em critérios normativos diferentes, que se colocam para a implementação desta política.

E.3.6. Considere um projecto de construção de uma infra-estrutura desportiva de área X (hectares) que beneficia sobretudo os residentes de dois municípios A e B. As disposições marginais a pagar de cada um dos municípios são dadas respectivamente por:

$$DMP^a = 4 - \frac{1}{3}.X \ , \ DMP^b = 2 - \frac{1}{6}.X$$

O custo marginal de construir a infraestrutura é constante e igual a 4 u.m. por hectare. Assuma que não há congestionamento para uma capacidade superior a 1 hectare.

a. Determine o nível eficiente do pavilhão desportivo considerando-o como um bem público local e os preços de Lindahl. Explique porque é difícil, na prática, determinar ambos.
b. Apesar da disposição marginal a pagar pelo município A ser superior à de B, a capacidade financeira de B (capitação de impostos locais e transferências do Orçamento de Estado) é três vezes superior à do município A. As câmaras municipais e respectivas assembleias concordaram em financiar os custos em proporção das respectivas capacidades financeiras. Qual será o preço fiscal pago por cada? Comente à luz dos resultados da alínea anterior.

4.
Escolhas colectivas e decisão política

Resumo

Este capítulo faz uma análise da tomada de decisão colectiva em regimes democráticos e da forma como se espera que esta decisão satisfaça, ou não, os objectivos enunciados das políticas públicas, nomeadamente a sua capacidade de ultrapassar fracassos de mercado e reduzir a desigualdade de oportunidades e a iniquidade na distribuição de rendimentos.

Entre os problemas analisados contam-se o seguintes: Quais os efeitos das diferentes regras de escolha colectiva? Quais as regras desejáveis para avaliar propostas que pretendem melhoramentos de eficiência? E quais as preferidas para avaliar problemas de redistribuição? Pode haver paradoxos nas votações, por exemplo, pode a mesma proposta ser aprovada e rejeitada pelo mesmo grupo de indivíduos? Há alguma regra de votação (ou de agregação de preferências) óptima? Se a resposta for negativa, há condições específicas em que se evite paradoxos do voto? Numa instituição como o parlamento há garantia que as propostas aprovadas representam melhorias do bem-estar social? Quais as consequências de haver uma intensidade de preferências distintas entre os votantes? Qual o papel dos grupos de interesse na definição das políticas públicas? Será que se pode falar em fracasso do governo? Como se revela o interesse público no processo democrático?

Qualquer que seja o grupo que tome decisões colectivas, podemos distinguir desde logo quatro tipo de regras de decisão. Na maioria relativa, ganha a proposta que tiver mais votos que as restantes; na maioria absoluta, para além dessa condição, é necessário que os votos favoráveis sejam superiores a metade do quórum; na maioria qualificada é necessário que os votos favoráveis sejam significativamente superiores a metade do quórum (por exemplo: $2/3$ ou $3/4$); e na unanimidade é necessário que todos votem a favor. A passagem da regra da maioria relativa para a unanimidade está associada a graus crescentes de dificuldade de aprovar propostas, ou seja, a um peso cada vez maior da situação de partida *(status quo)*. Sob a regra da unanimidade qualquer votante tem poder de *vetar* as propostas apresentadas por outros. Daí que, para aprovar propostas que representam melhorias na eficiência (em que por definição ninguém deve perder), a regra óptima seja uma maioria qualificada que minimiza os custos da decisão, dados como a soma de custos de negociação e dos custos de haver derrotados com a passagem da proposta. Já no que respeita a propostas que envolvem sobretudo objectivos redistributivos (por exemplo: sobre impostos ou prestações sociais), a regra utilizada deve ser a da maioria relativa ou absoluta.

Desde há vários séculos que se sabe que há paradoxos associados a regras de votação. Em geral, é possível que a proposta X ganhe a Y, a Y ganhe a Z e a Z ganhe a X, criando-se assim um ciclo de votação conhecido como Paradoxo de Condorcet que reflecte uma possível intransitividade das escolhas colectivas. Propriedades desejáveis das regras de votação são a *transitividade* das escolhas colectivas (se todos preferem X a Y a escolha colectiva deverá ser X), a satisfação do critério de *Pareto*, a *não* existência de um *ditador*, a aceitação de *preferências sem restrições* e a *não dependência de alternativas irrelevantes*. Contudo, Arrow demonstrou que não há, nem pode ser inventada, nenhuma regra que satisfaça essas cinco propriedades.

Porém, há regras que satisfazem algumas propriedades em certas condições. É o caso da regra da maioria absoluta quando as preferências dos votantes são unimodais (têm um único máximo) e a decisão é sobre uma única variável unidimensional. Nestas condições particulares, o teorema do votante mediano mostra que a escolha colectiva coincidirá com a escolha que fizer o votante de preferências medianas (há tantos votantes que preferem mais como menos). Este teorema tem implicações importantes, pois mostra como os partidos políticos que almejam o poder têm tendência para ocupar a posição mediana do espaço ideológico, e também que a redistribuição do rendimento por vezes não é dirigida aos mais pobres, mas aos que ocupam a posição mediana na distribuição de rendimento.

Na realidade, porém, muitas propostas não são unidimensionais, mas sim pluridimensionais. O Orçamento de Estado tem uma componente de bens públicos, logo de eficiência (investimentos úteis em infra-estruturas), mas também tem de redistribuição (impostos, pensões de reforma, salário mínimo, etc.). Na presença de uma multi-dimensionalidade na escolha colectiva não há equilíbrio no processo de votação. À partida tudo pode acontecer, isto é, com pelo menos três agentes, é sempre possível que qualquer coligação entre dois agentes seja derrotada por uma coligação entre um desses agentes e o que ficou de fora da anterior coligação. Essa instabilidade nas escolhas colectivas pode ser mitigada pelo desenho institucional. Votações sucessivas em várias propostas, processo de votação em árvore (como nos torneios) ou divisão de propostas por comissões parlamentares especializadas com menor número de deputados que o plenário da AR são exemplos de estruturas de votação que induzem equilíbrios.

A essência da democracia é que cada votante tem um voto que pode usar como quiser, mas na realidade a intensidade de preferências de cada voto (a favor ou contra) é muito diferente. É pois possível, e frequente, haver *logrolling* (troca de votos) em que o partido A, que apoia a proposta X (mas não Y), negoceia com o partido B, que apoia a proposta Y (mas não X), votarem favoravelmente ambas as propostas para que ambas sejam aprovadas. O efeito económico do *logrolling* é incerto, podendo levar a uma melhoria ou deterioração do bem-estar social.

Os grupos de interesse têm um efeito ambíguo nas políticas públicas. Por um lado têm melhor informação e conhecimento técnico sobre a área de legislação ou de governação e podem contribuir – no caso dos grupos de interesse público – para a melhoria da qualidade das políticas públicas. Contudo, os grupos de interesse privado ou misto podem influenciar os decisores políticos a favor dos seus membros e em detrimento da sociedade. Se um governo actuar de acordo com os interesses de um grupo e não da sociedade, se hipotecar os benefícios das gerações futuras em relação às presentes, se der benesses a interesses seccionais e restritos, obviamente que poderemos falar em fracasso do governo. Há então, ou não, serviço do interesse público? Em democracia, dadas as eleições periódicas, pode-se argumentar que o *voto* popular é um barómetro da qualidade das políticas públicas. Porém, o voto serve frequentemente mais para afastar políticos indesejados do que para apoiar políticas, e podem não ser tomadas em devida consideração as gerações futuras. Assim é que cada vez mais autores defendem que a prossecução do interesse público depende da qualidade da *deliberação*, o que pressupõe a existência de um espaço político e público de apreciação, ponderação e apreciação dos argumentos justificativos das várias medidas de políticas públicas.

Tópicos de reflexão: Capítulo 4

1. Uma das inovações da lei das finanças locais de 2007, em relação às anteriores, foi estabelecer que *"sempre que os efeitos da celebração de um contrato de empréstimo se mantenham ao longo de dois ou mais mandatos, deve aquele ser objecto de aprovação por maioria absoluta dos membros da assembleia municipal."*

(artº 38º da Lei 2/2007). Diga qual a justificação teórica para se ter passado de uma maioria simples (ou relativa) para uma maioria absoluta.

2. A regra da unanimidade é raramente utilizada para a tomada de decisão colectiva. Explique porquê.

3. Para decisões que envolvem melhorias de Pareto (em que ninguém perde) a regra de decisão ideal é uma maioria qualificada, enquanto que em decisões com claras repercussões redistributivas a maioria relativa é mais desejável. Explique porquê.

4. Considere que numa dada Assembleia a proposta X ganha à Y, a Y à Z e por sua vez a proposta Z ganha à proposta X. Explique a razão de ser deste paradoxo e em que condições é que tal situação nunca acontece.

5. Na situação descrita em 4., um líder que controle a agenda de votação e que tenha preferência pela proposta Y, deverá propor que *sequência* de votação para satisfazer as suas preferências? O que é que poderá ser introduzido no *regimento* (regras de funcionamento) da dita Assembleia para que o líder não possa, em geral, aprovar essa sequência?

6. O teorema de impossibilidade de Arrow parte de cinco critérios (ou axiomas) simples que qualquer regra de escolha colectiva deve satisfazer. Escolha dois desses critérios e justifique porque é que devem ser satisfeitos por toda e qualquer regra de escolha colectiva.

7. O teorema do votante mediano só se aplica em certas condições. Explicite quais as hipóteses para que se possa aplicar o teorema.

8. Um país hipotético teve dois referendos sobre a interrupção voluntária da gravidez (IVG). No primeiro, em que o *não* venceu, a pergunta versava sobre a possibilidade de IVG até às 12 semanas e no segundo, em que o *sim* venceu, essa possibilidade era apenas até às 10 semanas. Explique, usando o teorema do votante mediano, como tal resultado é possível, mesmo considerando que não houve alteração das preferências dos votantes e que os votantes são os mesmos.

9. A maioria das escolhas colectivas é multi-dimensional. Explique em que consiste essa multi-dimensionalidade e quais as suas principais consequências.

10. Num governo PS sem maioria absoluta na Assembleia da República, um deputado do CDS/PP, assumindo uma posição contrária ao partido a que pertencia, viabilizou dois Orçamentos de Estado (2001 e 2002) a troco de vários investimentos públicos no seu concelho e distrito. Explique esta actuação à luz da teoria da troca de votos (*logrolling*).

Questões de escolha múltipla

4.1. A regra da maioria qualificada é pouco utilizada para tomar decisões colectivas porque:
a. Facilita a aprovação de propostas contra o *status quo*.
b. Favorece decisões que representam melhoramentos de Pareto.
c. Os custos da tomada de decisão são relativamente mais elevados do que na regra da maioria simples.
d. Existe um desconhecimento em relação a esta regra.

4.2. O modelo do votante mediano é sobretudo útil quando:
a. O paradoxo do voto não se verifica.
b. O número de votantes é grande e há tantos indivíduos que preferem mais como preferem menos.
c. Apenas uma dimensão da escolha é relevante.
d. Se está perante escolhas em duas dimensões diferentes.

4.3. O paradoxo do voto traduz-se:
a. Na falta de incentivos para as pessoas votarem.
b. Em que a utilização da regra da maioria leva a resultados diferentes consoante o método.
c. Em que, embora numa escolha colectiva haja a participação de muitos indivíduos, apenas um (o votante mediano) é decisivo.
d. Em que nem sempre há uma maioria absoluta a aprovar uma proposta.

4.4. Na teoria da escolha pública, o comportamento dos dirigentes da administração pública (burocratas) é modelizado como tendo como objectivo principal a:
a. Maximização do nível de serviços.
b. Maximização da dimensão do orçamento.
c. Minimização do risco.
d. Maximização das vendas.

4.5. Nas escolhas colectivas, o *logrolling* leva a que, do ponto de vista do utilitarismo clássico, se verifique:
a. Sempre um decréscimo do bem-estar social.
b. Sempre um acréscimo do bem-estar social.
c. Um acréscimo do bem-estar dos participantes no *logrolling*.
d. Um acréscimo de bem-estar dos que não participam no *logrolling*.

4.6. O teorema de Arrow mostra que é impossível:
a. Inventar novas regras de votação que satisfaçam cinco critérios "razoáveis".
b. Desenhar regras de votação que sejam democráticas.
c. Que uma regra de votação permita a aprovação de propostas que satisfaçam o critério de melhoramento de Pareto.
d. Uma regra de votação não levar a intransitividades nas escolhas.

4.7. Diga qual das afirmações é falsa: Em problemas que envolvem a repartição de um montante fixo (*"jogos de soma nula"*) por três ou mais indivíduos...
a. Não há coligações estáveis.
b. A maioria relativa, quando comparada com a absoluta, facilita a aprovação das propostas.
c. A alteração da repartição, assumindo indivíduos egoístas, facilita a aprovação das propostas.
d. A regra da unanimidade permite que haja consensos com mais facilidade.

4.8. Diga qual das afirmações é falsa: Em problemas que envolvem decisões sobre a afectação de recursos em que todos podem ficar melhor (*"jogos de soma positiva"*)...
a. Há mais racionalidade para o uso da maioria qualificada, do que em jogos de soma nula.
b. A unanimidade é possível, mas não é provável.
c. O uso da regra da maioria absoluta (em oposição à qualificada) dificulta que se tenha informação sobre o carácter de "interesse público" das propostas.
d. O uso da maioria qualificada garante que a proposta será aprovada.

4.9. Assinale a proposição falsa: Quando a escolha colectiva incide sobre duas (ou mais) dimensões diferentes então...
a. Geralmente (sem coligações) não é possível prever o resultado de uma votação.

b. Os votantes medianos, em cada dimensão, não são decisivos.
c. Uma votação consecutiva em dois momentos diferentes do tempo poderá resolver a incerteza da votação.
d. A escolha colectiva reflecte a escolha do votante mediano.

4.10. Diga qual das proposições é falsa:
a. A regra da unanimidade favorece o *status quo*.
b. Sob a maioria relativa é mais fácil tomar decisões, do que sob maioria absoluta.
c. O uso de maioria qualificada, e não simples, aumenta a probabilidade de propostas que geram uma melhoria da eficiência serem aprovadas.
d. Com maioria absoluta os custos da tomada de decisão são menores que com maioria relativa.

4.11. Nas escolhas colectivas o *logrolling* leva a que se verifique, do ponto de vista do rawlsianismo:
a. Sempre um decréscimo do bem-estar social.
b. Sempre um acréscimo do bem-estar social.
c. Um efeito incerto no bem-estar social.
d. Um acréscimo de bem-estar dos que não participam no *logrolling*.

4.12. Diga qual das proposições é falsa:
a. A regra da maioria relativa favorece o *status quo*, quando comparada com a unanimidade.
b. Sob a maioria relativa é mais fácil tomar decisões.
c. O uso de maioria qualificada, e não simples, aumenta a probabilidade de propostas que geram uma melhoria da eficiência serem aprovadas.
d. Com maioria absoluta os custos da tomada de decisão são maiores que com maioria relativa.

4.13. A acção de um grupo de interesse público necessariamente:
a. Melhora o bem-estar dos membros da sociedade, mas reduz as do grupo.
b. Melhora o bem-estar dos membros da grupo, mas não da organização.
c. Melhora o bem-estar social.
d. Melhora o bem-estar de membros da organização à custa da diminuição dos que não são membros da organização.

4.14. Diga qual a proposição falsa relativamente à regra de maioria relativa:
a. É mais rápida a decisão.
b. O poder de bloquear as propostas é pequeno.

c. O peso do *status quo* é pequeno.
d. A possibilidade de aprovar propostas redistributivas é pequena.

4.15. Qual das seguintes hipóteses não é necessária para que se verifique o teorema do votante mediano?
a. Os votantes terem preferências unimodais.
b. O espaço da escolha seja unidimensional.
c. Se verifique a regra da maioria.
d. Os votantes terem preferências distintas.

4.16. A regra da unanimidade quase nunca é utilizada para tomar decisões colectivas porque:
a. Com esta regra as preferências dos votantes são semelhantes.
b. A unanimidade favorece decisões que representam melhoramentos de Pareto
c. Os custos da tomada de decisão são mais baixos do que na maioria qualificada.
d. Qualquer votante tem um poder de veto sobre a decisão colectiva.

5.
Teorias e políticas públicas num contexto de incerteza

Resumo
No presente capítulo desenvolve-se a análise das políticas públicas feitas em capítulos anteriores quer no que respeita à eficiência (informação assimétrica e externalidades), quer à equidade (indicadores de desigualdade e de pobreza).

Numa primeira parte analisa-se os problemas introduzidos nos mercados pelo risco, incerteza e informação assimétrica, e quais as formas como os mercados combatem parcialmente o problema, nomeadamente no âmbito dos seguros, para cobrir situações como doença e pensões de reforma privadas. Identificam-se os fracassos de mercado e analisa-se a forma como o sector público intervém não apenas por razões de eficiência, mas também por razões de justiça distributiva.

A vida contemporânea envolve um conjunto de riscos (doença, ficar desempregado) e em geral a maioria dos indivíduos é *avesso ao risco* e está disposto a pagar algo para transferir esse risco para outra entidade. A aversão ao risco significa que um indivíduo ao optar entre ter 500 euros de certeza ou ter um bilhete de lotaria em que pode ganhar 0 ou 1000 com probabilidades 0,5 em cada caso, prefere a primeira opção. Este indivíduo, caso sujeito a um acidente que lhe provocará um dano d com probabilidade p, estará disposto a pagar um *prémio actuarialmente justo* $x = p.d$ para transferir o risco do acidente para uma seguradora. Com informação simétrica as companhias identificariam as probabilidades diferenciadas de cada indivíduo em ter acidentes e fariam contratos diferenciados com prémios mais elevados para os descuidados e mais baixos para os cautelosos. Contudo, a realidade é a existência de *relações de agência* em que uma das partes (o *principal*) não consegue observar o grau de risco do agente, nem observar o seu comportamento em caso de acidente. A não observação das *características* do agente dá origem a um fenómeno conhecido como *selecção adversa*. Se os contratos oferecidos forem com idêntico prémio, actuarialmente justo em média, esse prémio será considerado elevado pelos indivíduos de baixo risco e atractivo, porque baixo, para os de alto risco. Estes subscreverão o seguro, mas aqueles que não forem obrigados não o subscreverão. Este fenónemo de selecção adversa (saída dos bons riscos) faz com que o prémio actuarialmente justo tenha que subir, o que eventualmente levará a um fracasso de mercado. Por outro lado, não se poder observar o comportamento do agente, mesmo em seguros obrigatórios, leva a problemas de *risco moral* em que é uma estratégia dominante para os segurados adoptarem níveis baixos de cautela e para as seguradoras irem subindo os prémios, quando todos ganhariam na situação inversa (baixos prémios e níveis de cautela elevados). Prova-se que não há equilíbrio privado com contratos únicos (*pooling*), mas que poderá haver um equilíbrio com *contratos separados* e distintos em que o *prémio* e a *franquia* em caso de acidente são diferentes.

O Estado defronta os mesmos problemas que os privados na presença de informação assimétrica. Tem, contudo, um instrumento que estes não têm que é estabelecer a obrigatoriedade do seguro (ou da contribuição para a segurança social). Com isto, está a fazer uma cobertura total dos riscos (solução de *pooling* coerciva) através de uma redistribuição implícita dos *"baixos"* riscos para os altos riscos.

Numa segunda parte do capítulo desenvolve-se a teoria das externalidades. Analisam-se os vários instrumentos possíveis de lidar com o problema e o impacto da informação assimétrica na escolha dos instrumentos ideais para internalizar externalidades.

Um caso extremo e optimista de lidar com externalidades é enunciado pelo *teorema de Coase*, que diz que se os direitos de propriedade estiverem claramente determinados e se os custos de transacção forem *nulos*, alcançar-se-á um nível eficiente da externalidade sem necessidade de intervenção pública. Por outras palavras, a intervenção pública só seria necessária caso os direitos de propriedade fossem incertos. Ao torná-los claros, os privados tratariam de negociar entre si. Um outro caso extremo, mas negativo, é a chamada *tragédia dos comuns*. Ela resulta de os indivíduos (pastores, pescadores, poluidores) não tomarem em consideração a externalidade colectiva que geram e desta forma levarem a níveis de utilização excessivos de recursos (ou de captura de espécies) que levam à sua improdutividade (terra), extinção (espécies animais) ou aquecimento global (ambiente). Entre estes casos extremos estão as políticas públicas que podem passar pela clarificação de direitos, quotas, impostos pigouvianos ou mercado de direitos. Com informação simétrica e ausência de custos de transacção as várias formas de políticas públicas seriam no essencial equivalentes. Actuar pelos *"preços"* (imposto unitário) ou nas quantidades (quotas) levaria em ambos os casos ao óptimo social. Contudo, em situações de informação assimétrica os resultados serão diferentes. Por exemplo, a sub-estimação, por parte do Estado, dos benefícios marginais da poluição para uma empresa faz com que um imposto *"pigouviano"* seja de montante abaixo do óptimo, levando a uma redução insuficiente da poluição. Se o Estado impusesse quotas, partindo da mesma suposição quanto aos benefícios marginais, a consequência seria uma redução excessiva da poluição.

Na terceira parte do capítulo aborda-se a questão da equidade. Desenvolve-se conceptualmente a distinção entre indicadores de pobreza e de desigualdade, bem como alguns problemas metodológicos de medição destes indicadores e de outros que pretendem apresentar de forma sintética os níveis de pobreza e desigualdade dos diversos países.

Certos indicadores, como o de *pobreza absoluta*, servem para medir a situação dos que estão pior na sociedade em termos absolutos. Isto é, define-se em geral um cabaz de bens e serviços indispensáveis para que não se esteja em situação de carência absoluta e a expressão monetária desse valor constitui esse limiar de pobreza absoluta. A partir dele pode-se calcular a *taxa de pobreza absoluta* (proporção de indivíduos abaixo do limiar) ou a *intensidade da pobreza* (diferença entre o valor do limiar e o rendimento equivalente do individuo). Trata-se aqui de indicadores numa óptica rawlsiana.

Outro indicador que já considera a distribuição de rendimento é o de *pobreza relativa*, em que o limiar de pobreza é estabelecido em função da mediana da distribuição de rendimento (por exemplo 50% do valor mediano). Por outro lado, existem medidas de *desigualdade* que incorporam informação sobre toda a distribuição (desde medidas simples de dispersão, como o coeficiente de variação, o índice de Gini ou o índice de Atkinson). Todas as medidas de pobreza ou desigualdade defrontam um problema metodológico que é a unidade de observação, ou seja, a necessidade de se considerar as economias de escala no consumo de agregados de maior dimensão e de diferente composição. Para isso têm sido propostas várias *escalas de equivalência* que ponderam o primeiro adulto, o segundo e as crianças.

Tópicos de reflexão: Capítulo 5

1. Se lhe for dado a escolher entre um pagamento certo de 1000 euros ou em alternativa entrar num jogo em que pode ganhar 5000 euros com probabilidade 0,2 ou não ganhar nada, o que escolheria? O que demonstra a sua resposta em relação ao seu grau de aversão ao risco? Justifique.

2. Considere que a probabilidade de um condutor que guia acima do limite máximo de velocidade ser detectado e parado pelas autoridades é de 0,0001 e que, em caso de infracção a contra-ordenação é de 200 Euros. Seja o valor monetário do benefício individual de conduzir acima do limite máximo de 5 Euros. Será que um indivíduo neutro face ao risco irá conduzir acima do limite máximo? E se for muito avesso ao risco?

3. Se todos fossem mais cuidadosos com a condução, os prémios de seguro pagos seriam bastante mais baixos. Contudo, acontece o inverso. Como se chega a este resultado paradoxal?

4. O problema da selecção adversa, na presença de informação assimétrica, faz com que não haja um único contrato a ser subscrito por indivíduos de baixo e alto risco. Justifique.

5. O problema da informação assimétrica e a natureza por vezes pouco quantificável da actividade dos funcionários públicos torna difícil a sua avaliação. Comente.

6. Sem sistema de segurança social público o mercado não fracassaria totalmente mas parcialmente, pois haveria riscos que não seriam cobertos. Explique porquê.

7. Um sistema de segurança social baseado num esquema de repartição opera sempre uma redistribuição implícita do rendimento.[7] Os defensores do Estado Mínimo criticam fortemente este sistema. Explique em que se traduz essa redistribuição e porque existe uma oposição destes autores.

8. Um sistema de segurança, com uma forte componente de capitalização[8] aproxima-se da solução de mercado e tem vantagens e inconvenientes. A principal vantagem tem a ver com os incentivos que introduz para combater os problemas do risco moral. A principal desvantagem, nomeadamente para os defensores do Estado de Bem-Estar, é que se torna muito menos redistributivo. Aquilo que é uma desvantagem para estes autores é uma vantagem para neoliberais que defendem um maior papel para os merca-

---

[7] Um *"sistema de repartição"* é um sistema em que as contribuições dos activos financiam as pensões dos inactivos idosos.
[8] Um *"sistema de capitalização"* é um sistema onde as pensões de reforma são função, em grande parte, da capitalização do valor das contribuições durante todo o período contributivo do pensionista.

dos e uma menor importância da redistribuição como forma de promover a equidade. Comente.

9. A existência de um sistema de segurança social pode ser justificada por três tipos de argumentos diferentes: superar um fracasso parcial do mercado, fornecer um bem de mérito e redistribuir rendimento. Sintetize os fundamentos destes três tipos de argumentos.

10. O sector público pode lidar com externalidades de diversas formas: através do zonamento, através de impostos ou através da regulamentação de níveis máximos de externalidades negativas. Explique em que consistem estas várias formas de actuação e qual o seu fundamento.

11. O problema das alterações climáticas, nomeadamente o aquecimento global da atmosfera, pode ser modelizado no contexto da tragédia dos comuns. Explique porquê.

12. Em certas condições particulares e restritivas pode haver uma negociação privada para internalização das externalidades e dessa negociação resultar uma afectação de recursos eficiente. Que condições são essas?

13. Acha que pode haver aplicação do *teorema de Coase* a uma suposta negociação entre a administração da cimenteira Secil acerca do futuro da fábrica do Outão (em pleno Parque Natural da Arrábida) e todos os turistas que visitam o parque natural? Justifique.

14. Com informação assimétrica e sub-estimação, por parte do governo, dos benefícios marginais da poluição, a imposição de um imposto pigouviano leva a resultados completamente diferentes da definição de quotas máximas de poluição. Justifique, ilustrando graficamente.

15. Distinga os conceitos de pobreza absoluta e desigualdade e identifique políticas públicas que conheça destinadas sobretudo a erradicar a pobreza e outras mais direccionadas para a redução das desigualdades.

16. Explique como é possível que, apesar do aumento do rendimento mundial, haja, simultaneamente, um aumento do número de pobres no mundo.

17. Na escala de equivalência da OCDE (modificada) o primeiro adulto vale 1, os restantes adultos do agregado familiar 0,5 e as crianças 0,3 cada. Explique qual a necessidade do uso de escalas de equivalência para o estudo empírico da pobreza e desigualdade.

18. Considere o Quadro A.19 (nos Anexos) com dados sobre o rendimento disponível por adulto equivalente em Portugal. Compare a taxa anual de crescimento real do 1º e 10º decis no período 1989-2000.
a. Que conclui sobre a evolução da desigualdade entre estes dois grupos?
b. A variação na desigualdade foi devida sobretudo ao primeiro período (1989-1995) ou ao segundo (1995-2000)? Esclareça e tente justificar o porquê dessa evolução.

19. Considere o Quadro A.21 (nos Anexos Estatísticos) e os dados sobre o rendimento disponível em percentagem da mediana.
a. Que conclui sobre a variação na desigualdade dos 50% com menos recursos?
b. Interprete as variações na posição dos relativamente mais ricos, em particular dos dois decis superiores.

20. Tendo presente os dados do Quadro A.24 (nos Anexos), explique porque é que, em cada ano, o índice de desigualdade de Atkinson (IA) aumenta com o parâmetro ε. Observando os valores do IA e do Índice de Gini para os três anos (1989, 2000, 2005) que pode concluir?

21. Tendo em conta os dados sobre pobreza relativa apresentados no Quadro A.25, interprete a evolução da pobreza em Portugal nesse período. Caso tivesse dados, utilizando o conceito de pobreza relativa, a incidência da pobreza absoluta seria maior ou menor? Justifique, clarificando os conceitos utilizados.

22. A existência de externalidades constituí uma das razões para o fracasso do mercado. Em relação a uma externalidade negativa na produção explique a necessidade de intervenção do Estado, ilustrando graficamente a relação entre: i) o preço de equilíbrio e o preço óptimo; ii) a quantidade de equilíbrio e a quantidade óptima.

Questões de escolha múltipla

5.1. Se eu prefiro jogar um jogo em que posso ganhar 300 com probabilidade 0,6 ou ganhar 100 com probabilidade 0,4 do que ter um pagamento certo de 220, então sou:
a. Avesso ao risco.
b. Amante do risco.
c. Indiferente ao risco.
d. Amante do risco até 220 Euros e avesso para valores superiores.

5.2. Na presença de risco moral:
a. O bem-estar dos agentes é inferior ao que seria com informação simétrica.
b. O governo tem sempre maior capacidade de combater o risco moral que os agentes económicos privados.
c. Há uma relação de agência onde as características dos agentes não são observadas pelo principal.
d. O principal tem menos informação que o agente.

5.3. Diga qual a proposição falsa: Com igual salário e iguais condições de trabalho, mas competências e esforço claramente diferentes numa dada profissão, o resultado poderá ser...
a. Menos esforço pelos trabalhadores mais empenhados (risco moral).
b. Menos esforço pelos trabalhadores menos empenhados.
c. Saída dos melhores trabalhadores para outras profissões igualizando o nível médio da competência dos que ficam.
d. Saída dos melhores trabalhadores para outras profissões baixando o nível médio da competência dos que ficam.

5.4. Tomando como referência o *teorema de Coase*, qual das proposições seguintes não é verdadeira?:
a. Uma clara definição de direitos de propriedade é condição necessária, mas não suficiente, para internalizar uma externalidade.
b. A intervenção governamental por vezes não é necessária para internalizar uma externalidade.
c. Quando os custos de transacção são elevados em geral não haverá internalização privada da externalidade.
d. A eficiência é sempre assegurada através da negociação entre as partes envolvidas na externalidade.

5.5. Relativamente aos níveis eficientes de consumo, a provisão uniforme de bens privados fornecidos publicamente gera:
a. Consumo excessivo uniforme.
b. Consumo insuficiente.
c. A possibilidade de sobre-consumo para uns e de sub-consumo para outros.
d. Que todos pagam o mesmo preço.

5.6. Identifique a proposição que não é verdadeira: Quando a presença de uma externalidade leva a que haja produção a um nível abaixo do óptimo estamos na presença de uma...
a. Externalidade positiva.
b. Externalidade negativa.

c. Preço do bem abaixo do óptimo.
d. Imposto pigouviano.

5.7. Na presença de selecção adversa um contrato de pooling:
a. É um contrato de equilíbrio, se o prémio for actuarialmente justo.
b. É um contrato de equilíbrio, se a proporção dos indivíduos de baixo risco for superior à proporção dos indivíduos de alto risco.
c. Não é um contrato de equilíbrio.
d. É melhor do que contratos separados.

5.8. O que é que é falso acerca de uma externalidade positiva na produção?
a. Uma externalidade está associada a uma ineficiência.
b. A intervenção pública pode levar a que uma quantidade eficiente seja produzida.
c. Não se reflecte no sistema de preços.
d. A redução da produção aumenta o bem-estar social.

5.9. Quando o preço de equilíbrio de mercado está acima do preço eficiente, para o consumidor está-se na presença de uma:
a. Externalidade negativa na produção.
b. Externalidade positiva na produção.
c. Externalidade negativa no consumo.
d. Afectação de recursos eficiente.

5.10. Um imposto pigouviano:
a. Iguala o benefício marginal externo ao nível da produção inicial.
b. Iguala o custo marginal externo para o nível óptimo de produção.
c. Iguala a diferença entre benefício marginal social e privado no óptimo.
d. Iguala a diferença entre custo marginal privado e externo no óptimo.

5.11. Qual das seguintes situações traduz uma externalidade positiva na produção:
a. O progresso tecnológico fez baixar o preço dos microprocessadores e, portanto, fez baixar o preço dos microcomputadores que os utilizam.
b. A descida do preço do petróleo fez melhorar o bem-estar dos consumidores.
c. Uma empresa de construção civil faz uma urbanização com jardim de que beneficiam empresas localizadas na zona envolvente.
d. Existe uma substancial redução no número de fumadores em recintos fechados.

5.12. Com informação assimétrica e sub-estimação, por parte do governo, do benefício marginal da poluição para uma empresa poluidora, um imposto de tipo pigouviano leva a um nível de poluição:
a. Abaixo do óptimo.
b. Excessivo.
c. Igual ao que seria obtido com regulamentação.
d. Óptimo.

5.13. Relativamente a um imposto pigouviano, diga qual das seguintes afirmações é falsa:
a. É distorcedor.
b. Altera desejavelmente o comportamento dos agentes económicos.
c. Promove a eficiência.
d. Corrige uma externalidade positiva.

5.14. O que é que é falso acerca de uma externalidade negativa na produção?:
a. Uma externalidade está associada a uma ineficiência.
b. A intervenção pública pode levar a que uma quantidade eficiente seja produzida.
c. Não se reflecte no sistema de preços.
d. Um subsídio pigouviano leva a um nível óptimo de produção.

5.15. Diga qual das situações não está associada directamente a uma externalidade:
a. O arranjo exterior de um prédio numa rua movimentada.
b. Fumar num recinto fechado.
c. Descida do preço do petróleo.
d. Poluição produzida por uma fábrica.

5.16. Na presença de uma externalidade negativa na produção, a intervenção pública com vista a uma afectação eficiente de recursos deve corresponder a:
a. Introduzir um imposto no produtor igual ao custo marginal externo ao nível do output óptimo.
b. Introduzir um imposto no produtor igual ao custo marginal externo ao nível do output de equilíbrio inicial.
c. Acabar com a externalidade negativa.
d. Fornecer um subsídio para quem é afectado negativamente pela externalidade.

ECONOMIA E FINANÇAS PÚBLICAS: DA TEORIA À PRÁTICA

5.17. Diga qual a proposição falsa no contexto de uma externalidade negativa na produção:
a. A presença da externalidade traduz uma situação de ineficiência.
b. Um imposto pigouviano pode levar a uma afectação de recursos eficiente.
c. A quantidade de equilíbrio competitivo de mercado é menor que a quantidade óptima.
d. O preço de equilíbrio competitivo de mercado é menor que o preço óptimo.

5.18. Uma externalidade positiva no consumo implica necessariamente:
a. Uma divergência entre benefício marginal privado e social.
b. Um subsídio pigouviano.
c. Que existe um custo marginal externo.
d. Que o benefício marginal privado é significativo.

Exercícios sobre externalidades e teorema de Coase

E.5.1. Considere um mercado competitivo do bem X, em que as condições de oferta e de procura são dadas respectivamente por:

$$Q_d = 50 - \frac{P}{2} \quad e \quad Q_s = -\frac{10}{7} + \frac{P}{7} \quad \text{para } P > 10.$$

A produção do bem X está associada a uma externalidade negativa e o custo marginal externo associado é constante e igual a 10 u.m. Determine:
a. O equilíbrio deste mercado (preço e quantidade).
b. O nível óptimo de produção, bem como os preços eficientes para consumidor e produtor.
c. O tipo de intervenção pública para levar do equilíbrio à solução eficiente.
Nota: Considere que a quantidade do bem é divisível.

E.5.2. Considere um mercado de concorrência perfeita na produção do bem X, caracterizado pelas seguintes condições de procura (Qd) e oferta (Qs), respectivamente:

$$Q_d = 80 - 2P \quad e \quad Q_s = 20 + 4P$$

Associado à produção de X existe um benefício marginal externo (BME) para os habitantes de uma pequena comunidade, dado por:

$$BME = 20 - \frac{Q}{4} \quad \text{para} \quad Q < 80$$

a. Determine o equilíbrio de mercado e o nível eficiente de produção.
b. Calcule, justificando, a política pigouviana que permitiria alcançar o nível eficiente de produção (óptimo).
c. Ilustre graficamente e comente os resultados.

E.5.3. Considere duas empresas A e B produtoras dos bens X e Y, sendo que a empresa A gera uma externalidade negativa *apenas* na empresa B de modo que as funções de lucro total são dadas pelas seguintes expressões:

$$\pi_X = 120.X - \frac{X^2}{2}$$

$$\pi_Y = 90.Y - \frac{Y^2}{2} - \left(\frac{X^2}{2} - 40.X\right)$$

onde X e Y representam as respectivas produções.
a. Determine as quantidades de equilíbrio de mercado privado com as empresas separadas e os respectivos lucros nessa situação.
b. Determine o óptimo social e compare os resultados.
c. Mostre que através de um apropriado imposto pigouviano se poderia alcançar o óptimo social obtido na alínea anterior.

E.5.4. Considere que uma empresa, devidamente licenciada para produzir, opera num dado município e gera poluição que afecta negativamente os seus residentes. O benefício marginal da poluição para a empresa é dado por:

$$BMg(T) = 1000 - 10T$$

Em que T são toneladas de CO_2. O efeito negativo nos residentes, de cada tonelada adicional de CO_2, é avaliado em:

$$CMg(T) = 40T$$

a. Caso a empresa utilize os seus direitos de poluição, de forma apenas a maximizar o lucro, sem preocupações de natureza ambiental, determine o nível de poluição de equilíbrio (Te), o benefício total para a empresa ($BT(Te)$), o custo total para os residentes ($CT(Te)$) e o benefício (ou custo) social para a sociedade da poluição ($BS(Te)$).
b. Determine o nível óptimo de poluição (T^*), o benefício total para a empresa ($BT(T^*)$), o custo total para os residentes ($CT(T^*)$) e o benefício

social da poluição (BS(T^*)), assumindo que só os residentes são por ela afectados. Calcule o intervalo (valor mínimo e máximo) da compensação (c) que a empresa teria que receber para reduzir o nível de poluição para o óptimo.

c. Considere agora que, contrariamente ao enunciado e à alínea anterior, eram os munícipes que tinham o direito legal ao ar limpo. Justifique, a partir do *teorema de Coase* e dos cálculos efectuados, qual seria o nível óptimo de poluição e quais os valores mínimo e máximo da compensação (c_m) a pagar pela empresa para poder poluir ao nível óptimo.

d. Dadas as dificuldades de entendimento entre os municípios e as empresas em situações semelhantes sobre o valor exacto das compensações c, provocadas em parte por uma certa indefinição dos direitos de propriedade, o Estado decidiu introduzir um imposto por tonelada de CO_2 emitido. Determine o valor desse imposto.

6.
Despesas públicas: avaliação e tendências

Resumo

Um primeiro objectivo deste capítulo é fornecer evidência empírica que permita identificar algumas tendências gerais, mas também disparidades na evolução da despesa pública em países da União Europeia (ainda a quinze), os Estados Unidos da América e o Japão.

Em termos agregados e tomando como indicador da dimensão relativa do sector público o rácio da despesa das administrações públicas no PIBpm, o Japão foi, em comparação com a UE15 e os EUA, o que mais aumentou o peso do sector público entre 1970 e 2010, passando de 18,5% para 42,3%. Já o crescimento na UE15 foi mais moderado (de 35,8% para 50,8%) e nos EUA ainda mais pequeno (de 32,5% para 43,3%). Na União Europeia na década 2001-2010 há dois periodos. Até à crise financeira internacional (2007-08) a tendência foi de ligeiro decréscimo, mas a partir daí o peso aumentou situando-se em 2010 em 50,6% do PIBpm.

Analisando a estrutura da despesa pública de acordo com uma classificação económica, para os países da União Europeia é possível observar algumas tendências gerais, bem como o posicionamento de Portugal. Um traço comum foi o aumento significativo, entre 1970 e 2010, do peso das transferências sociais (de cerca de 12% para 17% do PIBpm) verificado sobretudo nas décadas de 70 e de 80, que foi generalizado nos países da UE15 à excepção da Holanda. Isto foi devido não só ao alargamento dos beneficiários das prestações (subsídios de desemprego e pensões de reforma) em consequência de uma maior universalidade no pagamento dessas prestações, mas também devido ao envelhecimento da população. Dos países que apresentaram aumentos mais significativos contam-se Portugal (13,4pp), Grécia (11,9pp) e Finlândia (10pp).

As despesas com pessoal cresceram em média ligeiramente acima do produto mas têm estado estáveis na década terminada (em 2010 em cerca de 11% do PIBpm). Esta média esconde, contudo, realidades diversas com os países escandinavos com maior peso da despesa com funcionários públicos (por. ex. a Dinamarca com 18,4%) e a Alemanha (7,9%), Luxemburgo (8%), Eslováquia (7,7%) e República Checa (7,6%) os países com menor peso.

As despesas com juros apresentaram também um acréscimo significativo de 1,7% do PIBpm em 1970 para 3,7% em 2000 nos países da UE15. Dado que estas despesas são aproximadamente iguais ao produto da taxa de juro implícita na dívida pelo stock da dívida, isto apenas reflecte o facto de que, para a totalidade do período, o aumento da dívida pública associado a políticas expansionistas dos governos teve um efeito mais forte que a diminuição da taxa de juro acentuada sobretudo após 1994 com a entrada na segunda fase da União Económica e Monetária. Há, contudo, a partir de 1996 uma redução no peso dos juros, o que reflecte o efeito predominante da descida da taxa de juro, situando-se estes em 2,8% do PIBpm em 2010.

No que concerne às despesas de investimento, elas representam apenas 2,5% do PIBpm da UE15 em 2010. Verifica-se que os países que em 1970 tinham níveis de rendimento *per capita* menores e que após adesão à CEE//UE mais beneficiaram dos fundos estruturais, foram os que registaram maiores aumentos no peso das despesas de investimento (Portugal e Espanha). Curiosamente, a Irlanda teve apenas um aumento pequeno do peso do investimento público. Em contrapartida, países que sobretudo a partir da década de 90 mais tiveram que contrair a despesa pública, fizeram-no em parte pela redução do investimento público, caso da Suécia e da Dinamarca.

Numa óptica funcional e utilizando a classificação das despesas das Nações Unidas (COFOG) e dados do EUROSTAT verifica-se que a despesa média com protecção social na UE15 ocupa a fatia mais elevada (18,5% do PIBpm em 2008), seguida da saúde (6,9%), dos serviços públicos gerais (6,5%), e da educação (5,2%). Portugal apresenta valores acima da média na educação, próximo da média em saúde, mas abaixo da média quanto ao peso das prestações sociais.

Um segundo tópico abordado neste capítulo é o da análise da eficiência (técnica e não de Pareto) da despesa pública. A eficiência técnica pode ser vista como a minimização de recursos (*inputs*) para alcançar um dado nível de resultados (*outputs*) ou, inversamente, como a maximização de resultados para um dado nível de *inputs*. Ganhos na eficiência técnica permitem libertar recursos que podem ser usados ou para reduzir a despesa pública ou para mantê-la com maior oferta de bens públicos (função afectação) ou com maiores benefícios sociais (função redistribuição). Existem vários métodos, não paramétricos, para avaliar da eficiência da despesa pública onde se podem determinar índices de eficiência de *inputs* que indicam quantos menos recursos poderiam ser utilizados para alcançar o mesmo nível de *output*, tomando como referência o país mais eficiente. Por exemplo, no caso da educação (ensino secundário em 2000) alguns autores concluíram que para uma amostra de países da OCDE, o mesmo nível de resultados poderia ser alcançado com menos 11,4% de recursos. Os países mais ineficientes seriam a Bélgica (17ª posição), seguida da Itália, da Grécia e da Hungria. Portugal ocuparia a 10ª posição no ranking da eficiência técnica com um índice de 0,879, indicando que poderia obter os mesmos resultados com menos 12,1% (=1-0,879) dos recursos.

Um terceiro tópico deste capítulo prende-se também com a avaliação da despesa pública, mas neste caso com as despesas de investimento – a análise custo-benefício. Aqui se distingue, em primeiro lugar, a diferente natureza de custos e benefícios que podem ser tangíveis ou intangíveis. Por exemplo, no caso de uma cimenteira na serra da Arrábida, os custos tangíveis são aqueles para os quais é fácil obter um valor monetário para os mesmos (salários, matérias-primas, etc.) e os custos intangíveis os que não são facilmente monetarizáveis, como a destruição da fauna e da flora, bem como os efeitos negativos no valor paisagístico da Serra. Os benefícios tangíveis são a produção de cimento e o emprego criado, os intangíveis são de difícil indentificação.

A análise de um projecto de investimento deverá pois considerar, para além do valor do investimento inicial, o valor actualizado do fluxo de benefícios (B) e custos (C) tangíveis futuros, mas também intangíveis, sobretudo se se tratar de projectos públicos. O *valor actualizado líquido* (VAL) de um projecto será então: a soma dos valores actualizados dos benefícios líquidos (B-C) do projecto para uma certa taxa de desconto menos o valor do investimento inicial. Por seu lado, a *taxa interna de rentabilidade* (TIR) de um certo projecto é a taxa de desconto que iguala o valor do investimento inicial ao somatório do valor actualizado (a essa taxa) dos benefícios líquidos do projecto.

Tópicos de reflexão: Capítulo 6

1. A evolução real das despesas públicas tem sido objecto de análises teóricas e empíricas iniciadas por Adolf Wagner no séc. XIX e prosseguidas por numerosos economistas.
   a. Evidencie a tese deste economista alemão e distinga crescimento real e nominal de despesa pública.

b. Caracterize o contributo de duas explicações que fundamentem a tese de Wagner.

2. Explique porque se considera que a maioria dos autores catalogam as economias dos países da OCDE como economias mistas. Sucintamente, explique a racionalidade da intervenção do Estado numa economia mista.

3. O Quadro 6.1 do livro Economia e Finanças Públicas (4ª edição p.179) contém dados sobre o peso da despesa pública total em percentagem do PIB (sector público administrativo).
a. Compare a evolução do peso do sector público na Europa (UE15), Estados Unidos e Japão.
b. Identifique a evolução registada em Portugal no período 1970-2010 e compare-a com a da Irlanda e a Finlândia.
c. A partir desse indicador será possível determinar qual o país em que o Estado de Bem-Estar está mais desenvolvido? Discuta.
d. Com a informação para 1995 e 2009 sobre Portugal, Irlanda e Finlândia constante dos Quadro 6.4 e 6.5 da pag. 190, que conclusões adicionais pode retirar?

4. Considere os seguintes dados do Eurostat sobre a evolução do peso da despesa pública no PIB (desagregado por funções) de Portugal, dos países da União Europeia a 15 membros (EU15) e, mais recentemente, a 27 membros.

Quadro 6.1 – Despesa das Administrações Públicas em % PIBpm (PT, EU15, EU27)

		1990	1995	2000	2005	2006	2007	2008	2009
Despesa Pública (%PIB)	eu27	:	:	:	46.8	46.3	45.6	47.1	51.0
	eu15	:	52.4	45.3	47.1	46.6	45.9	47.5	51.5
	Portugal	:	41.5	41.1	45.8	44.5	43.6	43.6	48.0
Serviços Públicos Gerais	eu27	:	:	:	6.5	6.3	6.3	6.4	6.7
	eu15	:	8.7	7.0	6.5	6.3	6.3	6.5	6.7
	Portugal	:	8.7	5.9	6.6	6.5	6.9	6.8	6.9
Defesa	eu27	:	:	:	1.6	1.5	1.5	1.5	1.6
	eu15	:	:	:	1.6	1.5	1.5	1.5	1.6
	Portugal	:	1.7	1.5	1.4	1.3	1.2	1.2	1.4
Segurança e Ordem Pública	eu27	:	:	:	1.8	1.8	1.7	1.8	1.9
	eu15	:	1.6	1.6	1.8	1.8	1.7	1.8	1.9
	Portugal	:	1.6	1.7	2.0	1.9	1.8	2.0	2.2
Assuntos Económicos	eu27	:	:	:	3.8	3.9	3.8	4.2	4.5
	eu15	:	6.3	2.9	3.8	3.8	3.7	4.1	4.4
	Portugal	:	4.6	4.6	4.2	3.6	3.5	2.8	3.9
Protecção do Ambiente	eu27	:	:	:	0.7	0.8	0.8	0.8	0.9
	eu15	:	0.7	0.7	0.7	0.8	0.8	0.8	0.9
	Portugal	:	0.5	0.7	0.6	0.7	0.6	0.7	0.7
Habitação e Serviços Comunitários	eu27	:	:	:	1.1	1.0	1.0	1.0	1.1
	eu15	:	1.3	1.0	1.0	1.0	1.0	1.0	1.1
	Portugal	:	0.6	1.0	0.6	0.7	0.7	0.7	0.6
Saúde	eu27	:	:	:	6.7	6.7	6.7	6.9	7.5
	eu15	:	6.0	6.1	6.8	6.9	6.8	7.0	7.7
	Portugal	:	5.4	6.2	7.2	6.7	6.6	6.3	7.1
Serviços Recreativos, Cultura e Religião	eu27	:	:	:	1.1	1.1	1.1	1.2	1.2
	eu15	:	1.0	1.0	1.1	1.1	1.1	1.1	1.2
	Portugal	:	1.0	1.2	1.2	1.1	1.0	1.1	1.1
Educação	eu27	:	:	:	5.3	5.2	5.1	5.2	5.6
	eu15	:	5.2	5.0	5.3	5.2	5.1	5.2	5.6
	Portugal	:	5.6	6.4	6.9	6.6	6.1	6.3	6.7
Protecção Social	eu27	:	:	:	18.3	18.0	17.6	18.1	20.0
	eu15	:	19.7	18.2	18.6	18.2	17.9	18.4	20.4
	Portugal	:	11.7	12.1	15.2	15.5	15.3	15.7	17.4

Fonte: Eurostat, Janeiro 2012

a. Que conclui sobre o peso do sector público na economia quando compara Portugal com as médias comunitárias a 15 e a 27 membros?
b. Quais as principais diferenças que detecta em relação à estrutura dessa despesa em Portugal e na UE15 em 2005?
c. Essas diferenças têm-se agravado ou diminuído nos últimos seis anos?

5. Considere os seguintes dados relativamente à esperança de vida à nascença em Portugal e na União Europeia UE15:

Quadro 6.2 – Esperança de vida à nascença (PT e UE15)

	1960	1970	1980	1990	2000
Homens					
Portugal	61,2	64,2	67,7	70,4	72,6
UE-15	67,4	68,4	70,5	72,8	75,3
Mulheres					
Portugal	66,8	70,8	75,2	77,4	79,6
UE-15	72,9	74,7	77,2	79,4	81,4

Fonte: Eurostat.

Que implicações terá tido esta evolução na estrutura da população activa e nas despesas públicas?

6. Considere os seguintes dados estimados (2000-2060) do rácio de dependência dos idosos (rácios da projecção de pessoas com mais de 65 anos sobre as pessoas com idades entre 15 e 64 anos) para Portugal e para os países da União Europeia a 27 membros:

Quadro 6.3 – Projecções do rácio de dependência dos idosos até 2060

	2005	2010	2015	2020	2025	2030	2035	2040	2045	2050	2055	2060
U. E. (27)	24.7	25.9	28.5	31.4	34.6	38.3	42.3	45.5	48	50.2	51.8	52.6
Portugal	25.2	26.7	28.9	31.3	34.0	37.9	41.8	46.7	52.0	55.6	56.7	57.2

Fonte: Eurostat, Janeiro 2012

Que consequências poderá ter esta evolução demográfica na estrutura das despesas públicas? Justifique.

Questões de escolha múltipla

6.1. De 1970 a 2002 o bloco económico em que mais cresceu a despesa pública total no PIB foi:
a. Os Estados Unidos da América.
b. O Japão.
c. A Europa dos quinze.
d. A despesa pública não cresceu em nenhum bloco económico em particular.

6.2. Identifique a afirmação falsa: Nos países mais desenvolvidos, o rácio da despesa pública no PIB não é um bom indicador da importância relativa do Estado de Bem-Estar pois...
a. O PIB per capita é diferente de país para país.
b. Não considera a estrutura da despesa pública.
c. Nuns países a despesa pública é mais eficiente, no sentido técnico (relação *inputs/outputs*), do que noutros.
d. Não considera o peso das funções sociais.

6.3. Identifique a afirmação falsa: O peso do sector público na economia na UE15 reduziu-se de 1995 para 2003 e...
a. Em Portugal também.
b. Em Portugal manteve-se aproximadamente estacionário.
c. Em Portugal cresceu.
d. Em Portugal reduziu-se, mas menos que na UE15.

6.4. O rápido crescimento na despesa pública em Portugal e nos países da OCDE nos últimos 25 anos, foi devido essencialmente a:
a. Despesa em educação.
b. Despesa em transferências.
c. Despesas gerais de administração.
d. Despesas militares.

6.5. A *"lei de Wagner"* estabelece que no longo prazo há tendência para crescimento:
a. Do PIBpm.
b. Da despesa pública.
c. Da despesa pública no PIBpm.
d. Do consumo privado no PIBpm.

6.6. A taxa interna de rentabilidade (TIR) de um projecto de investimento é:
a. A taxa que iguala a soma dos valores actualizados dos benefícios futuros ao valor inicial do investimento.
b. A taxa que iguala a soma dos valores actualizados dos benefícios menos os custos futuros ao valor inicial do investimento.
c. A taxa que iguala a soma dos valores actualizados dos benefícios menos os custos futuros a zero.
d. A taxa que iguala a soma dos valores actualizados dos benefícios futuros a zero.

6.7. O valor actual líquido (VAL) de um projecto de investimento é dado por:
a. O valor dos benefícios menos custos futuros actualizado a uma certa taxa de juro, menos o valor do investimento inicial.
b. O valor dos benefícios menos custos futuros actualizado à taxa de inflação, menos o valor do investimento inicial.
c. O valor dos benefícios menos custos futuros actualizado a uma certa taxa de juro.
d. O valor dos benefícios menos custos futuros actualizado à taxa de inflação.

6.8. Um projecto de investimento de 600 milhões de euros para três anos, tem um benefício liquido de 150, 250 e 300 milhões respectivamente no primeiro, segundo e terceiro ano. Com uma taxa de juro de 3 por cento, o valor actual líquido do projecto é:
a. 55,8.
b. 75,5.
c. 79,6.
d. 100.

6.9. Um projecto de investimento de 600 milhões de euros para três anos, tem um benefício liquido de 150, 250 e 300 milhões respectivamente no primeiro, segundo e terceiro ano. Com uma taxa de juro de 5 por cento, o valor actual líquido do projecto é:
a. 25,2.
b. 28,8.
c. 60,2.
d. 66,7.

6.10. Um projecto de investimento de 600 milhões de euros para três anos, tem um benefício liquido de 150, 250 e 300 milhões respectivamente

no primeiro, segundo e terceiro ano. A taxa interna de rentabilidade do projecto é aproximadamente:
a. 5,1%
b. 7,3%
c. 14%
d. 16,5%

6.11. Qual dos seguintes benefícios de um projecto de investimento público em novas escolas é intangível?
a. Aumento esperado dos rendimento futuros dos estudantes.
b. Aumento do bem-estar dos jovens.
c. Aumento dos postos de trabalho.
d. Aumento da procura de mobiliário escolar.

6.12. Qual dos seguintes custos de um projecto de investimento privado numa barragem é intangível?
a. Custo de mão-de-obra.
b. Custo de matérias primas.
c. Custo de equipamentos.
d. Custo ambiental.

7.
Receitas públicas e sistema fiscal: uma introdução

Resumo

Este capítulo é uma introdução aos diferentes tipos de receitas públicas. Apresenta as características desejáveis de um sistema fiscal e a relação das receitas fiscais com a prossecução de objectivos de eficiência e de equidade.

A mais importante fonte de receitas públicas é a receita fiscal. Os *impostos* são prestações pecuniárias efectivas, de pagamento coercivo com carácter unilateral e em geral não consignados a nenhum tipo de utilizações. As *contribuições sociais* são também contribuições pecuniárias obrigatórias, distinguindo-se dos impostos apenas porque na sua globalidade estão consignadas a certo tipo de despesa (as prestações sociais). Dado o relevo dessas prestações, são geridas por departamentos governamentais específicos. Do ponto de vista teórico devem ser analisadas como impostos, pelo que se designam também por *receitas parafiscais*. As *receitas patrimoniais* são receitas que provêm do património mobiliário ou imobiliário do Estado ou de outro ente público (juros de depósitos, rendas de edifícios, dividendos de empresas públicas ou o produto da alienação de activos públicos). As *taxas, licenças ou "preços"* são receitas como contraprestação de um serviço prestado a particulares por entidades públicas ou pelo uso de bens de domínio público ou pela remoção de obstáculos jurídicos à acção de particulares, devendo manter alguma relação de proporcionalidade com o custo do serviço prestado ou com o benefício auferido. As *multas, penalidades e coimas* são pagamentos unilaterais de carácter coercivo com natureza de penalização ou compensação por infração a regulamento ou outra disposição legal. As *receitas creditícias ou empréstimos* têm uma natureza diferente das anteriores, pois são receitas *não efectivas* no sentido de que resultam da contração de dívidas por parte do Estado ou outra entidade pública e que darão no futuro origem ao pagamento de juros e terão que ser amortizadas.

Há um conjunto de *características desejáveis de um sistema fiscal*, por vezes algo conflituantes entre si: *Equidade* – a distribuição da carga fiscal deve ser equitativa, isto é, não arbitrária e de acordo com princípios de equidade horizontal e vertical, em que cada um deve suportar uma parcela justa dos encargos com a actividade pública. *Eficiência* – os impostos devem minimizar a interferência em decisões eficientes dos agentes económicos e devem promover a eficiência corrigindo externalidades negativas. *Flexibilidade* – os impostos devem contribuir para, de forma automática, ter um efeito estabilizador do ciclo económico, nomeadamente promovendo um efeito expansionista no produto em período de recessão e contraccionista em período de forte expansão (ver capítulo 13). *Transparência* – os impostos, os benefícios fiscais e outras regras tributárias devem ser de fácil compreensão para os contribuintes e permitir uma responsabilização política dos governos quando tomam medidas de alteração do sistema fiscal. *Baixo custo* – o custo de cumprimento das obrigações fiscais por parte dos contribuintes e da administração fiscal por parte do Ministério das Finanças devem ser os mais baixos possíveis. *Eficácia financeira* – As receitas fiscais devem ser suficientes e adequadas para satisfazer os objectivos de financiamento da despesa pública e da política orçamental do governo.

Desenvolvendo a característica da *eficiência* pode afirmar-se que as escolhas informadas dos agentes económicos, quando internalizam todos o custos marginais sociais das suas decisões, são eficientes. Em geral, os impostos têm efeitos distorcedores no comportamento dos agentes, pois estes reduzem o consumo/produção do bem tributado para minimizar o ónus da tributação. A *ineficiência* ou *carga excedentária* de um imposto é aproximadamente igual à diferença entre a variação negativa no bem-estar de consumidores e produtores e a receita fiscal arrecadada pelo Estado; é algo que consumidores ou produtores perdem, mas que não acresce à receita do Estado. É aproximadamente igual a metade do produto da diferença entre preço para o consumidor e preço para o produtor (após imposto), pela redução na quantidade. Há apenas três tipos de casos em que os impostos não geram ineficiência. Um é o imposto de montante fixo ou *lump sum* (por exemplo, imposto *per capita*). Outro é o caso dos impostos sobre bens de procura (ou oferta) rígida, pois neste caso a receita fiscal quase iguala a perda de bem-estar de consumidores (ou produtores). Finalmente, há os impostos intencionalmente distorcedores ou impostos pigouvianos, que *aumentam* a eficiência pois fazem com que os preços de mercado se tornem eficientes ao passarem a incorporar os custos marginais externos associados à produção ou ao consumo de certos bens.

Quanto à *equidade*, é possível estabelecer vários princípios abstractos para concretizar esta característica. A *equidade horizontal* sugere que agentes em situações semelhantes deverão suportar um idêntico ónus da carga fiscal. A *equidade vertical* é um corolário do anterior e estipula que se um agente está em melhor situação do que outro deverá suportar um ónus de tributação superior. Ambos os princípios podem ser aplicados tendo em conta dois outros princípios da tributação. De acordo com a equidade segundo o *princípio da capacidade de pagar*, a avaliação da situação dos agentes, semelhante ou diferente, determina-se pela sua capacidade de pagar medida em termos de *rendimento equivalente* (rendimento ajustado pela existência ou não de auto-consumo, por posse de habitação própria, despesas de saúde e educação obrigatórias, composição do agregado familiar, etc.). Inversamente, quando a equidade é justificada em termos do *princípio do benefício*, considera-se que a situação dos agentes se reporta ao benefício que retiram da despesa pública.

Do ponto de vista prático, a equidade relaciona-se com a maior ou menor progressividade dos impostos. Impostos *progressivos* são aqueles em que a *taxa média* de imposto (rácio da colecta do imposto em relação ao rendimento) aumenta com o nível de rendimento. Na análise empírica é também relevante a distinção entre *incidência legal* e *económica* de um imposto. A primeira diz respeito ao sujeito passivo do imposto, ou seja, aquele que tem a responsabilidade legal da sua liquidação junto das finanças. A segunda respeita a quem suporta efectivamente a carga fiscal após todos os ajustes nos vários mercados. Por exemplo, quando um imposto incide legalmente no produtor, mas a incidência económica é totalmente sobre os consumidores dada a rigidez da procura, diz-se que há *repercussão total do imposto para a frente*. Há outros casos: de *repercussão parcial* para a frente, para trás ou mesmo de *não repercussão*, que é o caso quando há identidade entre a incidência económica e legal do imposto. A incidência económica do imposto é maior sobre os agentes cujo comportamento é mais rígido, sejam eles do lado da oferta ou da procura, pelo que o valor relativo das elasticidades da oferta e procura (em módulo) é essencial no estudo da repercussão de um imposto, necessário para avaliar o seu impacto na eficiência e equidade.

Tópicos de reflexão: Capítulo 7

1. Um sistema fiscal ideal deve apresentar seis características desejáveis.
a. Caracterize, sucintamente, três dessas características ideais.

b. Considera que nos sistemas fiscais concretos elas podem ser simultaneamente respeitadas? Justifique, referindo exemplos ilustrativos.

2. Distinga impostos de taxas. Para que tipo de receita pública se aplica melhor o princípio do benefício? Justifique.

3. Uma importante distinção nas receitas públicas é entre receitas efectivas e não efectivas. Qual a razão de ser desta distinção?

4. No caso do Imposto Sobre o Rendimento das Pessoas Singulares (IRS), os contribuintes recebem anualmente em sua casa informação sobre o cálculo e o montante global da colecta de imposto. Já no caso do Imposto sobre o Valor Acrescentado (IVA), os consumidores finais vão suportando o imposto em cada compra que efectuam não tendo a noção do montante global do ónus de tributação anual que sobre eles recai. Como compara estes dois impostos à luz dos critérios de transparência e de equidade.

5. Compare a situação de uma via rápida sem custos para o utilizador (SCUT) com a situação com portagens. Analise, quer do ponto de vista do princípio do benefício, quer da capacidade de pagar, qual a opção que deveria ser tomada. Que outros factores, para além da equidade, devem ser tomados em consideração para apreciar esta problemática?

6. Suponha que um determinado bem X é comercializado num mercado competitivo e caracterizado por elasticidades preço normais (positiva para a oferta e negativa para a procura). O governo pretende lançar sobre o produtor um imposto unitário no montante fixo t. Explique, ilustrando com uma análise gráfica adequada: i) a incidência sobre os consumidores e produtores; ii) a ineficiência gerada pelo imposto; iii) de que depende a importância dessa ineficiência relativamente à receita fiscal gerada.

7. Utilizando a distinção entre incidência económica e legal de um imposto e usando uma representação gráfica apropriada, discuta qual lhe parece ser a consequência de um aumento do imposto sobre produtos petrolíferos, nos consumidores e nos produtores.

8. Quando se analisam as questões da equidade e da eficiência da tributação, há dois conceitos particularmente relevantes a ter em consideração: *repercussão* e *carga excedentária*. Defina apropriadamente estes conceitos e

exemplifique, graficamente, em que condições se pode ter em simultâneo não repercussão e carga excedentária nula, após o lançamento de um imposto unitário.

9. Diga o que entende por carga excedentária de um imposto, como se mede e de que depende.

10. Tendo em conta as relações entre os diferente tipos de impostos e a eficiência, responda às seguintes questões:
a. Há algum imposto que não gere ineficiências?
b. Que efeitos têm os impostos no mercado de trabalho?
c. O que são impostos pigouvianos?
d. Quando aumenta a progressividade do imposto sobre o rendimento, qual o efeito na eficiência?
e. Um imposto com taxa constante será bom para a eficiência?

11. Diga quais os dois tipos de situações de mercado em que a incidência económica de um imposto recai exclusivamente sobre os consumidores. Há alguma diferença nestas situações no que toca à ineficiência gerada pelo imposto? Justifique.

12. Explique, ilustrando graficamente, o que entende por repercussão total para a frente de um imposto. Dê um exemplo de um imposto cuja repercussão seja para a frente.

13. Com o apoio da representação gráfica adequada, comente os efeitos em termos da eficiência e da incidência económica de imposto por unidade produzida lançado sobre um bem comercializado em mercado de concorrência perfeita e cuja procura é inelástica. Diga, justificando, se os resultados alcançados seriam diferentes no caso da procura ser elástica, com tudo o resto constante.

14. O governo anunciou que irá apresentar na Assembleia da República uma proposta de subida da tributação da electricidade em sede de IVA da taxa mínima para a taxa máxima.
a. Analise esta medida do ponto de vista da equidade.
b. Caso o governo optasse por subir apenas para a taxa intermédia, diga como poderia obter um encaixe financeiro equivalente com uma alteração no IRS mais equitativa.

15. No sentido de alcançar uma redução do défice público, o governo de um país hipotético decidiu implementar, entre outras, as seguintes medidas em sede de IRS: i) Criação de um novo escalão para rendimentos superiores a 200 mil euros com uma taxa marginal de 45% ; ii) Eliminação da dedução à colecta relativa às despesas em saúde.
a. Discuta estas duas medidas sob o ponto de vista da equidade, da eficiência e da eficácia financeira.
b. Apresente uma proposta de alteração de outro(s) imposto(s) que, apresentando uma eficácia financeira superior no próprio ano, pudesse ser mais favorável sob o ponto da eficiência.

16. O IRS é o imposto que melhor poderá implementar as noções de equidade vertical e horizontal. Explique porquê, clarificando como a promoção da equidade social pode necessitar do uso de outros impostos.

Questões de escolha múltipla

7.1. Diga qual dos seguintes tipos de receitas não diz respeito a receitas efectivas:
a. Impostos.
b. Taxas.
c. Venda de património.
d. Empréstimos.

7.2. Diga qual das receitas públicas não é uma receita coerciva:
a. Impostos.
b. Taxas.
c. Contribuições para a segurança social.
d. Multas, penalidades e coimas.

7.3. As regras tributárias devem ser estáveis e de fácil compreensão para os contribuintes. Esta característica do sistema fiscal designa-se:
a. Flexibilidade.
b. Transparência.
c. Baixo custo de funcionamento.
d. Eficácia financeira.

7.4. O aumento do imposto sobre o tabaco pode ter a seguinte consequência:
a. Melhorar a flexibilidade, mas piorar a eficiência.
b. Melhorar a transparência e melhorar a equidade.

c. Melhorar a eficácia financeira, mas piorar a eficiência.
d. Melhorar a eficiência, mas piorar a equidade.

7.5. De acordo com o princípio do benefício, as urgências hospitalares devem ser pagas:
a. Por todos os beneficiários do Serviço Nacional de Saúde.
b. Pelos utilizadores das urgências.
c. Através das contribuições para a Segurança Social.
d. Através dos impostos.

7.6. A incidência económica de um imposto é maior nos consumidores do que nos produtores se e só se:
a. A incidência legal for apenas nos consumidores.
b. A elasticidade da oferta for superior à da procura (em módulo).
c. A elasticidade da oferta for o dobro da elasticidade da procura (em módulo).
d. Subir o preço para o consumidor e baixar para o produtor.

7.7. Qual dos princípios seguintes não satisfaz critérios de equidade horizontal ou vertical?:
a. Quem tem maior capacidade contributiva deve pagar mais impostos.
b. Quem tem um rendimento equivalente semelhante deve pagar montantes de imposto semelhantes.
c. Quem tem maiores benefícios da despesa pública deve pagar mais impostos.
d. Quem tem menos rendimentos, mas maior benefício da despesa pública, deve pagar semelhante montante de impostos.

7.8. Num mercado competitivo de um bem em que a curva da oferta é infinitamente elástica e a da procura é normal (elasticidade negativa), qual das seguintes proposições é verdadeira?
a. A magnitude do acréscimo de preço depende apenas do declive da curva da procura.
b. A magnitude do decréscimo da quantidade depende inteiramente do declive da curva da procura.
c. O acréscimo de preço para o consumidor será igual ao montante do imposto.
d. O acréscimo de preço para o consumidor será inferior ao montante do imposto.

7.9. Um imposto sobre o rendimento diz-se progressivo se e só se:
a. For calculado como a soma de um imposto *lump-sum* conjuntamente com uma taxa marginal única.
b. As taxas médias de imposto aumentam com os níveis do rendimento.
c. Os impostos aumentam com os níveis do rendimento.
d. As taxas marginais de imposto não forem decrescentes.

7.10. Seja um mercado competitivo do bem X, em que no ponto de equilíbrio a elasticidade da oferta é 2 e a da procura é -0,5. Um imposto unitário sobre o bem X incide:
a. Sobretudo nos consumidores.
b. Sobretudo nos produtores.
c. Quer nos produtores, quer nos consumidores, consoante quem paga o imposto.
d. Só nos consumidores.

7.11. Quando existe coincidência entre a incidência económica e incidência legal de um imposto estamos perante:
a. Repercussão mista.
b. Boa organização da administração fiscal.
c. Incidência igualitária
d. Não repercussão do imposto.

7.12. Considere um imposto unitário num bem, cuja curva da procura é normal (elasticidade negativa) e a curva da oferta é rígida. Desprezando o efeito rendimento do imposto, diga o que é falso:
a. A carga excedentária é nula.
b. A repercussão económica do imposto é nos produtores.
c. O preço para o consumidor baixa.
d. A quantidade procurada não se altera.

7.13. A incidência económica de um imposto é maior nos consumidores do que nos produtores, quando:
a. Em equilíbrio a oferta é mais rígida que a procura.
b. O preço no consumidor sobe.
c. Em equilíbrio a procura é mais rígida do que a oferta.
d. Em equilíbrio a oferta e a procura têm elasticidades iguais (em módulo).

7.14. A incidência económica de um imposto de 10 unidades monetárias é de igual montante nos consumidores e nos produtores se e só se:

a. A incidência legal for de 5 u.m. nos consumidores e 5 u.m. nos produtores.
b. A diferença entre o preço para o consumidor e para o produtor for de 10 u.m.
c. As elasticidades da oferta e da procura forem iguais (em módulo) em equilíbrio.
d. Subir o preço para o consumidor e baixar para o produtor.

7.15. Um imposto sobre o rendimento diz-se progressivo quando:
a. Está associado a ganhos de eficiência.
b. Não distorce a opção trabalho/lazer.
c. Implementa o princípio do benefício.
d. Os que têm mais rendimento pagam proporcionalmente mais impostos.

7.16. Considere que a colecta de um imposto relativa ao contribuinte i é dada pela função: $T^i = a + bY^i$. Tendo em conta que a > 0 e 0 < b < 1, este imposto é:
a. Progressivo.
b. Regressivo.
c. Proporcional.
d. Regressivo, proporcional ou progressivo consoante o rendimento.

7.17. Considere que a colecta de um imposto relativa ao contribuinte j é dada pela função $T^j = c + dY^j$. Tendo em conta que c < 0 e 0 < d < 1, este imposto é:
a. Progressivo.
b. Regressivo.
c. Proporcional.
d. Primeiro regressivo, depois proporcional e por fim progressivo à medida que sobe o rendimento.

7.18. Qual dos seguintes impostos não gera ineficiências?
a. Imposto pigouviano.
b. Imposto unitário.
c. Imposto sobre o Rendimento (IRS).
d. Imposto sobre o Valor Acrescentado (IVA).

7.19. Desprezando o efeito rendimento do imposto, em que situação existe ineficiência associada ao imposto sobre os bens num mercado competitivo?
a. Quando a oferta é rígida.

b. Quando a procura é rígida.
c. Quando a oferta é infinitamente elástica.
d. Quando o imposto é *lump-sum*.

7.20. Considere um imposto unitário de montante t sobre um bem num mercado competitivo em que a oferta e a procura são normais (elasticidades positiva e negativa, respectivamente). Caso o imposto passe para 2t a ineficiência gerada pelo imposto, aproximadamente:
a. Duplica.
b. Triplica.
c. Quadruplica.
d. Passa para metade.

7.21. Considere que o governo aumentou o imposto sobre o tabaco em 1,5 euros e como consequência o preço no consumidor subiu 1,5 euros. Tendo em conta que a incidência legal é nas empresas tabaqueiras, está-se na presença de:
a. Repercussão do imposto para a frente.
b. Não repercussão do imposto
c. Coincidência entre incidência económica e legal do imposto.
d. Repercussão para trás do imposto.

7.22. Tudo o resto constante, se o governo diminui a taxa de contribuição dos trabalhadores para a Segurança Social (CSS):
a. Aumenta apenas a incidência económica da CSS nos trabalhadores.
b. Diminui apenas a incidência económica da CSS nos trabalhadores.
c. Aumenta a incidência legal da CSS na entidade patronal.
d. Diminui a incidência legal da CSS nos trabalhadores.

7.23. Diga o que é falso: Sabendo-se que num mercado competitivo, em equilíbrio, a elasticidade da oferta é 2 e a da procura é -4, então a introdução de um imposto unitário provoca uma...
a. Incidência económica do imposto nos consumidores duas vezes superior à incidência nos produtores
b. Incidência económica do imposto nos produtores duas vezes superior à incidência nos consumidores.
c. Subida do preço no consumidor e descida do preço para o produtor.
d. Ineficiência.

7.24. Se se ignorar o efeito rendimento do imposto, a situação em que não existe carga excedentária ocorre quando:
a. A procura é rígida e a oferta é normal.
b. A procura é normal e a oferta é infinitamente elástica.
c. A procura e a oferta são normais.
d. A elasticidade da procura é -1 e a da oferta +1.

7.25. A *"capacidade de pagar"* concretiza-se na tributação de acordo com o(s) seguinte(s) princípio(s):
a. Equidade horizontal e perpendicular.
b. Igualdade de benefícios marginais pós-imposto.
c. Equidade vertical e horizontal.
d. Igual pagamento para iguais benefícios.

7.26. O princípio do poluidor-pagador é uma manifestação do:
a. Princípio da capacidade de pagar.
b. Princípio da eficácia de um sistema fiscal.
c. Princípio do benefício.
d. Princípio da igualdade perante a lei.

7.27. Quando não existe coincidência entre incidência económica e incidência legal de um imposto estamos necessariamente numa situação de:
a. Repercussão (parcial ou total) do imposto.
b. Não repercussão do imposto.
c. Ineficácia financeira da medida fiscal.
d. Mercado de concorrência perfeita.

7.28. A que tipo de receita pública se aplica melhor o princípio do benefício?
a. À receita do Imposto sobre o Valor Acrescentado (IVA).
b. À receita em taxas moderadoras no SNS.
c. À receita em dividendos.
d. À receita em Imposto sobre Produtos Petrolíferos.

7.29. A carga excedentária de um imposto unitário corresponde, aproximadamente:
a. À perda de bem-estar de consumidores e produtores resultante do imposto.
b. À diferença entre a perda de bem-estar dos consumidores devido ao imposto e a receita fiscal de todos os impostos unitários.

c. À diferença entre a perda de bem-estar dos consumidores e produtores devido ao imposto e a receita fiscal de todos os impostos unitários.
d. À diferença entre a perda de bem-estar dos consumidores e produtores devido ao imposto e a receita fiscal gerada com o mesmo.

7.30. O Governo pretende lançar um novo imposto unitário de 3 euros sobre os produtores do bem X. Neste mercado concorrencial, em equilíbrio, a procura é rígida e a elasticidade-preço da oferta é de 1,5. Identifique a afirmação verdadeira:
a. A incidência legal e a incidência económica sobre o produtor é de 3 euros.
b. A incidência legal sobre o produtor é de 3 euros e a incidência económica sobre o consumidor é de 1.50 euros.
c. A incidência legal sobre o produtor é de 3 euros e a incidência económica sobre o consumidor é de 3 euros.
d. A incidência legal sobre o produtor é de 3 euros mas existe partilha da carga fiscal entre produtor e consumidor.

7.31. Idealmente, um sistema fiscal deveria ser facilmente adaptável aos ciclos económicos, não suscitar dúvidas aos contribuintes sobre as suas responsabilidades fiscais e gerar um custo directo e indirecto adequado aos objectivos. Assim, deveria reunir as seguintes características:
a. Flexibilidade, transparência e eficácia financeira.
b. Flexibilidade, transparência e baixo custo de funcionamento.
c. Flexibilidade, eficiência e baixo custo de funcionamento.
d. Flexibilidade, equidade e eficácia financeira.

7.32. No quadro do sistema fiscal português, quais dos seguintes impostos podem ser classificados de *pigouvianos*?
a. O imposto municipal sobre imóveis e o imposto sobre o tabaco.
b. O imposto municipal sobre imóveis e o imposto sobre as bebidas alcoólicas.
c. O imposto sobre o tabaco e o imposto sobre as bebidas alcoólicas.
d. O imposto sobre as bebidas alcoólicas e o imposto de selo.

7.33. Segundo o princípio da capacidade de pagar, cada contribuinte deve pagar um montante de imposto de acordo com:
a. Os benefícios que retira da despesa pública.
b. A sua capacidade económica líquida.
c. Os rendimentos do trabalho que aufere.
d. O seu património imobiliário e financeiro.

Exercícios sobre incidência económica e carga excedentária de impostos unitários em mercado concorrencial

E.7.1. Seja o seguinte mercado competitivo em que as funções procura e oferta de um bem são dadas respectivamente por:

$$Q_d = 20 - 0,1P \quad \text{e} \quad Q_s = -40 + 0,5P$$

a. Determine o equilíbrio inicial e a incidência económica de curto prazo de um imposto unitário de 12 u.m. sobre consumidores e produtores.
b. Determine o valor aproximado da ineficiência gerada pelo imposto e a sua relação com a receita fiscal.
c. Discuta os possíveis efeitos sobre a equidade da introdução deste imposto.

E.7.2. Considere o mercado de um bem X em que as funções procura e oferta são dadas respectivamente por $Q_d = 550$ e $Q_s = 10 + 6P$. Determine a receita fiscal, a carga excedentária e a incidência económica de um imposto unitário de 10 unidades monetárias, cuja incidência legal é sobre os produtores. Interprete os resultados.

E.7.3. Considere que as funções procura e oferta, num mercado competitivo, são dadas por:

Procura: $Q_c = 130 - 2P$, para $P < 65$ \hfill (7.A.1)

Oferta: $Q_p = -20 + 4P$, para $P > 10$ \hfill (7.A.2)

a. Determine a incidência económica de curto prazo de um imposto unitário de 9 u.m. sobre os consumidores e os produtores. Comente os resultados a partir das elasticidades da oferta e da procura.
b. Calcule o valor aproximado da ineficiência gerada por este imposto.

E.7.4. Considere as seguintes funções da oferta (inversa) e da procura, num mercado competitivo, dadas respectivamente por:

$$P = -10 + \frac{1}{2}Q$$

$$Q = 40 - \frac{1}{2}P$$

a. Determine a receita fiscal e a incidência económica de curto prazo sobre consumidores e produtores de um imposto unitário de 2 u.m.. Comente os resultados obtidos.
b. Calcule, justificando, o montante aproximado da ineficiência gerada pelo imposto em causa.

E.7.5. Considere um mercado concorrencial em que a função oferta (inversa) é dada por $P = -100+(1/2) \cdot Q$ e a função procura por $Q = 240$. O governo lança um imposto unitário sobre os produtores de 10 u.m.
a. Determine o equilíbrio pré e pós-imposto, a receita fiscal do Estado e a incidência económica do imposto.
b. Diga qual a repercussão económica do imposto e, tratando-se de um bem de primeira necessidade, clarifique se existe um conflito entre eficiência e equidade.

E.7.6. A análise da repercussão, carga excedentária e incidência económica é essencial na discussão da tributação.
a. Com o apoio da análise gráfica, exemplifique e explique em que condições se pode ter, em simultâneo, não repercussão e carga excedentária aproximadamente nula após o lançamento de um novo imposto unitário.
Nota: identifique todas as variáveis e curvas constantes do gráfico.
b. Admita que um novo imposto vai tributar um determinado bem cujas elasticidades da procura e da oferta são de -1.5 e 6, respectivamente. Diga, justificando, o que se pode concluir sobre a incidência económica deste imposto.

E.7.7. A equidade e a não interferência nas decisões eficientes dos agentes económicos são duas das características desejáveis de um sistema fiscal.
a. Considere um mercado concorrencial de um bem, em que o equilíbrio é dado por $Q = 100$ unidades e $P = 5€$. O governo decide lançar um novo imposto de 2€ por unidade produzida.
b. Determine um valor aproximado da carga excedentária e a incidência económica do imposto, sabendo que a nova quantidade transaccionada é de 90 unidades e que o preço de mercado para os consumidores passa para 6€. Apresente os cálculos e interprete resultados.
c. Discuta, de forma muito sintética, as vantagens e inconvenientes de um aumento da taxa normal do Imposto sobre o Valor Acrescentado (IVA) ou da taxa máxima do Imposto sobre o Rendimento das Pessoas Singulares (IRS) à luz dos requisitos de equidade, eficiência e eficácia financeira.

8.
Tributação, eficiência e equidade: desenvolvimentos

Resumo

Este capítulo desenvolve a teoria da tributação quer em termos de análise positiva, quer normativa. A análise da incidência económica dos impostos no mercado de bens é realizada para dois tipos de mercados (concorrência perfeita e monopólio) e para dois tipos de impostos (unitário e *ad valorem*). Distinguem-se os efeitos substituição e rendimento dos impostos e o efeito agregado em termos do mercado de trabalho e do mercado de capitais. Por fim, abordam-se alguns tópicos na teoria da tributação óptima.

Impostos unitários são impostos de montante fixo sobre cada unidade produzida (ou consumida). Em contrapartida, impostos *ad valorem* representam uma dada proporção do preço final (ou do preço líquido). Desde logo, uma diferença importante entre ambos é que os segundos actualizam-se automaticamente com a inflação, enquanto que os primeiros não. A incidência económica de um imposto unitário pode ser modelizado *ou* como um *"deslocamento"* para baixo da curva da procura inversa *ou* como um deslocamento para cima da curva da oferta inversa, enquanto que um imposto *ad valorem* representa uma *"rotação"* da curva procura inversa *ou* da curva da oferta inversa (ver exercícios resolvidos). Em mercado concorrencial há sempre possibilidade de determinar um imposto unitário que gera a mesma receita fiscal que um imposto *ad valorem*, e que tem a mesma incidência económica relativa em consumidores e produtores. Já o mesmo não acontece em mercado monopolista. Antes do mais, importa realçar que a situação pré-imposto neste mercado é já uma situação ineficiente, com preços de mercado do monopolista muito superiores aos preços eficientes. Facilmente se verifica que, se um *imposto unitário* e um *ad valorem* tiverem o mesmo impacto na redução das quantidades de equilíbrio (e na concomitante subida do preço para o consumidor), o segundo gera uma receita fiscal para o Estado muito superior, ou seja, uma maior redução dos lucros do monopolista.

Os impostos têm todos um *efeito rendimento*, pois diminuem o rendimento real dos agentes, e em geral têm um *efeito substituição*, que é o efeito resultante da alteração nos preços relativos, que leva os agentes a alterarem o seu comportamento para diminuir o ónus da tributação. Um imposto *lump sum* só tem efeito rendimento, mas os restantes impostos têm também sempre efeitos substituição em algum mercado (bens, trabalho ou capital). Um imposto *ad valorem* à mesma taxa sobre todos os bens (e assumindo idêntica repercussão) não gera alteração de preços relativos, pelo que não tem efeito substituição no mercado de bens. Contudo, ao tributar o consumo e não a poupança, distorce o comportamento favoravelmente à poupança. Um imposto (unitário ou *ad valorem*) específico sobre um determinado bem tem efeito rendimento e efeito substituição no mercado de bens, pois altera os preços relativos dos bens. Se o consumo ou produção desse bem estiver associado a externalidades negativas, então a tributação gera uma melhoria na eficiência, pois tem natureza de imposto pigouviano. Caso não haja nenhuma externalidade negativa gerará, pelo contrário, uma ineficiência associada ao efeito substituição do imposto.

Existe alguma controvérsia acerca da forma exacta da curva da oferta de trabalho por parte dos trabalhadores, que se pode explicar pelos efeitos de sentido contrário associados ao imposto sobre o rendimento. Por um lado, os trabalhadores têm tendência a compensar a diminuição do rendimento real, resultante de um aumento de imposto, trabalhando mais para repor o seu nível salarial líquido (efeito rendimento). Por outro lado, o benefício marginal de uma hora de trabalho adicional é menor (efeito substituição). Em resumo, o efeito rendimento tende a induzir mais trabalho, enquanto que o efeito substituição levará a mais lazer, sendo o efeito conjugado incerto. Caso os efeitos se anulem, a oferta de trabalho não se altera na sequência do imposto, apesar de existir uma ineficiência associada ao efeito substituição. Neste caso de oferta rígida, a incidência económica do imposto é toda nos trabalhadores.

No caso do mercado de capitais numa pequena economia aberta, pode--se considerar que a oferta de capital internacional é infinitamente elástica ao nível da rentabilidade média dos capitais no mercado internacional. Ou seja, a remuneração líquida do capital no país terá de ser semelhante à remuneração líquida no mercado internacional e, se assim for, a oferta de capital será virtualmente infinita (dada a pequenez do país). Deste modo, a repercussão do aumento de um imposto sobre os rendimentos de capitais tem apenas como consequência que a remuneração bruta daqueles que procuram capital, os investidores, tem que aumentar e isso só é possível com uma diminuição do investimento doméstico. Por outras palavras, a incidência económica da tributação dos rendimentos de capitais em pequenas economias abertas tende a ser exclusivamente sobre os agentes que procuram capital, os investidores, e não nos que oferecem capital.

O problema da tributação óptima é demasiado complexo para ser tratado neste capítulo, mas desenvolvem-se alguns tópicos. Em primeiro lugar, a tributação óptima é o sistema de tributação desenhado de forma a conciliar, da melhor forma, eficiência com equidade. Deste modo, a tributação óptima depende do conceito de equidade considerado (qual a função de bem-estar social), da informação que o governo tenha sobre as preferências dos agentes económicos para determinar a eficiência, nomeadamente em bens públicos, e das possibilidades "técnicas" associadas aos diferentes tipos de impostos disponíveis.

A análise da tributação *"óptima"* (com aspas) foi considerada inicialmente para os bens de consumo e tendo em conta *apenas* o critério de eficiência proposto por Frank Ramsey que derivou as condições *"óptimas"* de tributação diferenciada desses bens. Visto que a ineficiência da tributação é tanto maior, *ceteris paribus*, quanto maior as elasticidades da procura e oferta, a fórmula de Ramsey é uma função inversa dessas elasticidades. Deste modo, devem-se tributar mais os bens de procura mais rígida, para minorar a carga excedentária agregada dos vários impostos. Contudo, os impostos de Ramsey são em geral negativos para a equidade, pois os bens de primeira necessidade têm, em geral, procura rígida e os bens de luxo procura mais elástica.

A tributação óptima (sem aspas) sobre o rendimento deve, por seu turno, ponderar o impacto de alterações marginais nas taxas de imposto na equidade e na eficiência. Assim, um aumento da mais elevada taxa marginal de imposto sobre o rendimento pode ser requerido de acordo com a equidade, mas aumenta a carga excedentária de imposto e a importância do efeito substituição e isto implica que a receita fiscal aumenta menos do que proporcionalmente do que a taxa de imposto. A sua variação pode até tornar-se negativa para níveis muito elevados de tributação, quer pelo efeito substituição, quer pela evasão fiscal. Esta relação não linear entre receita e taxa de tributação ficou conhecida na literatura como "curva de Laffer". Tributação óptima deve pois considerar o conflito que geralmente existe entre os objectivos de equidade e eficiência e a hierarquia entre esses objectivos.

Apenas para ilustrar como a tributação óptima depende quer da hierarquia de critérios normativos, quer da função de bem-estar social (que corporiza uma visão sobre justiça social) podem comparar-se dois tipos de impostos: o imposto linear progressivo sobre o rendimento (o ILPR é dado pela soma de um subsídio *lump sum* com uma componente proporcional de taxa única) e o imposto com taxas marginais crescentes por escalões de rendimento. Economistas utilitaristas que dêem primazia à eficiência tendem a defender o ILPR, pois tem uma taxa marginal única, minimizando assim as distorções nos agentes económicos, mas gerando uma progressividade menor. Já o imposto progressivo com escalões e isenções para os menores rendimentos (caso do IRS como se verá no capítulo 9) gera maiores distorções, mas é claramente melhor do ponto de vista da equidade pelo que é apoiado pelos que dão maior importância a este critério de avaliação das políticas públicas e adpotam uma postura mais rawlsiana.

Tópicos de reflexão: Capítulo 8

1. Quando se ponderam as consequências da introdução ou do aumento de um imposto, a estrutura de mercado é muito importante. Distinga as implicações da aplicação de um imposto unitário em mercado concorrencial *versus* monopolista.

2. Do ponto de vista da ilusão fiscal, qual dos impostos, unitário ou *ad valorem*, lhe parece ser menos transparente? Justifique.

3. Explique porque é que um imposto *lump-sum* (montante fixo) tem excelentes propriedades no que toca à eficiência, mas do ponto de vista da equidade é muito criticável.

4. Margaret Thatcher, primeira-ministra britânica de um governo conservador durante quase uma década, introduziu no final da sua governação um imposto *per capita* (*poll tax*) a ser pago por quase todos os residentes, nacionais e estrangeiros, em cada município. Explique qual a racionalidade da medida e que razões poderão ter estado por detrás da grande contestação a que foi sujeita e que, eventualmente, levou à queda quer de líder do Partido Conservador, quer de primeira-ministra.

5. Certos economistas, inspirados em experiências internacionais recentes (caso da Estónia e Eslováquia) e dando primazia a um certo critério normativo, têm vindo a defender a introdução de um imposto linear progressivo sobre o rendimento (com uma taxa única ou *flat rate*). Outros economistas, que dão mais importância a outro critério normativo, criticam essa opção e

defendem a manutenção dos escalões actuais (no IRS). Explique quais os critérios normativos subjacentes a ambos os grupos de economistas, bem como os fundamentos teóricos de cada uma destas posições.

6. Considerando as escolhas entre os bens de consumo X e Y, explique qual dos seguintes impostos distorce mais *essa* escolha: imposto sobre o rendimento, imposto geral sobre o consumo ou imposto especial sobre o consumo do bem X.

7. Na sequência da descida das taxas de um imposto sobre os rendimentos do trabalho, a oferta de trabalho não diminuiu. Que pode concluir acerca do mercado de trabalho? Poder-se-á dizer que não há ineficiência associada a este imposto?

8. Os *"impostos de Ramsey"* são óptimos do ponto de vista da eficiência, mas já não o são do ponto de vista da equidade. Justifique dando um exemplo concreto que possa ilustrar essa afirmação.

9. O efeito da variação de uma taxa de imposto sobre o rendimento na oferta de trabalho é incerto. Explique porquê.

10. Uma diminuição da taxa de imposto leva, em geral, a uma diminuição da receita fiscal. Contudo, há certas condições em que o efeito pode ser o inverso. Justifique.

Questões de escolha múltipla

8.1. Se as mulheres casadas tiverem uma elasticidade da oferta de trabalho superior às mulheres vivendo sozinhas, o objectivo de eficiência sugere que um hipotético imposto sobre o rendimento tribute:
a. As mulheres casadas a taxas marginais superiores.
b. As mulheres "sozinhas" a taxas marginais superiores.
c. Todas as mulheres às mesmas taxas marginais, embora as taxas médias devam ser superiores para as casadas.
d. As mulheres casadas a taxas médias superiores.

8.2. Quando a curva da oferta de trabalho tem elasticidade negativa:
a. O efeito rendimento é dominante em relação ao efeito substituição.
b. O efeito substituição é dominante em relação ao efeito rendimento.
c. Nada se pode concluir, pois temos que conhecer a curva da oferta compensada.

d. Um imposto sobre o rendimento faz diminuir a quantidade de trabalho de equilíbrio.

8.3. Um imposto linear progressivo sobre o rendimento dado pela soma de um subsídio anual de 2500 euros com um imposto sobre o rendimento à taxa marginal única de 25%, só fornece subsídios aos indivíduos com rendimentos inferiores a:
a. 3.125 Euros.
b. 6.000 Euros.
c. 10.000 Euros.
d. 15.000 Euros.

8.4. Em período de crescimento nulo e salários nominais indexados à inflação, os impostos sobre o rendimento do trabalho assalariado:
a. Aumentam a preços correntes, mas mantêm-se a preços constantes se a estrutura do imposto se mantiver inalterada.
b. Aumentam a preços constantes, se não houver indexação dos escalões do imposto.
c. Aumentam ou diminuem consoante aumente ou diminua a produtividade do trabalho.
d. Mantêm-se iguais a preços constantes.

8.5. Para obter um alto nível de oferta de trabalho, um imposto sobre o rendimento deverá impor:
a. Taxas médias de imposto elevadas e taxas marginais baixas.
b. Taxas médias de imposto baixas e taxas marginais baixas.
c. Taxas marginais elevadas para trabalhadores com elevadas elasticidades e taxas marginais baixas para trabalhadores com baixas elasticidades.
d. Taxas médias de imposto baixas e taxas marginais elevadas.

8.6. Se um aumento de um imposto sobre o rendimento das pessoas singulares nas classes de mais alto rendimento fizer aumentar a oferta de trabalho e nas de mais baixo rendimento fizer diminuir a oferta de trabalho, então poderemos estar na presença de:
a. Oferta de trabalho em forma de S.
b. Oferta de trabalho rígida.
c. Oferta de trabalho em forma de S invertido.
d. Elasticidade da oferta de trabalho positiva para altos salários e negativa para baixos salários.

8.7. Os *"impostos de Ramsey"* são *"óptimos"*, porque:
a. Conciliam de forma óptima a eficiência com a equidade.
b. Minimizam a carga excedentária do imposto por unidade de receita fiscal.
c. Maximizam a equidade por unidade de receita fiscal.
d. Levam à distribuição óptima do rendimento.

8.8. Numa pequena economia aberta, a incidência económica de um imposto sobre os rendimentos de capitais é sobretudo sobre:
a. Os que detêm capital.
b. Os que procuram capital.
c. Os investidores estrangeiros.
d. A banca internacional.

8.9. Diga qual a proposição falsa: A curva de Laffer ilustra...
a. Que para cada nível de receita fiscal há apenas uma taxa de imposto correspondente.
b. Que o eventual aumento da receita fiscal é menor que o aumento da taxa de tributação.
c. Que há um limite máximo de receita fiscal para um nível de tributação que não é o máximo.
d. Uma relação não linear entre receita fiscal e taxas de tributação.

8.10. Diga qual a proposição falsa: Quando a procura de trabalho é rígida, um aumento de um imposto sobre o rendimento do trabalho...
a. Não faz alterar a oferta de trabalho.
b. Gera um efeito substituição simétrico (igual em módulo, mas de sinal contrário) ao efeito rendimento.
c. Não gera carga excedentária.
d. Faz aumentar a receita fiscal.

8.11. Tendo presente a Curva de Laffer é possível afirmar que:
a. A receita de um imposto é sempre uma função crescente da respectiva taxa.
b. A receita de um imposto é sempre uma função decrescente da respectiva taxa.
c. Existe uma taxa para a qual a receita de um dado imposto é minimizada.
d. Existe uma taxa para a qual a receita de um dado imposto é maximizada.

Exercícios sobre impostos em mercados concorrenciais de bens ou de trabalho (imposto *ad valorem*) e em mercado monopolista de bens (unitário e *ad valorem*)

E.8.1. Considere um mercado concorrencial em que as funções procura e oferta (inversa) do bem X são dadas respectivamente por:

$$Q_d = 100 \quad \text{e} \quad P_p = 10 + 0{,}3Q$$

Considere que é introduzido um imposto *ad valorem* à taxa de 20%, cujos sujeitos passivos (os sujeitos à incidência legal) são os produtores do bem.

a. Represente graficamente este mercado, bem como a introdução do imposto. Sem efectuar cálculos, que pode concluir sobre a incidência económica do imposto?
b. Determine os preços de equilíbrio, antes e depois do imposto, a receita fiscal para o Estado e um valor aproximado para a ineficiência gerada pelo imposto.

E.8.2. Considere que num dado segmento do mercado de trabalho a oferta de trabalho, por parte dos trabalhadores, é dada por:

$$L_s = 800 + \frac{2}{3}w$$

E a procura, por parte das empresas, é dada por:

$$L_d = 1400 - 6w$$

Em que w é a taxa de salário por semana e L a quantidade de trabalhadores.

a. Analise o equilíbrio deste mercado e a incidência económica de uma contribuição para a segurança social realizada apenas pelos trabalhadores à taxa de 10%.
b. Será que a incidência económica seria diferente se a incidência legal fosse de 8% sobre a entidade patronal e 2% nos trabalhadores? Calcule e justifique.

E.8.3. Considere um mercado monopolista em que uma empresa que produz o bem *X* opera segundo a estrutura de custos totais:

$$CT = 8{,}97Q + 0{,}006Q^2$$

Sendo a procura (inversa) do bem *X* dada por:

$$P = 12{,}65 - 0{,}022Q$$

a. Determine a quantidade de produção de equilíbrio do monopolista, bem como o respectivo lucro e o preço de mercado.
b. Considere a introdução de um imposto por unidade produzida de 1 u.m. e calcule o novo equilíbrio (quantidade, preços para consumidor e monopolista e lucro).
c. Em alternativa, considere a introdução de um imposto *ad valorem* no valor de 10% e calcule o novo equilíbrio com este imposto.
d. Finalmente, considere que o Estado optou antes por uma taxa de concessão de 95 u.m.
e. Diga que forma de intervenção é preferível na óptica dos consumidores, do monopolista e do Estado e qual a política pública que o governo deveria adoptar, justificando.

E.8.4. Considere o seguinte mercado concorrencial em que as funções procura e oferta são dadas respectivamente por:

$$Q = 10.000 - 10P \quad e \quad Q = -800 + 140P$$

a. Determine o equilíbrio de mercado e as elasticidades da oferta e da procura nessa situação. Que pode concluir, sem fazer cálculos adicionais, sobre a incidência económica relativa em consumidores e produtores de um imposto *ad valorem* nesta situação?
b. Considere uma taxa de imposto *ad valorem* de 12%. Calcule o novo equilíbrio, a receita fiscal e a incidência económica do imposto.

E.8.5. Considere uma empresa monopolista cuja função custo total é dada pela expressão:

$$CT = \frac{Q^3}{3} - 7\frac{Q^2}{2} + 15Q + 5$$

e defronta uma procura (inversa) relativamente ao seu produto dada pela expressão:

$$P = 31 - \frac{7}{2}Q$$

Determine o equilíbrio do monopolista: i) inicial (sem imposto); ii) com imposto unitário de 7 u.m.; iii) com imposto *ad valorem* de 51,85%; iv) com uma licença de exploração de 10 u.m.

9.
O sistema fiscal português

Resumo
Este capítulo apresenta as principais características do sistema fiscal português. Começa com uma descrição das reformas fiscais em Portugal a partir dos anos 80, apresenta os principais impostos e benefícios fiscais do sistema fiscal actual, analisa do ponto de vista comparativo indicadores de estrutura e nível de fiscalidade, terminando com uma apreciação crítica da globalidade do sistema fiscal.

O sistema fiscal português na actualidade compõe-se, no essencial, de *impostos sobre o rendimento* (em particular o imposto sobre o rendimento das pessoas singulares – IRS – e das pessoas colectivas (IRC)), de *contribuições para a segurança social* (CSS), *impostos sobre o património* (exemplo, imposto municipal sobre imóveis (IMI)), *imposto geral sobre o consumo* (imposto sobre o valor acrescentado (IVA)), *impostos especiais sobre o consumo*, (imposto sobre os produtos petrolíferos (ISP), imposto sobre veículos (ISV)[9], imposto sobre o consumo do tabaco (IT), imposto sobre o álcool e bebidas alcoólicas (IABA)), *outros impostos indirectos* (imposto de selo, do jogo, etc.) e *impostos sobre transacções internacionais* (direitos de importação e sobretaxas aduaneiras).

A configuração actual do sistema é relativamente recente. O IVA foi criado em 1984 e o IRS e IRC, que incorporaram um conjunto de impostos parcelares, entraram em vigor em 1989. Em 1992/3 harmonizaram-se os impostos especiais sobre o consumo, em 2003 o IMI substituiu a con-

---

[9] A reforma da tributação automóvel, operada pela Lei 22-A/2007 de 29 de Junho, veio criar o Imposto Sobre Veículos (substituindo o Imposto Automóvel (IA)) e o Imposto Único de Circulação (IUC), que substitui quer o Imposto Municipal sobre Veículos (IMV), quer o Imposto de Circulação e Camionagem.

tribuição autárquica, e o IMT a sisa. Conjuntamente IVA, IRS, IRC e CSS representam mais de três quartos da receita fiscal total.

O *IRS* é um imposto personalizado, tendo em conta as características do agregado familiar e é unitário, englobando uma variedade de categorias de rendimento: trabalho dependente, rendimentos de profissões liberais e empresariais, rendimentos de capitais, prediais, de mais-valias, jogo e mesmo pensões. É um imposto progressivo e tributa os rendimentos obtidos pelas pessoas singulares residentes em território português e os rendimentos de não residentes em Portugal sujeitos a tributação.

O carácter unitário e personalizado do IRS faz dele um dos poucos instrumentos de políticas públicas para implementar as noções de equidade horizontal e vertical. O processo de determinação da colecta segue, no geral, os seguintes passos para um agregado com rendimentos de trabalho dependente: i) determinação do rendimento bruto dos elementos do agregado familiar, ii) dedução específica, nomeadamente das contribuições para a segurança social (para evitar dupla tributação) para determinar o rendimento líquido, iii) cálculo da colecta através da aplicação de quociente conjugal e de taxas marginais crescentes. Finalmente, da diferença entre o valor da colecta e das deduções à colecta (função do número e tipo de membros do agregado, do seu rendimento das despesas em educação e saúde, etc.) resulta o valor do IRS a liquidar. A progressividade do imposto é assegurada pelas *taxas marginais de imposto* que se aplicam ao rendimento auferido em cada escalão e que são crescentes. Deste modo, obtém-se uma *taxa média de imposto* que é função monótona crescente do rendimento.

O *IRC* é um imposto de taxa única que incide sobre os rendimentos obtidos por pessoas colectivas (sociedades por quotas ou anónimas, cooperativas, empresas públicas ou privadas) com sede ou direcção efectiva em território português, bem como sobre os rendimentos de pessoas colectivas não residentes, mas com rendimentos tributáveis gerados no território português. A determinação do rendimento tributável varia consoante a natureza e a dimensão da actividade empresarial exercida. Quando o rendimento tributável se baseia no lucro obtido, são dedutíveis as despesas comprovadamente necessárias para o exercício da actividade, algumas das quais devidamente regulamentadas (caso de taxas máximas de amortizações por tipo de equipamento, provisões, despesas de representação, donativos, etc.). Aquando da criação do imposto (1989), a taxa de IRC era de 36,5%, sendo que em 2012 ela é de 25% para entidades que exercem a título principal actividades industriais, comerciais ou agrícolas. Existem ainda taxas mais reduzidas quer para outro tipo de entidades (20% para entidades que não exerçam a título principal actividades de natureza comercial, industrial ou agrícola), quer para empresas cuja efectiva actividade seja exercida em zonas do interior do país (10% e 15%). Existem ainda isenções, por exemplo, para entidades sem fins lucrativos. Em 2010, foi criada a denominada *"derrama estadual"* no montante de 2,5% sobre a parte do lucro tributável superior a 2 milhões de euros.

O IVA é um imposto geral sobre as transmissões de bens, as prestações de serviços, as importações e as aquisições intracomunitárias de bens e de meios de transporte novos, sendo aplicável, *grosso modo*, a todas as fases do circuito ocorrido no território português. São sujeitos passivos do imposto as pessoas singulares ou colectivas que exerçam actividades de produção, comércio ou prestação de serviços ou sejam adquirentes de determinados bens e serviços. Em 2012 existiam três taxas de IVA: uma taxa reduzida de 6% aplicada aos bens alimentares essenciais, à água, electricidade, transportes de passageiros, livros e jornais, espectáculos e divertimentos públicos, determinadas empreitadas de construção e habitação, alojamento em estabelecimentos hoteleiros, bem como a certos bens de produção agrícola; uma taxa intermédia de 13% aplicada a alguns produtos para alimentação humana, às flores e plantas ornamentais, à prestação de serviços de alimentação e bebidas, ao petróleo e gasóleo, etc.; e uma taxa normal de 23% aplicada a todas as transmissões de bens e prestações de serviços não abrangidas anteriormente ou que não beneficiem de isenção.

As contribuições para a segurança social (CSS) efectuam-se nomeadamente no regime contributivo por descontos, em 2012, à taxa de 11% sobre os salários auferidos pelos trabalhadores por conta de outrem e à taxa de 23,75% pelas respectivas entidades patronais. Estas contribuições financiam as prestações sociais (doença, maternidade, desemprego, reforma, etc.).

Os benefícios fiscais do sistema fiscal português são também um instrumento de políticas públicas importante. Os benefícios traduzem-se em isenções fiscais, reduções de taxas, deduções ao rendimento ou à colecta. Justificam-se, sobretudo, por razões de equidade (deficientes em IRS, interioridade em IRC) ou de eficiência (direitos de autor em IRS, investimento em R&D em IRC).

Quanto à repartição da receita fiscal por níveis territoriais de administração, o IRS, o IRC e o IVA são essencialmente receita do Estado caso os rendimentos sejam gerados no território do continente e são receita das regiões autónomas dos Açores e da Madeira caso tenham origem nessas regiões.

Os municípios podem aplicar um imposto sobre o lucro tributável das empresas cujos rendimentos sejam gerados no município (*"derrama"*), que pode ir até 1,5% do lucro tributável. Também ao abrigo da Lei das Finanças Locais (Lei 2/2007), têm direito a um máximo de 5% da colecta de

IRS dos respectivos residentes. Caso optem por taxa inferior à máxima, a diferença constitui uma dedução à colecta dos munícipes (por exemplo, a escolha da taxa 2% pelo município representa uma dedução à colecta de 3% para o respectivo munícipe). Parte da receita do IUC – Imposto Único de Circulação (criado pela Lei 22-A/2007 de 29 de Junho) é pertença dos municípios e outra parte do Estado e das Regiões Autónomas.

Uma análise da evolução do nível de fiscalidade (NF1) em Portugal (relação entre receitas fiscais mais contribuições sociais no PIBpm) mostra uma evolução significativa de 1995 a 2009 (de 29,5% a 31%) face à média da Zona Euro (EU17) que estabilizou nesse período em valores superiores (36,7% e 36,5% respectivamente). De acordo com dados mais recentes (2011) e agora com o nível de fiscalidade (NF2) incluindo contribuições imputadas à segurança social – na União Europeia a 27 – Portugal encontra-se na décima quarta posição posição com 36%, abaixo da média europeia (EU27) que é de 40,2%.

No que toca à estrutura fiscal (percentagem de cada tipo de impostos na receita fiscal), o peso dos impostos indirectos (IVA e impostos especiais sobre consumo) encontra-se significativamente acima da média comunitária e dos países da OCDE.

Tópicos de reflexão: Capítulo 9

1. Tendo presente as características do Imposto sobre o Rendimento das Pessoas Singulares (IRS), responda às seguintes questões:
a. Qual dos princípios de tributação é primordialmente tido em conta na sua concepção? Justifique.
b. Dê exemplos da(s) forma(s) como este imposto contribui para a realização da equidade horizontal e vertical.

2. Os benefícios fiscais são apresentados no Relatório do Orçamento de Estado sob a designação de *"despesa fiscal"*.
a. Diga o que entende por despesa fiscal e qual(quais) a(s) racionalidade(s) económica(s) para a existência de benefícios/incentivos fiscais?
b. Tendo presente os dados constantes do quadro seguinte seleccione dois benefícios mais importantes em termos financeiros, procurando analisar a sua lógica económica.

O SISTEMA FISCAL PORTUGUÊS

Quadro 9.1 – Despesa Fiscal em IRS (2005-2008)

Milhões de Euros

Designação	Benefício Fiscal	2005	2006	2007(e)	2008(p)
Rendimentos de desportistas	Artigo 3.º-A do DL n.º 442-A/88, 30-11	13,8	11,8	7,0	3,0
Energias renováveis	Artigo 85.º do CIRS	5,0	5,8	6,2	7,1
Contribuições para a Seg. Social	Artigo 15.º do EBF	0,6	1,0	2,1	2,1
Aquisição de computadores	Artigo 64.º do EBF	1,0	0,6	29,3	30,0
Missões Internacionais	Artigo 36.º do EBF	2,9	4,1	3,4	3,5
Cooperação	Artigo 37.º do EBF	2,3	3,9	0,5	0,5
Deficientes	Artigo 16.º do EBF/Artigo 87.º do CIRS	140,7	164,0	163,8	168,0
Infra-estruturas comuns NATO	Artigo 38.º do EBF	0,4	0,3	0,3	0,3
Organizações Internacionais	Artigo 35.º do EBF	1,5	2,7	2,6	2,7
P. Poup. Reforma/Fundos de Pensões	Artigo 14.º e 21.º do EBF	194,1	13,4	107,1	109,4
Propriedade Intelectual	Art.56.º do EBF, art. 5º, n1 Est. Mec.	5,3	4,8	3,9	4,0
Dedução à colecta de donativos	EBF	8,8	9,3	2,4	2,5
Donativos ao abrigo da Lei de Liberdade Religiosa	Lei n.º 16/2001, de 22 de Junho	0,5	0,7	1,6	1,6
	Artigo 5.º, n.º 2 do Est. Mecenato				
Donativos a igrejas e instituições rel.	Artigo 56.º-E, n.º 2 EBF	5,6	7,4	11,2	11,4
Total		382,3	229,8	341,4	346,1

Notas: (e) estimativa, (p) previsão.

Fonte: Ministério das Finanças e da Administração Pública (Relatório OE2008 QIII.1.27)

c. Tendo em conta o conceito de elasticidade, esclareça se os valores da *"despesa fiscal"* apresentados no ROE estarão correctos, sub-avaliados ou sobre-avaliados. Justifique.

3. Distinga os conceitos de equidade horizontal e vertical e identifique qual

o imposto do sistema fiscal português mais apropriado para os alcançar.

4.
a. Seleccione e comente três características desejáveis de um sistema fiscal.
b. Os XV e XVII governos constitucionais em Portugal, confrontados com dificuldades orçamentais, resolveram aumentar a taxa normal do IVA de 17% para 19% e de 19% para 20%, respectivamente. Analise a medida com base nas características seleccionadas em a).

5. Considere os seguintes dados sobre a estrutura fiscal em Portugal e na média dos 15 países da UE, em 2000 e 2006.

Quadro 9.2 – Estrutura Fiscal em Portugal e na UE15

Indicador das Contas Nacionais	2000 EU15	2000 PT	2006 EU15	2006 PT
Impostos sobre a Produção e Importações	33,1%	40,0%	33,8%	43,3%
Impostos sobre o Valor Acrescentado	16,2%	22,4%	16,9%	24,4%
Impostos e direitos sobre importações (excl.IVA)	0,7%	0,6%	0,6%	0,9%
Impostos específicos sobre produtos	10,3%	15,2%	10,2%	15,7%
Outros impostos sobre a produção	5,9%	1,8%	6,1%	2,3%
Impostos correntes sobre rendimento, riqueza, etc.	34,5%	29,1%	33,8%	24,7%
Impostos sobre o rendimento	32,4%	28,3%	31,6%	23,8%
Outros impostos correntes	2,1%	0,8%	2,2%	0,8%
Impostos sobre o capital	0,6%	0,2%	0,6%	0,0%
Total das receitas fiscais	68,2%	69,4%	68,2%	68,0%
Contribuições sociais	32,0%	30,6%	32,0%	32,0%
Total das receitas fiscais e contribuições sociais	100,0%	100,0%	100,0%	100,0%

NOTA: a soma das parcelas não igualará 100% por causa de algumas categorias de impostos residuais em relação à classificação apresentada
Fonte: Cálculos próprios a partir de dados do EUROSTAT (22.01.08).

a. Compare a estrutura fiscal portuguesa com a da média da UE em 2000 e as respectivas evoluções para 2006.
b. Tendo em conta que parte dos impostos sobre o rendimento (IRS) são mais progressivos que os restantes e que os impostos sobre a produção são mais regressivos, que pode concluir, de forma preliminar, em relação

ao impacto na equidade do sistema fiscal português, quando comparado com a média europeia?
c. Qual das estruturas fiscais lhe parece mais favorecer o fenómeno da ilusão fiscal? Fundamente de forma clara a sua opinião.

6. Tendo em conta as características de eficiência, equidade e transparência de um sistema fiscal, compare o IRS com o IVA.

7. Considerando o disposto no n.º 1 do artigo 104.º (Impostos) da Constituição da República Portuguesa: *"O imposto sobre o rendimento pessoal visa a diminuição das desigualdades e será único e progressivo, tendo em conta as necessidades e os rendimentos do agregado familiar"* e utilizando os conceitos de equidade horizontal e vertical, analise quais as características do IRS que permitem dar concretização prática a este preceito constitucional.

8. Alguns governos constitucionais vêm financiando parte do défice da Segurança Social através da consignação do aumento de 1 ponto percentual no IVA ao subsector da Segurança Social.
a. Visto que estas medidas violam o princípio da não consignação das receitas públicas[10], esclareça qual poderá ser a justificação para esta medida.
b. Compare os efeitos desta medida na equidade, face a alternativas possíveis ao dispor dos governos, nomeadamente a subida das contribuições para a segurança social ou o aumento da taxa marginal de IRS em escalões superiores.

9. No contexto da fiscalidade sobre o rendimento das pessoas singulares e tendo em conta os princípios desejáveis para um bom sistema fiscal ao nível da eficiência, equidade e flexibilidade, compare o actual IRS com um imposto de taxa uniforme de 10% aplicada aos rendimentos brutos e sem deduções de qualquer tipo, que gerasse, por hipótese, a mesma receita fiscal.

10. Explique porque razão se aplicam benefícios fiscais e quais as principais consequências da sua existência para o Estado e para os agentes económicos. Dê dois exemplos ilustrativos.

---

[10] O princípio da não consignação estabelece que toda e qualquer receita pública deve servir para financiar toda e qualquer despesa pública (ver capítulo 12 de Pereira, P.T et al. (2012)).

11. Explique porque é que o IVA é um imposto sobre o *valor acrescentado* e descreva o mecanismo da sua aplicação designado por *"método subtractivo"*. Clarifique a possível incidência económica de uma descida na taxa normal de IVA.

12. Discuta quais seriam as possíveis repercussões económicas de uma descida significativa da taxa de IRC (por exemplo, cinco pontos percentuais).

13. Discuta as duas medidas alternativas seguintes de aumento da receita fiscal, do ponto de vista da eficiência e da equidade: i) Eliminação da taxa reduzida de IVA; ii) Aumento das taxas do IRS para os escalões mais elevados de rendimento.

14. Comente do ponto de vista das funções do Estado as seguintes medidas: i) Redução da taxa de IRC sobre as pequenas e médias empresas (PME) de 25% para 12,5%; ii) Criação de uma taxa especial de 60% em IRS sobre ganhos de capital e outros acréscimos patrimoniais não justificados superiores a 100.000€.

15. Justifique como é que o IRS implementa um conceito de equidade ou justiça distributiva.

16. As taxas normais, reduzidas e *"super-reduzidas"* de IVA em Portugal e Espanha em 2012, são respectivamente de 23%, 13% e 6% e 18%, 8% e 4%. Discuta as implicações deste diferencial, nomeadamente no comércio trans-fronteiriço.

Questões de escolha múltipla

9.1. Em Portugal, em 2009, a mais importante fonte de receita fiscal foi:
a. Os impostos sobre bens e serviços.
b. Os impostos sobre o rendimento.
c. Os impostos sobre o património.
d. Os empréstimos.

9.2. Se as taxas marginais de um imposto sobre o rendimento são de 10% até 5.000 euros, 15% entre 5.000 e 10.000 euros e 25% para rendimentos superiores, então aplicando a um rendimento colectável de 20.000 euros corresponderá uma colecta de:

a. 5.000 euros.
b. 3.750 euros.
c. 3.000 euros.
d. Outro montante.

9.3. Comparado com os Estados Unidos e o Japão, a tributação nos países Europeus (da OCDE):
a. Baseia-se mais em impostos indirectos.
b. Baseia-se mais em impostos directos.
c. Representa uma menor proporção do *output* nacional.
d. É mais transparente.

9.4. Uma empresa que compre ao fornecedor A, matérias primas no valor de 6.000 à taxa de 5% e ao fornecedor B, matérias primas no valor de 10.000 à taxa de 12% e venda mercadoria no valor de 50.000 à taxa de 12%, a colecta de IVA que deverá entregar ao Estado será no montante de:
a. 4.500 euros.
b. 6.000 euros.
c. 4.800 euros.
d. Outro montante.

9.5. Caso o IVA tivesse uma única taxa para todos os bens seria claramente um imposto:
a. Regressivo.
b. Proporcional.
c. Progressivo.
d. Até certo ponto progressivo e depois regressivo.

9.6. Tudo o resto constante, se o governo, em sede de Orçamento de Estado, aumenta uma taxa marginal de IRS de um escalão intermédio:
a. Aumenta só a taxa média de imposto dos contribuintes desse escalão.
b. Aumenta a colecta de imposto dos contribuintes desse escalão e superiores.
c. Aumenta a taxa marginal desse escalão e dos superiores.
d. Aumenta a colecta de imposto dos contribuintes desse escalão e inferiores.

9.7. Diga qual das seguintes afirmações é falsa: Tudo o resto constante, quando diminui a taxa marginal de IRS de um escalão intermédio, diminui...
a. A taxa média para os titulares de rendimentos desse escalão.
b. A taxa média para os titulares de rendimentos de escalões superiores.

c. A receita fiscal nos escalões inferiores.
d. A receita fiscal liquidada nos escalões superiores.

9.8. Dos seguintes benefícios fiscais, diga qual o que se justifica sobretudo por razões de equidade:
a. Planos poupança-reforma.
b. Contas poupança-habitação.
c. Despesas com energias renováveis.
d. Deficiência.

9.9. O nível de fiscalidade de um país aumenta necessariamente quando:
a. O PIBpm entra em recessão técnica.
b. As receitas fiscais aumentam.
c. A percentagem das receitas fiscais no PIBpm aumenta.
d. A percentagem das receitas fiscais na despesa pública aumenta.

9.10. As deduções à colecta em sede de IRS destinam-se a contribuir para implementar:
a. Eficiência.
b. Apenas a equidade horizontal.
c. Apenas a equidade vertical.
d. Quer a equidade horizontal, quer a vertical.

9.11. A principal fonte de receita fiscal em Portugal é constituída por:
a. IVA.
b. Impostos sobre o património.
c. Imposto sobre veículos.
d. IRS.

9.12. Diga qual das seguintes receitas é não coerciva:
a. Multa de trânsito.
b. *"Passe social"* em transporte público.
c. Contribuições para a Segurança social.
d. Imposto municipal sobre imóveis.

9.13. Calcule qual a alteração no montante de IVA a entregar ao Estado por um comerciante cujas transacções estão sujeitas à taxa normal de 20% se, num determinado mês, adquirir mercadorias no valor de 10.000 € e vender produtos no montante de 25.000 € e a taxa correspondente do IVA se reduzir em 5 pontos percentuais:
a. Menos 1.250 euros.

b. Menos 750 euros.
c. Menos 600 euros.
d. Menos 500 euros.

9.14. Admita que um governo aumenta a taxa marginal do IRS apenas no sétimo escalão (dos oito que tem em 2011). Qual o efeito esperado sobre a eficiência?
a. Esta medida não interfere com a eficiência.
b. Terá um impacto negativo sobre a eficiência nos contribuintes desse escalão.
c. Terá um impacto negativo sobre a eficiência nos contribuintes do sétimo e oitavo escalões.
d. Terá um efeito positivo na eficiência.

9.15. Diga qual dos seguintes impostos é pior do ponto de vista da equidade:
a. Imposto sobre o rendimento das pessoas singulares (IRS).
b. Imposto sobre o valor acrescentado (IVA).
c. Imposto sobre o tabaco.
d. Imposto per capita.

9.16. O aumento da taxa máxima de IVA de 20 para 21% pode justificar-se:
a. Por razões de equidade.
b. Por razões de eficiência, para corrigir externalidades negativas no consumo.
c. Por razões de necessidade de encaixe financeiro do Estado.
d. Por razões de eficiência e numa lógica de utilizador-pagador.

9.17. Identifique a afirmação verdadeira: As deduções à colecta em sede de IRS visam contribuir para...
a. Implementar os critérios de equidade vertical e horizontal.
b. Minimizar a perda de eficiência.
c. Melhorar a equidade e aumentar a receita fiscal.
d. Melhorar a equidade e tornar o imposto mais transparente.

9.18. Diga qual das afirmações é falsa: Os benefícios fiscais podem ser considerados,
a. Uma despesa fiscal.
b. Um incentivo ao investimento.
c. Um meio de promover a igualdade de oportunidades.
d. Uma receita fiscal.

Exercícios sobre fiscalidade

E.9.1. Considere que uma dada empresa produtora de artigos de vestuário apresenta:
Compra de matérias-primas: 150.000 € + IVA
Vendas de vestuário: 500.000 € + IVA
Taxas de IVA aplicável na compra e venda: 20%
a. Calcule o IVA a entregar ao Estado:
b. Discuta qual seria o impacto de uma descida do IVA de 20% para 17%.

E.9.2. Com base na tabela de taxas de IRS para 2011, calcule:
a. A taxa média no segundo escalão.
b. As colectas de imposto (sem considerar nenhuma dedução) e as taxas médias de imposto do Sr. Aníbal (solteiro), com rendimento colectável anual de 15.000€, e da Sra. Beatriz (solteira) com rendimento de 55.000 €.
c. A taxa média de imposto considerando que Aníbal e Beatriz são um casal. Pagarão em conjunto mais (ou menos) IRS do que pagavam anteriormente? Que conclui daqui?

Quadro 9.3 – Taxas e Escalões de IRS para 2011

Escalões de Rendimento Colectável (em Euros)	Taxa marginal (%)	Taxa Média (%)
Até 4.898	11,5	11,500
> 4.898 a 7.410	14,0	12,348
> 7.410 a 18.375	24,5	19,599
> 18.375 a 42.259	35,5	28,586
> 42.259 a 61.244	38,0	31,504
> 61.244 a 66.045	41,5	32,231
> 66.045 a 153.300	43,5	38,645
> 153.300	46,5	-

E.9.3. Com base na tabela de taxas de IRS para 2008, calcule:
a. A taxa média de imposto de um contribuinte A com rendimento colectável anual de 12.000 €.
b. A taxa média de imposto de um contribuinte B com rendimento colectável anual de 70.000 €.
c. A taxa média de imposto no limite superior de cada escalão, à excepção do último.

d. As taxas médias de imposto dos contribuintes A e B caso uma alteração do IRS fizesse baixar a taxa marginal do primeiro escalão para 8% e aumentar a do sétimo escalão para 45%.

Nota: Considere que se trata de contribuinte solteiro e que o cálculo é efectuado antes de quaisquer deduções à colecta (taxa média bruta).

Quadro 9.4 – Taxas e escalões de IRS para 2008

Escalões de Rendimento Colectável (em Euros)	Taxa marginal (%)
Até 4.639	10,5
4.639 – 7.017	13
7.017 – 17.401	23,5
17.401 – 40.020	34
40.020 – 58.000	36,5
58.000 – 62.546	40
Superior a 62.546	42

E.9.4. Considere duas famílias: a do Senhor José, cujo rendimento disponível é de 600 €, e que o gasta integralmente em bens de consumo tributados à taxa normal de IVA de 20% ; e a da Senhora Maria com rendimento disponível de 6000 € e que apenas consome um terço do seu rendimento também em bens tributados à taxa de 20%. Assuma que os produtores desses bens repercutem totalmente nos consumidores o IVA, bem como variações positivas ou negativas da taxa de IVA.

a. Calcule a incidência económica do imposto sobre os consumidores bem como as taxas médias implícitas de IVA para estes dois consumidores. Comente os resultados à luz da regressividade do imposto.

b. Se a Assembleia da República, na Lei do Orçamento do Estado, decidir diminuir a taxa de IVA para 19%, refaça os cálculos da alínea anterior. Quem mais beneficiou da descida do IVA? Comente.

E.9.5. Uma parte da reforma da tributação Automóvel (Lei 22-A 2007 de 29 de Junho), foi substituir o Imposto Automóvel pelo Imposto Sobre Veículos, cujo sujeito passivo são os operadores ou particulares que façam a *"introdução no consumo dos veículos tributáveis"*. Trata-se, pois, de um imposto que é pago uma única vez pela entidade que introduz o veículo em circulação no território nacional, desde que não tenha isenção. O imposto depende de uma componente ambiental, assim como de uma componente cilindrada do veículo de acordo com a tabela apresentada para automóveis de passageiros (valores para 2012):

Quadro 9.5 – Imposto Sobre Veículos (Tabela A) para 2012

Componente Cilindrada		
Escalão Cilindrada (cm^3)	Taxas por cm^3	Parcela a abater
Até 1250	0,97€	718,98€
Mais de 1250	4,56€	5.212,59€

Componente Ambiental		
Escalão CO2 (g/km)	Taxas (por g/km)	Parcela a abater
Veículos a Gasolina		
Até 115g/km	4,03€	378,98€
De 116 a 145g/km	36,81€	4.156,95€
De 146 a 175g/km	42,72€	5.010,87€
De 176 a 195g/km	108,59€	16.550,52€
Mais de 195g/km	143,39€	23.321,94€
Veículos a Gasóleo		
Até 95g/km	19,39€	1.540,30€
De 96 a 120g/km	55,49€	5.023,11€
De 121 a 140g/km	123,06€	13.245,34€
De 141 a 160g/km	136,85€	15.227.57€
Mais de 160g/km	187,97€	23.434,67€

Fonte: Lei 22-A 2007 de 29 de Junho

a. Qual a racionalidade económica para a existência das componentes ambiental e cilindrada?
b. Será que do ponto de vista da eficiência tem sentido discriminar, da forma como é feito, os veículos a gasolina e a gasóleo? Justifique.
c. As taxas mencionadas na Tabela A são taxas marginais ou médias? Qual a razão de ser da *"parcela a abater"*?
d. Determine o imposto a pagar por: i) um Fiat Panda 1.1 novo com cilindrada de 1108 cc e emissões de 140 g/km de CO2; ii) um Volvo S40 2.0D com cilindrada de 1998 cc e emissões de CO2 de 148 g/Km. Que

pode concluir sobre a importância relativa das componentes cilindrada e ambiental do imposto nestes dois veículos?
e. Discuta qual a incidência económica do imposto sobre veículos.

E.9.6. Uma outra parte da reforma da tributação automóvel (Lei 22-A 2007 de 29 de Junho) consistiu em criar o Imposto Único de Circulação (IUC), que substituiu o imposto sobre veículos (*"selo do carro"*) a ser pago anualmente pelos proprietários dos veículos automóveis. A tabela seguinte refere-se aos valores em vigor em 2008:

Quadro 9.6 – Imposto Único Automóvel (IUC), automóveis ligeiros*, 2008

Componente Cilindrada		Componente Ambiental	
Escalão Cilindrada	Taxas	Escalão	Taxas
(cm³)		g/km	
Até 1.250	25 €	Até 120	50 €
Mais de 1.250 até 1.750	50 €	Mais 120 até 180	75 €
Mais de 1.750 até 2.500	100 €	Mais de 180 até 250	150 €
Mais de 2.500	300 €	Mais de 250	250 €

* Automóveis Ligeiros de Passageiros matriculados depois de 1 de Julho de 2007

a. Calcule o valor médio do imposto por centímetro cúbico para veículos de 1250cc, 1500cc e 1750cc.
b. Calcule o valor médio do imposto por grama/km de emissão CO2 para veículos com emissões de 120g/km, 160 g/km e 180g/km.
c. Que pode concluir sobre a evolução dos valores médios calculados nas alíneas anteriores? Discuta a racionalidade (ou não) dessas funções.
d. Apresente uma forma alternativa de considerar as taxas de cilindrada e ambiental mais consistentes com a teoria económica, nomeadamente com as racionalidades de eficiência e equidade.

E.9.7. A Assembleia da República, na sequência de Proposta de Lei apresentada pelo XVII Governo Constitucional, aprovou o Orçamento de Estado para 2008 (Lei 67-A/2007 de 31 de Dezembro) onde no artº 53º alterou a lista de bens sujeitos à taxa reduzida de IVA de 5% alargando-a à *"prática de actividades físicas e desportivas"*, que inclui os serviços prestados em ginásios de manutenção sujeitos anteriormente à taxa de 20%. Considere que as seguintes funções espelham a situação nesse mercado, assumidamente concorrencial. A função oferta de curto prazo é completamente rígida e dada por[11]:

$$Q = 22000$$

A função procura é dada por $Q = 22014 - 0,2P$ (com P o preço real do serviço).

a. Discuta a eventual racionalidade da baixa da taxa de IVA neste tipo de serviço.
b. Sem efectuar cálculos, mas com a ajuda de um gráfico apropriado, discuta a incidência económica de curto prazo desta medida.
c. Admitindo a inexistência de evasão fiscal neste sector, calcule: i) o preço de mercado e a receita fiscal do Estado desta actividade desportiva com o IVA a 20%; ii) o preço de mercado e a receita fiscal no curto prazo com o IVA a 5% e a incidência económica de curto prazo da redução do imposto.
d. Discuta as possíveis consequências de médio e longo prazo desta medida.
e. Como se alterariam as suas conclusões na presença de evasão fiscal?

---

[11] Depois de resolver este exercício leia a "Nota sobre o IVA: confusões e controvérsias" que se encontra a seguir.

Nota sobre o IVA: confusões e controvérsias

Tem havido uma série de confusões e controvérsias em torno do IVA e dos efeitos reais e potenciais associados às suas alterações. Para clarificar, convém distinguir a matéria de facto, as divergências relativas à análise positiva e por fim, as divergências relativas à análise normativa.

Relativamente à matéria de facto, em 2007 a taxa normal de IVA em Portugal continental era de 20%, a taxa intermédia de 12% e a reduzida de 5%[12]. Por sua vez, na vizinha Espanha eram respectivamente de 16%, 7% e 4%[13]. Na Europa a 27, os únicos países com taxa normal superior à nossa são os escandinavos (Dinamarca, Finlândia e Suécia) e a Polónia. Na UE15 em 2006, Portugal tem um peso dos impostos sobre a produção e importações nas receitas fiscais (incluindo contribuições para a segurança social) de 43%, enquanto o peso na UE é de 34% (ver Quadro A.33 nos Anexos). Destes, o IVA representa 24 pontos percentuais em Portugal, contra 17 pontos na UE15. Para as famílias o IVA é um imposto bastante menos transparente que o IRS, pois os agregados familiares recebem da administração fiscal o cálculo da sua colecta de IRS, sabendo exactamente o que pagam em cada ano fiscal. Tal não acontece com o IVA.

Passemos à análise positiva do IVA. Em alguns manuais de Direito apresenta-se o IVA como um imposto *proporcional* pois, ignorando agora as taxas reduzidas, tem uma taxa única sobre o valor acrescentado, independentemente deste valor. Isto do ponto de vista económico é incorrecto e fonte de confusões. A proporcionalidade, regressividade ou proporcionalidade de um imposto não se mede pelo facto de ter ou não uma taxa única, mas antes pela relação entre taxa média de imposto e rendimento. Se a taxa média cresce com o rendimento ele é progressivo, se decresce é negativo. A intuição económica de que o IVA é um imposto regressivo, percebe-se através de um exemplo simples em que a propensão média a consumir de um indivíduo de baixo rendimento é 100% e num outro de alto rendimento é de apenas um terço (ver Exercício E.9.3.). Se se relacionar a incidência económica do IVA em ambos, com os respectivos rendimentos, facilmente se conclui que a taxa média de imposto implícita no IVA é muito superior no de baixo rendimento. É precisamente para atenuar essa regressividade

---

[12] Como referimos no Resumo deste capítulo, as taxas em 2012 são em Portugal de 6%, 13% e 23% e em Espanha de 4%, 8% e 18%. Mantivémos nesta nota a análise para 2006 pois não dispomos de dados sobre a estrutura fiscal para 2012.
[13] Formalmente, a Comissão Europeia considera três categorias de taxas: normal, reduzida(s) e super-reduzidas. As taxas de 5% e 12% em Portugal são designadas ambas por reduzidas, enquanto que as 4% e 7% em Espanha são consideradas super-reduzida e reduzida. Para os efeitos da análise o que interessa são as taxas e os bens sobre que incidem.

que existem as taxas reduzidas. Só uma análise empírica poderá esclarecer em que medida essa regressividade é atenuada.

Uma outra confusão a respeito do IVA tem a ver com os efeitos nos preços de mercado de alterações às taxas de IVA. No Orçamento de Estado para 2008, a Assembleia da República aprovou, sob proposta do governo, que as actividades praticadas em ginásios seriam sujeitas à taxa reduzida de 5% em vez de 20%. O facto de os ginásios não terem baixado os preços na sequência dessa medida foi motivo de surpresa para alguns governantes. Conforme analisado nos capítulos 7 e 8 de *Economia e Finanças Públicas* (Escolar Editora) e nos mesmos capítulos deste livro, a incidência económica de um imposto, que passa pela variação nos preços de mercado e nas quantidades de equilíbrio na sequência do imposto, deriva essencialmente das características do mercado (competitivo, oligopolista ou monopolista), do tipo de imposto (*ad valorem* ou unitário) e das elasticidades da oferta e da procura. É fácil mostrar (ver Exercício E.9.7.) que se a oferta de ginásios for rígida e a procura normal (elasticidade negativa), pelo menos no curto prazo, a incidência económica de uma baixa na taxa de IVA será nos produtores, ou seja, apenas eles beneficiarão dessa diminuição do imposto.

Ainda no âmbito da análise positiva, é claro que para se analisar a incidência económica do IVA no longo prazo é necessário um modelo de *equilíbrio geral* que analise o impacto de longo prazo em diferentes mercados de alterações às taxas de IVA. Esta análise ultrapassa as limitações das abordagens em termos de *equilíbrio parcial* em que se considera que tudo o resto é constante. A literatura económica conclui, no geral, que o IVA é um imposto bom do ponto de vista da eficiência, mas não do ponto de vista da equidade. Esta conclusão não vai sem que alguns autores defendam uma perspectiva contrária e vale a pena determo-nos sobre um estudo particular publicado pelo Banco de Portugal para ver como um modelo baseado em hipóteses irrealistas chega a conclusões, formalmente correctas, mas que não são úteis para apoiar as decisões políticas, porque o irrealismo dessas hipóteses torna as conclusões erradas e enganadoras. Aliás teve esse efeito em algum jornalismo económico.

Aquilo que é considerado nesse estudo é um modelo de equilíbrio geral simplificado, em que se considera a possibilidade de substituir um imposto sobre o rendimento *de taxa única* pelo imposto sobre o valor acrescentado também de taxa única, e analisa os efeitos na eficiência e na equidade. Conclui-se no estudo que *"a mudança de um sistema actual para um sistema baseado numa taxa única sobre o valor acrescentado e uma transferência igual para todas as famílias, tem simultaneamente um efeito positivo sobre a eficiência e a equidade"*. Como é possível chegar a conclusões dramaticamente diferentes das encontradas na literatura e advogar políticas contrárias ao defendido pelo *mainstream*? Por duas razões: em primeiro lugar, como é reconhecido pela autora, por assumir hipóteses diferentes em relação à heterogeneidade dos agentes; em segundo lugar, por assumir que *"o sistema actual"* caracteriza-se por um imposto proporcional sobre o rendimento (taxa única e transferências nulas) ou por um imposto linear progressivo sobre o rendimento (taxa única e transferências *lump-sum* positivas). Ora o irrealismo desta hipótese é suficiente para invalidar as conclusões do estudo. O nosso IRS, o imposto por excelência para implementar a equidade horizontal e vertical, é muitíssimo diferente de um imposto linear progressivo sobre o rendimento (ILPR).

E ainda bem que assim é, diria eu, para introduzir a discussão normativa. As divergências entre economistas, como referido na introdução e capítulo 1, derivam da prioridade dada aos critérios normativos e do maior ou menor peso dado ao *tradeoff* entre eles. É sabido que economistas que dão primazia ao critério de eficiência tendem a desvalorizar a importância do conflito eficiência/equidade e a advogar taxas únicas quer no IVA, quer no IRS (ILPR ou *flat tax*). Economistas que dão mais importância à equidade, sem descurar a existência de frequentes conflitos entre equidade e eficiência, dão mais relevância aos impostos directos sobre o rendimento (e às prestações sociais) e advogam sistemas fiscais mais complexos (nomeadamente o IRS com as características que apresenta hoje). Situando-me neste segundo grupo, defenderia a descida do IVA caso houvesse folga orçamental para descidas de impostos. Não havendo folga, antes pelo contrário (situação em 2012), o primeiro passo a dar para aumentar a receita e a justiça fiscal é alargar a base tributária, nomeadamente quer pelo combate à evasão fiscal, quer pela revisão dos códigos tributários para evitar, sobretudo em sede de IRC, a inclusão como custos de despesas não associadas com a actividade empresarial. O alargamento da base tributária permitirá aumento de receita sem necessidade de aumentar mais as taxas de imposto.

10.
Federalismo orçamental e descentralização

Resumo

Este capítulo trata teoricamente o papel das finanças públicas considerando a estrutura do governo, sendo o capítulo seguinte específico sobre o caso português. A teoria do federalismo orçamental analisa sobretudo do ponto de vista normativo, mas também positivo, as atribuições e competências de diferentes níveis de governo (ou administração), assim como as relações financeiras intergovernamentais em Estados unitários ou federados.

Uma primeira abordagem da estrutura do governo tem a ver com os vários níveis territoriais de decisão política tomada por quem tem uma legitimidade democrática resultante de eleições. Normalmente, as assembleias legislativas eleitas apoiam e podem fazer cair os executivos (caso do governo da República e dos governos regionais em Portugal). Em geral, qualquer país tem vários níveis de governo (nacional, regional e local) e um maior ou menor grau de descentralização de atribuições e competências. É possível medir este grau de *descentralização política* pelo peso da despesa pública sub-nacional na despesa pública total das administrações públicas.

Uma segunda abordagem da estrutura do governo é analisar para *cada* nível de governo (por exemplo, governo da República) as formas de *desconcentração administrativa* – em entidades sem personalidade jurídica, mas com autonomia administrativa, que exercem funções em parcelas do território (ex. Direcções regionais de educação do norte, centro,...) – e os tipos de *descentralização administrativa* – em entidades com personalidade jurídica e autonomia administrativa e financeira (ex. Instituto de Conservação da Natureza e Biodiversidade). Quer no caso da desconcentração, quer na descentralização administrativa, a direcção política continua a ser do nível de governo respectivo (neste caso, governo da República).

Esta diversidade possível de desenho institucional leva à necessidade de clarificar quais as funções (afectação, redistribuição e estabilização) que devem ser desempenhadas por cada nível de governo, bem como o tipo de recursos que dispõe. No que respeita à *função afectação*, os fracassos de mercado correspondem a fracassos na provisão de bens públicos nacionais (analisados no capítulo 3), mas também bens públicos regionais e locais consoante a dimensão territorial dos beneficiários. É sobretudo a existência de bens públicos com escala territorial diferente que justifica a descentralização política para níveis regionais e locais, pois assim permite adaptar o fornecimento destes bens às preferências locais. Em relação à *função redistribuição*, os conceitos de equidade (vertical e horizontal) são sobretudo personalizados e os padrões de equidade são nacionais. Por outro lado, os instrumentos de política, quer do lado da receita (tributação pessoal de rendimento e contribuições para segurança social), quer da despesa (prestações pecuniárias ou provisão de bens de mérito) são sobretudo nacionais. Daqui resulta, que no essencial, a função redistribuição deva ser centralizada politicamente ainda que desconcentrada. Políticas descentralizadas de redistribuição têm sempre um alcance limitado e tanto menor quanto menor for a dimensão da jurisdição, dada a maior mobilidade geográfica dos agentes. Finalmente, a *função estabilização* deve também ser sobretudo centralizada, quer porque certos instrumentos de política estão apenas disponíveis a nível nacional ou supranacional (caso da taxa de juro nos países da UEM), quer porque eventuais efeitos de políticas regionais ou locais de estabilização serão capturados por outras regiões dada a mobilidade dos factores.

A eficiência ao nível da provisão de bens públicos locais requer que se satisfaça o *princípio da responsabilidade política*. Segundo este princípio, as alterações marginais nas despesas públicas locais devem ser financiadas por alterações marginais no mesmo sentido nas receitas locais (impostos, tarifas, preços ou taxas). Por outro lado, deve-se satisfazer também o *princípio da equivalência orçamental* em que a dimensão territorial óptima da jurisdição sub-nacional deverá ser aquela que permite aproveitar as economias de escala para um conjunto significativo de bens públicos locais (ou regionais). A eficiência requer ainda que se use preços e tarifas que cubram os custos (em condições de eficiência técnica) no caso da prestação de serviços locais de apropriação privada (exemplo: água) ou de consumo colectivo associado a elevado congestionamento (exemplo: estacionamento urbano). Já o financiamento de bens do domínio público local ou de bens de consumo colectivo deverá ser através de impostos. Deverá privilegiar-

-se a tributação local diferenciada de bases tributárias *imóveis* (exemplo: património) e uma tributação mais uniforme de bases tributárias *móveis* (rendimentos do capital e do trabalho). A menos que alguma diferenciação na tributação local de factores móveis espacialmente se justifique por razões de incentivos pigouvianos.

Do ponto de vista normativo, os instrumentos mais eficazes para redistribuição do rendimento são de redistribuição *pessoal*, sendo menos eficaz a redistribuição *territorial* para regiões em média mais pobres. Esta é imperfeita por nelas coexistirem indivíduos em desiguais circunstâncias. Contudo, uma abordagem positiva sugere que a descentralização política, implica a existência de entidades (regiões, municípios) com legitimidade democrática que se movimentam no sentido de se apropriarem de mais recursos públicos comuns. É pois útil ter indicadores da *posição orçamental* de uma dada região ou município. Essa posição orçamental é dada pela relação entre a *capacidade fiscal* (receitas fiscais cobradas a taxas de tributação padrão) e as suas *necessidades* orçamentais (para cada serviço, aproximadamente o produto da população alvo pela despesa padrão ponderado pelas economias e deseconomias de escala). O *desequilíbrio financeiro horizontal* diz precisamente respeito à diferença na posição orçamental de entidades do *mesmo* nível hierárquico na estrutura do governo (por exemplo, municípios). Por seu turno, o *desequilíbrio financeiro vertical* relaciona-se com o facto de, tipicamente, os governos nacionais (ou federais) terem maiores níveis de receita do que o respectivo nível de atribuições e competências de despesa – situação inversa se passa ao nível dos governos sub-nacionais.

As transferências intergovernamentais têm sobretudo quatro objectivos: i) corrigir desequilíbrios financeiros verticais; ii) corrigir desequilíbrios horizontais; iii) internalizar externalidades inter-regionais (*spillovers*) ou garantir certos níveis de despesa; iv) incentivar o aumento de despesa em certas categorias de despesa que o governo central, ou a UE, considera socialmente relevantes. Para os primeiros dois objectivos as transferências devem ser gerais, isto é, não consignadas, enquanto que para o terceiro dever-se-ão utilizar transferências específicas não compartipadas. Apesar de poderem ter um efeito semelhante às gerais, poderão ter um efeito relevante de revelação de informação contabilística. Para o último objectivo deverão ser transferências específicas (consignadas) e compartipadas (exemplo: por cada euro de participação pública nacional, a UE compartipa com três euros, até um certo limite, nos investimentos em certos sectores e certas regiões).

Tópicos de reflexão: capítulo 10

1. *"A descentralização explica, em grande medida, a estrutura de governo a vários níveis, e terá características totalmente distintas conforme se trate de descentralização administrativa ou política".*
   a. Caracterize as duas formas de descentralização acima referidas.
   b. Do ponto de vista da afectação de bens públicos locais, qual dessas formas é preferível? Ilustre graficamente e explique.
   c. Tendo em conta as funções que Musgrave atribui ao sector público, indique qual (ou quais) delas justifica mais a descentralização política. Justifique.

2. *"A função distribuição deve ser essencialmente centralizada e isso prende-se com a mobilidade da população e a competição inter-municipal."*
   a. Explique em que consiste a função distribuição e quais as suas dimensões.
   b. Discuta a afirmação e refira que papel pode, ou não, caber aos municípios no âmbito desta função.

3.
   a. Distinga os conceitos de desconcentração administrativa e descentralização administrativa dando exemplos de organismos que ilustram os dois casos.
   b. O que significa que nuns casos se opte por descentralização e noutros por desconcentração?

4. Certos municípios em Portugal continental atribuíram subsídios por cada criança nascida no concelho, com o intuito de aumentar a natalidade e a população concelhia. Discuta qual poderá ser o efeito de médio e longo prazo desta medida de política redistributiva local.

5. A Lei de Finanças Regionais (Lei Orgânica 1/2007 de 19 de Fevereiro) estabelece *transferências gerais* do Orçamento do Estado para as regiões, em cumprimento do princípio de solidariedade consagrado na Constituição da República Portuguesa e nos Estatutos Político-Administrativos. Em adição a essas transferências, os orçamentos regionais poderão ainda beneficiar do *Fundo de Coesão*, que é uma percentagem daquelas transferências de acordo com a seguinte regra:
   - 20% quando $PIBpcR_{t-4} < 0,9PIBpcN_{t-4}$
   - 12,5% quando $0,90PIBpcN_{t-4} < PIBpcR_{t-4} < PIBpcN_{t-4}$
   - 5% quando $0,95PIBpcN_{t-4} < PIBpcR_{t-4} < PIBpcN_{t-4} <$
   - 0% quando $PIBpcR_{t-4} < PIBpcN_{t-4}$

sendo:

$PIBpcR_{t-4}$ = produto interno bruto a preços de mercado correntes *per capita* na Região Autónoma no ano $t-4$;

$PIBpcN_{t-4}$ = produto interno bruto a preços de mercado correntes *per capita* em Portugal no ano $t-4$.

Da aplicação dessa regra resultam maiores transferências financeiras para a Região Autónoma dos Açores (RAA) do que para a Região Autónoma da Madeira (RAM), baseado no critério de que o PIB *per capita* da RAM é claramente superior ao da RAA. Justifique esta opção com base no critério de equilíbrio financeiro horizontal.

6. Na nova Lei de Finanças Locais (Lei 2/2007 de 15 de Janeiro) os municípios que tenham uma capitação de impostos superior a 1,25 da capitação média nacional são contribuintes líquidos para o Fundo de Coesão Municipal. Justifique esta medida.

7. No art. 20º da Lei 2/2007 de 15 de Janeiro *"1...os municípios têm direito, em cada ano, a uma participação variável até 5% no IRS dos sujeitos passivos com domicílio fiscal na respectiva circunscrição territorial...Caso a percentagem deliberada pelo município seja inferior à taxa máxima definida no n.º 1, o produto da diferença de taxas e a colecta líquida é considerado como dedução à colecta do IRS, a favor do sujeito passivo,..."*.
a. Clarifique em que medida esta norma aumenta a responsabilidade política dos eleitos locais.
b. Analise porque é que em relação ao financiamento de bens públicos locais esta flexibilidade na determinação da percentagem de colecta de IRS se justifica.
c. Discuta eventuais efeitos indesejáveis desta norma que devam ser minimizados.

8. A distribuição do Fundo Geral Municipal (50% das transferências gerais do Orçamento do Estado para os municípios) é em 65% realizada em função da *"população de cada município ponderada de acordo com os seguintes ponderadores marginais* (nº 2 do art. 26º da Lei 2/2007 de 15 de Janeiro):

    a. Os primeiros 5000 habitantes — 3;
    b. De 5001 a 10 000 habitantes — 1;
    c. De 10 001 a 20 000 habitantes — 0,25;
    d. De 20 001 a 40 000 habitantes —0,5;

e. De 40 001 a 80 000 habitantes — 0,75;
   f. Mais de 80 000 habitantes — 1."
a. Determine os ponderadores médios para municípios de 5.000, 10.000, 50.000, 80.000 e 150.000 habitantes.
b. O que explica que a curva dos ponderadores médios apresente a forma identificada na alínea anterior?

9. Considere que um organismo que é actualmente um serviço integrado do subsector Estado vai ser i) desconcentrado administrativamente ou ii) descentralizado administrativamente. Que implicações distintas têm estas duas formas de descentralização?

10.
a. Identifique as principais razões pelas quais existem subvenções intergovernamentais.
b. No âmbito da noção de equilíbrio financeiro horizontal ou perequação horizontal de recursos analise as transferências para os municípios portugueses
c. Explique se concorda com a medida de diferenciação das taxas de IRC, maior para as empresas sediadas nos municípios urbanos e do litoral e menor para as com actividade nos municípios do interior.

Questões de escolha múltipla

10.1. Num bem de clube:
a. Um utilizador adicional impõe, por vezes, custos não financeiros aos já utilizadores.
b. A exclusão pelo preço é geralmente indesejável.
c. O número de utilizadores óptimo é o limiar a partir do qual se começa a verificar congestionamento.
d. Haver mais ou menos indivíduos a consumir o bem/serviço não altera o custo monetário suportado por cada utilizador.

10.2. Quando uma Direcção-Geral de um Ministério deixa de existir e as suas funções passam a ser desempenhadas por um novo Instituto Público com autonomia administrativa e financeira, estamos na presença de:
a. Descentralização política.
b. Descentralização administrativa.
c. Desconcentração administrativa.
d. Desconcentração política.

10.3. Quando competências que estão na administração central passam para a administração regional ou local, está-se na presença de:
a. Descentralização política.
b. Descentralização administrativa.
c. Desconcentração administrativa.
d. Desconcentração política.

10.4. A posição orçamental de um município é dada pelo(a):
a. Relação entre as receitas fiscais cobradas e as necessidades de despesa padrão.
b. Saldo orçamental.
c. Relação entre as receitas que seriam cobradas a uma taxa padrão e a despesa padrão municipal.
d. Dívida publica municipal.

10.5. O facto de os governos centrais (ou federais) terem em geral maiores receitas do que necessidades de despesa reflecte a existência de:
a. Desequilíbrio financeiro vertical.
b. Desequilíbrio financeiro horizontal.
c. Saldo orçamental positivo da administração central.
d. Saldo orçamental negativo da administração central.

10.6. Diga qual das seguintes razões não é uma racionalidade para a existência de transferências gerais para os municípios:
a. Aumentar a despesa local em certas categorias de despesa.
b. Corrigir desequilíbrios financeiros verticais.
c. Corrigir desequilíbrios financeiros horizontais.
d. Internalizar externalidades (*spillovers*) gerados por outros municípios.

10.7. Diga qual a proposição falsa: Um forte programa redistributivo de prestações sociais por parte de um município poderá ter as seguintes implicações...
a. Atracção de pessoas carenciadas para o município.
b. Melhoria da eficiência na afectação de recursos local.
c. Diminuição da base tributária *per capita*.
d. Aumento do "*esforço fiscal*" por parte dos contribuintes.

10.8. O argumento fundamental para a descentralização política num país com diferentes níveis de governo é:
a. Realizar redistribuição pessoal de rendimento.

b. Adaptar a provisão de bens e serviços às preferências dos cidadãos.
c. Desconcentrar funções cuja competência é da administração central.
d. Melhorar o exercício da função estabilização.

10.9. Na presença de *"exportação fiscal"*:
a. A produção de bens públicos locais será superior à óptima.
b. O custo marginal para o munícipes será superior ao custo marginal.
c. As exportações serão mais caras.
d. Os benefícios marginais dos bens públicos locais serão menores.

10.10. A tributação local eficiente:
a. Deverá tributar de forma mais diferenciada as bases tributárias imóveis.
b. Deverá considerar a capacidade contributiva dos munícipes.
c. Deverá tributar de forma mais uniforme as bases tributárias imóveis.
d. Deverá considerar a equidade horizontal e vertical.

11.
O sector público em Portugal: âmbito, estrutura e contas

Resumo

Este capítulo analisa o âmbito e estrutura do sector público em Portugal, bem como as contas dos vários subsectores das administrações públicas, incluindo as transferências que se operam entre eles. Uma das dificuldades na análise das finanças públicas em Portugal reside numa certa confusão conceptual pelo facto de o mesmo termo ter significados distintos consoante o contexto em que é utilizado (por exemplo: Estado). Uma segunda dificuldade são as diferentes formas de contabilidade e sistemas de contas utilizados. No essencial, utilizam-se aqui conceitos económicos em detrimento de jurídicos, embora se clarifique a distinção entre ambos. Por último, alterações orgânicas frequentes na estrutura dos governos, bem como mudanças no próprio universo das instituições das administrações públicas dificultam, por vezes, análises comparativas.

Por *Sector Público* pode-se considerar todas as entidades controladas, directa ou indirectamente, pelo poder político, seja ele o governo da República, os governos regionais (Açores e Madeira) ou locais. Inclui-se pois as *Administrações Públicas* nestes três níveis de governo (Administração Central e Segurança Social, Administração Regional e Local), bem como o *Sector Público Empresarial*, quer se trate de entidades públicas empresariais (EPE), sociedades anónimas de capitais total ou maioritariamente públicos, empresas regionais, intermunicipais ou municipais.

Aquilo que caracteriza as entidades das administrações públicas é serem quer produtores *não mercantis* de bens e serviços de consumo individual ou colectivo, quer entidades que operam redistribuição (pecuniária ou não) e em ambos os casos serem financiadas principalmente por contribuições obrigatórias. Estas contribuições devem representar pelo menos 50% dos custos de produção. Já no caso dos *produtores mercantis*, as receitas de preços, tarifas, taxas ou outras, em contrapartida da prestação de serviços, devem cobrir os custos de produção, não devendo nunca ser inferior a 50%.

Para efeitos estatísticos do *EUROSTAT*, os países que adoptaram o sistema europeu de contas SEC95 apresentam uma estrutura de contas distinguindo a Administração Central (S1311), estadual (S1312), local (S1313) e os fundos da Segurança Social (S1314). O nível estadual é sobretudo utilizado em países federados, pelo que Portugal só apresenta as contas agregadas da *Administração Central* (que consolida as contas do Estado com os Fundos e Serviços Autónomos da Administração Central (FSA)), da *Administração Local* (que consolida contas da Administração Regional e Local (ARL)) e a *Segurança Social* (SS). As administrações públicas em Portugal são pois constituídas por *quatro sub-sectores*, a saber: Estado, FSA, ARL e SS. Visto que três deles (Estado, FSA e SS) estão sob a direcção política do governo, o grau de descentralização política pode ser medido pelo rácio da despesa da ARL na despesa consolidada das administrações públicas.

O uso, *em sentido lato*, do termo "*Estado*", em "*Orçamento do Estado*", ou "*Conta Geral do Estado*", diz respeito ao orçamento ou à conta dos três subsectores (Estado, FSA e SS). Já o uso, *em sentido estrito*, do termo *Estado*, designa apenas o subsector dos serviços integrados de cada ministério (exemplo, Direcções-Gerais), sem personalidade jurídica e apenas com autonomia administrativa para a gestão corrente de créditos inscritos no Orçamento do Estado. Por seu turno, os FSA são constituídos por organismos com autonomia administrativa, financeira e patrimonial, isto é, com personalidade jurídica com gestão corrente e de capital, património próprio, possibilidade de ter receitas próprias e recurso ao crédito (com autorização). O subsector da Segurança Social engloba as unidades institucionais que têm como principal função o pagamento de prestações sociais (subsídios de desemprego, doença, pensões de reforma, etc.) e são financiados por contribuições obrigatórias.

Ao considerar as contas das administrações públicas interessa distinguir se se trata de contabilidade nacional ou pública. A *contabilidade nacional (CN)* é a utilizada para efeitos da União Europeia (*EUROSTAT*, Procedimento dos défices excessivos, etc.). Tem um fundamento económico assente numa definição do universo das entidades que pertencem às *Administrações Públicas* como unidades não mercantis e adopta uma lógica de *compromisso* (as receitas e despesas são contabilizadas quando o compromisso é assumido). A *contabilidade pública (CP)* é a usada inicialmente na contabilidade das entidades do *Sector Público Administrativo* (SPA). Tem um fundamento jurídico-económico, sendo a definição das entidades pertencente ao SPA mais imprecisa e adoptando uma lógica de *caixa* (receitas e despesas são contabilizadas quando entram ou saem de caixa).

Para apuramento de alguns saldos orçamentais utiliza-se a classificação económica das receitas e despesas efectivas (isto é, não financeiras). As *receitas efectivas* são as receitas totais menos as receitas de passivos financeiros (exemplo: empréstimos) e de activos financeiros (exemplo: receitas de venda de acções ou outros activos financeiros). As *despesas efectivas* são as despesas totais menos as despesas com passivos financeiros (exemplo: amortização de empréstimos) e com activos financeiros (exemplo: aquisição da totalidade ou de parte do capital social em empresas). O saldo corrente (em *CP*) ou poupança bruta (em *CN*) é a diferença entre receitas e despesas correntes efectivas. Pode ser calculado para cada um dos subsectores (Estado, FSA, ARL e SS) isoladamente ou para as administrações públicas no seu todo. Neste caso é necessário *consolidar as receitas correntes* subtraindo à totalidade das receitas correntes as receitas que provêm de outros subsectores. O saldo de capital é também a diferença entre receitas de capital e despesas de capital e pode ser calculado não consolidado ou consolidado para cada subsector, mas tem que ser consolidado para o conjunto das administrações públicas.

A soma dos saldos correntes e de capital (em *CN*) para o conjunto dos quatro subsectores dá o *saldo global das administrações públicas*, que não é mais que a diferença entre receitas e despesas efectivas. Se negativo, constitui o défice público e gera *necessidades líquidas de financiamento*, ou seja, necessidade de recurso ao crédito. Se positivo, constitui um excedente orçamental e gera *capacidade líquida de financiamento*, que pode ser usada no sentido de amortizar a dívida pública.

Outro saldo importante é o *saldo primário* que é a diferença entre as receitas efectivas e as despesas primárias (despesas efectivas menos juros da dívida), pois dá o valor do que seria o saldo global caso não houvesse dívida pública.

A interpretação dos saldos de cada subsector deve ser cautelosa dadas as transferências entre subsectores. Os saldos (não consolidados) traduzem uma relação simples entre receitas e despesas. Um subsector pode apresentar um saldo *positivo* apenas porque recebe transferências de outro subsector. Nesse caso, o saldo (consolidado) do subsector será *negativo*. Se as transferências resultarem de uma lei (lei de bases da Segurança Social, das finanças regionais ou locais, etc.) é uma obrigação legal do Estado. Se não resultar de lei, mas da necessidade de cobrir um eventual défice (por exemplo: na segurança social), já a situação é diferente.

Também as transferências entre entidades das Administrações Públicas (AP) e o Sector Público Empresarial (SPE) deverão ser analisadas com cuidado, pois poderão envolver fenómenos de desorçamentação e de redução *"artificial"* do défice orçamental. Um fluxo financeiro entre ambos pode ser uma despesa corrente (caso das indemnizações compensatórias por *"preços sociais"*), pode ser uma despesa de capital (transferência de capital) ou um aumento do capital social. Esta última, ao contrário das primeiras, é claramente uma despesa não efectiva (financeira), pois aumenta os activos financeiros do Estado e em princípio não deveria contar para o défice. Contudo, caso a empresa em causa seja considerada *não* mercantil, poderá contar para o défice.

Tópicos de reflexão: capítulo 11

1. Nas Administrações Públicas (AP) quer a Administração Regional e Local (ARL), quer os Fundos e Serviços Autónomos (FSA) resultam de processos de descentralização.
a. Clarifique que tipo de entidades compõem a ARL e os FSA e quais as formas de descentralização que conhece.
b. Esclareça quais os subsectores das AP cujas receitas e despesas estão contempladas no Orçamento do Estado e quais os que elaboram orçamentos independentes. Será que existe relação entre orçamentos independentes de vários subsectores das AP? Esclareça.

2. A estrutura interna do Sector Público Administrativo (SPA) português pode, em certa medida, ser explicada através do fenómeno da descentralização.
a. Caracterize as possíveis formas/configurações da descentralização, relacionando-as com a teoria do federalismo orçamental.
b. Explique sucintamente as características dos subsectores do SPA. Será que a autonomização da Segurança Social pode ser explicada por alguma das formas de descentralização? Justifique.

3. Explique em que consiste e para que serve a consolidação das receitas correntes dos quatro subsectores das Administrações Públicas. Clarifique porque é necessária a consolidação das receitas e despesas dos vários subsectores quando se quer determinar os valores agregados para o total das administrações públicas.

4. Tendo em conta os quatro subsectores das administrações públicas e a classificação económica das receitas e despesas, onde contabilizaria as

seguintes operações: i) investimento de uma Universidade Pública em edifícios; ii) apoio financeiro do Governo da República ao Governo Regional dos Açores na sequência de um terramoto; iii) atribuição de subsídio para mulheres grávidas a partir do terceiro mês; iv) receita do Imposto Municipal sobre Imóveis?

5. Caso o Governo pretenda, na Proposta de Lei do Orçamento do Estado, introduzir uma medida para reduzir o défice das Administrações Públicas, diga quais as medidas que, a seu ver, são possíveis e que conduzem a esse objectivo: i) reduzir as transferências do subsector Estado para os Fundos e Serviços Autónomos; ii) aumentar as taxas de IRC; iii) reduzir as despesas de investimento da Administração Regional e Local; iv) reduzir os investimentos da administração central.[14]

6. Distinga, em termos gerais, as formas de contabilidade pública e nacional e clarifique porque é que esta última é mais apropriada para avaliar da situação das finanças públicas num dado país.

7. Considere o seguinte quadro com os valores orçamentados[15] a estrutura das receitas e despesas das administrações públicas para 2001:

Quadro 11.1 – Estrutura de Receitas e Despesas das Admin. Públicas (2001)
Valores em percentagem

	Estado	FSAs	Administ. Regional e Local	Segurança Social	TOTAL do SPA
Receitas Correntes	58,5	15,8	6,4	19,2	100,0
Receitas de Capital	16,3	41,1	21,0	21,6	100,0
Receita Total	55,3	17,8	7,5	19,4	100,0
Despesas Correntes	37,2	30,8	8,1	23,8	100,0
Despesas de Capital	12,5	43,9	36,4	7,3	100,0
Despesa Total	33,6	32,8	12,3	21,4	100,0

Fonte: Cálculos a partir de dados em Contabilidade Pública, valores orçamentados para 2001- Rel.OE / 2001.
Nota: diferenças de décimas são devidas a arredondamentos.

[14] Há medidas que não são possíveis, e outras que, sendo possíveis, não contribuem para a redução do défice.
[15] Para ser exacto, trata-se de valores orçamentados para a Administração Central e Segurança Social, pois os valores encontram-se no Relatório do Orçamento do Estado. Contudo, para a Administração Regional e Local não são mais que previsões.

a. Calcule o grau de centralização do SPA português em 2001, justificando devidamente o indicador que escolher.
b. Analise comparativamente a estrutura das despesas correntes e de capital apresentada no quadro, tendo em conta as características e funções específicas de cada subsector.

8. Considere agora o seguinte quadro com a estrutura das receitas e despesas das administrações públicas para 2007.
a. Calcule o grau de centralização do SPA em 2007 e compare-a com a de 2001.
b. Identifique as principais alterações quer em termos do peso global de cada subsector, quer em termos da estrutura das despesas correntes e de capital.

Quadro 11.2 – Estrutura de Receitas e Despesas das Admin. Públicas (2007)

	Estado	FSA's	ARL	Segurança Social	TOTAL AP's
Receitas Correntes	54,7%	16,4%	7,7%	21,2%	100,0%
Receitas de Capital	19,5%	44,8%	34,1%	1,6%	100,0%
Receita Total	53,6%	17,3%	8,5%	20,6%	100,0%
Despesa Corrente	33,8%	30,5%	8,9%	26,8%	100,0%
Despesa de Capital	21,2%	24,4%	52,1%	2,2%	100,0%
Despesa Total	32,8%	30,0%	12,5%	24,7%	100,0%

Fonte: Cálculos a partir de dados em Contabilidade Pública, valores orçamentados para 2007- Rel. OE, 2007.

Questões de escolha múltipla

11.1. Qual das seguintes medidas não reduz o défice das administrações públicas?:
a. Aumento de impostos.
b. Diminuição das prestações da segurança social.
c. Diminuição das transferências do Estado para os municípios.
d. Diminuição dos salários dos funcionários públicos.

11.2. Se o orçamento de Estado prevê um défice do saldo global, então:
a. Esse défice é financiado por receitas fiscais.

b. As receitas do Estado são menores que as despesas do Estado.
c. As receitas não efectivas são superiores às despesas não efectivas.
d. Esse défice pode ser financiado através da redução dos salários dos funcionários públicos.

11.3. Diga qual a afirmação falsa: Dentro das possíveis razões para que organismos públicos possam ser serviços autónomos da administração central está...
a. Gerir fundos comunitários.
b. Ter dois terços de receitas próprias.
c. Terem melhor gestão.
d. Serem entidades reguladoras.

11.4. Para se analisar a importância de cada subsector das administrações públicas nas receitas efectivas totais das administrações públicas, deve-se:
a. Calcular a percentagem das receitas correntes e de capital consolidadas de cada subsector no total das receitas efectivas.
b. Calcular a percentagem das receitas correntes e de capital não consolidadas de cada subsector no total das receitas efectivas.
c. Calcular a percentagem das receitas correntes consolidadas de cada subsector no total das receitas efectivas.
d. Calcular a percentagem das receitas correntes não consolidadas de cada subsector no total das receitas efectivas.

11.5. Se se verificar a *"regra de ouro"* das finanças públicas e o saldo global estiver equilibrado então:
a. O saldo corrente é deficitário.
b. O saldo de capital é deficitário.
c. As receitas efectivas são maiores que as despesas efectivas.
d. O estoque da dívida aumenta.

11.6. Tudo o resto constante, o saldo do subsector da Segurança Social melhora com:
a. Aumento de impostos (IRS e IRC).
b. Aumento das prestações da Segurança Social.
c. Aumento das transferências do Estado para a Segurança Social.
d. Aumento do subsídio de desemprego.

11.7. O saldo global das administrações públicas (AP) é:
a. As receitas totais menos as despesas totais.

b. A soma dos saldos globais menos as transferências correntes entre subsectores.
c. A soma dos saldos globais dos quatro subsectores das AP.
d. A soma dos saldos globais do Estado, FSA e Segurança Social.

11.8. O saldo primário é:
a. As receitas efectivas menos as despesas efectivas.
b. As receitas primárias menos as despesas primárias.
c. As receitas efectivas menos as despesas primárias.
d. Aritmeticamente igual ao saldo global subtraído dos juros da dívida.

11.9. A *"regra de ouro"* das finanças públicas verifica-se necessariamente se:
a. As despesas de capital são maiores que as receitas de capital.
b. O saldo global é superavitário.
c. O saldo global é nulo e o saldo de capital é deficitário.
d. O saldo global e o saldo de capital são superavitários.

11.10. O grau de centralização das Administrações Públicas de um país é dado pelo:
a. Rácio da despesa consolidada dos subsectores Estado, SFA e SS no PIB.
b. Rácio da despesa consolidada dos subsectores Estado, SFA e SS na despesa total consolidada das administrações públicas.
c. Rácio da despesa consolidada do Estado e SFA na despesa total consolidada das administrações públicas.
d. Rácio da despesa do subsector Estado na despesa total das administrações.

11.11. Quando existe um processo de transferência de competências de uma Direcção-Geral de um Ministério para uma autarquia local, estamos na presença de:
a. Descentralização política.
b. Descentralização administrativa.
c. Desconcentração administrativa.
d. Desconcentração política.

11.12. O grau de centralização política das administrações públicas de um dado país pode ser dado pelo:
a. O rácio da despesa da Administração Central no PIBpm.
b. O rácio da despesa consolidada da Administração Central na despesa das administrações públicas.

c. O rácio da despesa consolidada da Administração Central e Segurança Social na despesa das administrações públicas.
d. O rácio da despesa do Estado na despesa da Administração Central.

11.13. Diga qual a afirmação falsa: Os serviços integrados do Estado que apenas têm autonomia administrativa...
a. Têm personalidade jurídica.
b. Os seus dirigentes têm poderes de gestão corrente.
c. Não têm consignação de receitas.
d. Não têm acesso ao crédito.

11.14. Diga qual a afirmação falsa: Os Serviços e Fundos Autónomos, com autonomia administrativa e financeira, em geral...
a. Têm personalidade jurídica.
b. Os seus dirigentes só têm poderes de gestão corrente.
c. Têm receitas próprias.
d. Têm acesso ao crédito em certas condições.

11.15. Qual das seguintes medidas não reduz o défice das Administrações Públicas?
a. Aumento de impostos e taxas municipais.
b. Diminuição das prestações pagas pela Segurança Social.
c. Diminuição das transferências do Estado para o Governo Regional da Madeira.
d. Diminuição dos salários dos funcionários públicos.

11.16. O grau de descentralização política das administrações públicas de um dado país pode ser dado pelo:
a. O rácio da despesa consolidada da Administração Central no PIBpm.
b. O rácio da despesa consolidada da Administração Central na despesa das administrações públicas.
c. O rácio da despesa consolidada da Administração Central e Segurança Social na despesa das administrações públicas.
d. O rácio da despesa consolidada da Administração Regional e Local na despesa das administrações públicas.

11.17. Diga qual a afirmação verdadeira: Para se obter a receita efectiva das administrações públicas...
a. Somam-se as receitas efectivas dos quatro subsectores.
b. Somam-se as receitas correntes e de capital dos quatro subsectores.

c. Somam-se as receitas efectivas dos quatro subsectores e subtraem-se as transferências de outros subsectores.
d. Somam-se as receitas efectivas dos quatro subsectores e subtraem-se as transferências de e para outros subsectores.

11.18. Diga qual a afirmação falsa: Os serviços integrados do Estado...
a. Têm personalidade jurídica.
b. Dispõem de autonomia administrativa
c. Não têm consignação de receitas.
d. Não têm acesso ao crédito.

11.19. Quando competências que estão na Administração Central passam para a Administração Regional ou Local, está-se na presença de:
a. Descentralização política.
b. Descentralização administrativa.
c. Desconcentração administrativa.
d. Desconcentração política.

11.20. Tudo o resto constante, o saldo do subsector da Segurança Social piora com:
a. Aumento de impostos sobre património.
b. Aumento das contribuições para a Segurança Social.
c. Aumento das transferências do Estado para a Segurança Social.
d. Aumento do subsídio de desemprego.

11.21. O saldo estrutural primário é o melhor indicador para avaliar a natureza da politica orçamental, dado que corresponde:
a. Ao saldo orçamental que se verificaria se a economia estivesse no nível do pleno emprego.
b. Ao saldo orçamental corrigido dos encargos com a dívida pública.
c. Ao saldo orçamental corrigido da sua componente cíclica, bem como da despesa com os juros da divida pública.
d. Ao saldo orçamental expurgado dos efeitos do ciclo económico sobre o orçamento.

11.22. Se se verificar a *"regra de ouro"* das finanças públicas e o saldo global for deficitário então:

a. O saldo corrente é deficitário.
b. O saldo de capital é superavitário.

c. As receitas efectivas são maiores que as despesas efectivas.
d. As receitas de activos e passivos financeiros são maiores que as despesas com activos e passivos financeiros.

11.23. Se as receitas efectivas de capital são menores que as despesas efectivas de capital, é necessariamente verdade que:
a. O saldo global é deficitário.
b. O saldo corrente apresenta um excedente.
c. Aumenta o endividamento.
d. A regra de ouro verifica-se se o saldo global for nulo.

Exercícios sobre contas das administrações públicas

E.11.1. Com base no Quadro 11.3, a seguir apresentado, calcule os saldos corrente e de capital, global e primário para: i) o subsector Estado; ii) para o total (consolidado) das administrações públicas. Interprete os resultados.

Quadro 11.3 – Estimativa das Receitas e Despesas do Sector Público Administrativo (2010)
Milhões de Euros

	Administração Central Estado	Administração Central FSA	Administ. Regional e Local	Segurança Social	TOTAL
1. RECEITAS CORRENTES	35 018,1	23 577,9	7 786,5	23 769,1	?
1.1. Impostos directos	13 464,0	20,5	3 121,2	0,0	?
1.2. Impostos indirectos	18 575,0	397,8	868,1	697,7	?
1.3. Contribuições de Segurança Social	218,9	4 274,6	11,2	13 493,1	?
1.4. Outras receitas correntes	2 760,2	18 885,1	3 785,9	9 578,3	?
(das quais: transf. de outros subsectores)	708,2	15 732,2	2 107,8	7 874,1	(-)
2 DESPESAS CORRENTES	46 816,3	23 207,7	7 469,4	23 347,8	74 418,9
2.1. Consumo Público	13 262,4	12 270,5	6 308,3	468,3	32 309,5
2.2. Subsídios	761,8	618,5	240,8	1 133,4	2 754,4
2.3. Juros e Outros Encargos	5 250,9	15,2	209,4	4,6	5 480,1
2.4. Transferências Correntes	27 541,2	10 303,6	711,0	21 741,4	33 874,9
(das quais: transf. p/ outros subsectores)	24 517,7	633,7	67,6	1 203,3	(-)
3. SALDO CORRENTE	-11 798,2	370,2	317,1	421,4	-10 689,5
4. RECEITAS DE CAPITAL	1 014,6	3 198,4	2 312,3	47,6	4 280,3
(das quais: transf. de outros subsectores)	29,2	701,1	1 556,1	6,2	(-)
5. DESPESAS DE CAPITAL	3 144,2	1 164,0	2 870,0	100,5	4 986,1
5.1. Investimentos	696,3	434,1	2 401,4	29,0	3 560,8
5.2. Transferências de Capital	2 431,3	672,5	376,4	71,7	1 259,3
(das quais: transf. p/ outros subsectores)	2 156,3	127,2	8,8	0,3	
5.3. Outras despesas de capital	16,6	57,4	92,2	-0,2	166,0

Fonte: Relatório do Orçamento de Estado de 2011, p.295

E.11.2. Com base no Quadro 11.4 seguinte obtenha: i) os valores consolidados das transferências correntes, despesas correntes e os saldos corrente e global do SPA; ii) o saldo corrente e primário da Segurança Social e os saldos globais da Administração Regional e Local e da Segurança Social. Comente brevemente os resultados dos saldos.

Quadro 11.4 – Estimativa das Receitas e Despesas das Administrações Públicas (2011)
(Óptica da Contabilidade Pública)
Milhões de Euros

	Administração Central Estado	Administração Central FSA	Administ. Regional e Local	Segurança Social	TOTAL
1. RECEITAS CORRENTES	37 871,6	23 161,5	7 707,0	24 023,0	67 542,0
1.1. Impostos directos	14 193,2	20,8	3 084,1	0,0	17 298,1
1.2. Impostos indirectos	19 832,8	401,2	887,0	731,8	21 852,8
1.3. Contribuições de Segurança Social	585,1	4 179,7	11,3	14 111,8	18 887,9
1.4. Outras receitas correntes	3 260,5	18 559,8	3 724,7	9 179,4	9 503,4
(das quais: transf. de outros subsectores)	1 067,7	15 253,8	2 012,2	6 887,3	
2. DESPESAS CORRENTES	45 156,6	22 376,3	7 407,4	23 426,9	?
2.1. Consumo Público	12 439,6	11 215,5	6 301,4	478,8	30 435,2
2.2. Subsídios	682,8	656,7	230,9	872,2	2 442,6
2.3. Juros e Outros Encargos	6 300,5	15,2	217,1	7,4	6 540,2
2.4. Transferências Correntes	25 733,7	10 488,9	658,0	22 068,6	?
(das quais: transf. p/ outros subsectores)	22 844,1	888,2	67,6	1 421,1	
3. SALDO CORRENTE	-7 285,0	785,2	299,6	?	?
4. RECEITAS DE CAPITAL	1 009,6	1 578,1	2 303,8	42,4	2 981,1
(das quais: transf. de outros subsectores)	12,4	434,4	1 499,2	6,6	
5. DESPESAS DE CAPITAL	4 239,7	1 439,3	2 678,9	103,3	6 508,5
5.1. Investimentos	653,3	539,9	2 296,8	36,1	3 526,0
5.2. Transferências de Capital	3 520,1	891,4	292,3	67,2	2 818,4
(das quais: transf. p/ outros subsectores)	1 814,6	129,3	8,8	0,0	
5.3. Outras despesas de capital	66,3	8,0	89,8	0,0	164,1
6. SALDO GLOBAL	-10 515,1	924,0	?	?	?
(em percentagem do PIB)	-6,0	0,5	0,0	0,3	-5,2
7. SALDO PRIMARIO				?	-2 591,3
(em percentagem do PIB)					-1,5

Fonte: Relatório do Orçamento de Estado de 2011, p.296

E.11.3. Com base no Quadro 11.5:
a. Determine: i) os valores consolidados das receitas e despesas correntes, das transferências correntes e os saldos corrente, de capital e global do SPA. Interprete; ii) os saldos primário e global dos subsectores Estado e Fundos e Serviços Autónomos da Administração Central.
b. Com a informação obtida explique a que se deve o défice orçamental em Portugal.
c. Calcule a estrutura das receitas correntes de cada subsector (não consolidadas) e a proporção das receitas correntes (consolidadas) de cada subsector no total das receitas correntes das administrações públicas. Faça o mesmo para as despesas correntes. Que conclui sobre as diferenças?
d. Quantifique e analise comparativamente o padrão (estrutura) da despesa total do Estado e dos Fundos e Serviços Autónomos (da AC), procurando justificar a importância relativa de cada rúbrica (consumo público, subsídios, encargos correntes da dívida, etc.) face às atribuições que lhes estão cometidas.
e. Considere que uma nova previsão leva às seguintes alterações: i) Uma subida da dívida pública e da taxa de juro fará aumentar em 5% os encargos com os juros da dívida em todos os subsectores; ii) Os investimentos efectuados nos hospitais públicos (SNS) excederão em 150 milhões de euros o inicialmente previsto; iii) A receita do IVA aumentará em 150 milhões de euros relativamente ao previsto; iv) A receita do Imposto Municipal sobre Transacções Onerosas de Imóveis IMT (ex: sisa) aumentará 50 milhões relativamente ao previsto; v) Os gastos em pensões de reforma crescerão 350 milhões de euros relativamente ao previsto. Recalcule o Quadro 11.5 (até à linha do saldo global) para este cenário, avaliando nomeadamente o efeito das alterações sobre o saldos dos diferentes subsectores e para o total das AP. Que tipo de alternativas pensa que estará à disposição do governo para repor o saldo global inicial?

Quadro 11.5 – Estimativa das Receitas e Despesas das Administrações Públicas, 2005
(Óptica da Contabilidade Pública)
Milhões de Euros

	Administração Central Estado	Administração Central FSA	Administ. Regional e Local	Segurança Social	TOTAL
1. RECEITAS CORRENTES	32563,3	21081,4	6533	17972,2	?
1.1. Impostos directos	11519,2	6,6	2414,2	0	13940
1.2. Impostos indirectos	18916,5	262,4	1021,1	592	20792
1.3 Contrib. Seg. Social	99,4	5873,6	6,6	11037,3	17016,9
1.4. Outras receitas correntes	2028,2	14938,8	3091,1	6342,9	7946,2
(das quais:transf. de outros subsectores)	608,3	11091,1	1783,6	4971,8	
2 DESPESAS CORRENTES	38625,6	20642,9	5713,3	17640,6	?
2.1. Consumo Publico	15141,6	11208,9	5065	492,3	31907,8
2.2. Subsídios	652,4	1622,6	146,4	505,1	2926,5
2.3. Encargos correntes da divida	3968,5	50,7	129,4	6	4154,6
2.4. Transferências Correntes	18863,1	7760,7	372,5	16637,2	?
(das quais:transf. p/ outros subsectores)	16574,5	772,6	34,2	1073,6	
3. SALDO CORRENTE	-6062,3	438,5	819,7	?	?
4. RECEITAS DE CAPITAL	368,3	2528,8	2502,9	33,4	3314,8
(das quais:transf. de outros subsectores)	33,3	522,5	1546,6	16,2	
5. DESPESAS DE CAPITAL	3450,7	1588,9	3357,2	67,2	6345,4
5.1. Investimentos	652,6	600,5	2957,2	31,8	4242,1
5.2. Transferências de Capital	2775,7	981,3	375,7	35,4	2049,5
(das quais:transf. p/ outros subsectores)	1921,9	176,5	11,8	8,4	
5.3. Outras despesas de capital	22,4	7,1	24,3	0	53,8
6. SALDO GLOBAL	?	?	-34,6	297,8	?
(em percentagem do PIB)	-3,3	0,4	0	0,5	-2,4
7. SALDO PRIMARIO	?	?	94,8	303,8	-3348,4
(em percentagem do PIB)	-0,10%	0,40%	0,10%	0,50%	0,90%

Fonte: Relatório do Orçamento de Estado de 2005

E.11.4. Partindo das Estimativas das Administrações Públicas de 2009, Quadro A.1 (Anexos Estatísticos), calcule a proporção das despesas de capital consolidadas da Administração Regional e Local no total das despesas de capital das administrações públicas e a contribuição deste subsector para os saldos global e primário do SPA. Apresente os cálculos e interprete os resultados obtidos, tendo em conta as atribuições e a importância relativa deste subsector nas administrações públicas.

E.11.5. Considerando i) os dados da população residente em Portugal Continental: 10.047.083, nas regiões Autónomas dos Açores (RAA): 246.746 e na Madeira (RAM): 267.785 (dados do INE – 2011); ii) os dados da despesa consolidada da Administração Central para 2010: 66 851,3 milhões de euros (Quadro A.6 dos Anexos); iii) os valores da despesa regional em 2010 na RAA e RAM: 1039,1 milhões e 2142,4 milhões, respectivamente (Conta da RAA e da RAM 2010).
a. Calcule um valor aproximado da capitação da despesa pública no continente e da despesa pública em cada uma das Regiões Autónomas.[16]
b. Analise em que medida a disparidade de valores deve ser atribuída a factores de insularidade, ao princípio da solidariedade nacional ou a outras causas.

[16] Trata-se de um valor aproximado pois parte da despesa da administração central não se limita aos cidadãos residentes no Continente, mas em todo o território nacional (caso das funções gerais de soberania, representação externa do Estado português, defesa nacional, etc.). Por outro lado, usam-se valores da população de 2011 e da despesa em 2010.

E.11.6. A partir do Quadro 11.6, determine a estrutura da despesa de cada um dos subsectores das Administrações Públicas em Portugal em 2009 e justifique as principais diferenças entre subsectores detectadas nessa estrutura.

Quadro 11.6 – Despesas das Administrações Públicas, 2009

	Administração Central		Admin. Reg. e Local	Segurança Social	TOTAL Admin. Públicas (consolidado)
	Estado	FSA			
DESPESAS CORRENTES	44.496,1	22.660,8	7.030,9	22.039,1	71.719,9
DESPESAS DE CAPITAL	3.245,2	2.457,1	3.261,8	113,5	6.801,1
DESPESA EFECTIVA	47741,3	25117,9	10292,7	22152,600	78521

E11.7. Explique porque é que os saldos globais dos vários subsectores são diferentes (não consolidados e consolidados), mas o saldo global das Administrações Públicas é igual. Dê três exemplos de fluxos financeiros que justifiquem parcialmente a diferença de 13.7 pontos percentuais no saldo global do Estado.

Quadro 11.7 – Saldos das Administrações Públicas (CP)

	Estado	FSA	ARL	SS	Adm. Públicas
Saldo Global (não consolidado)	-3,6	0,6	-0,3	0,9	-2,4
Saldo Global (consolidado)	10,1	-7,6	-2,3	-2,6	-2,4

Fonte: Relatório do Orçamento de Estado 2009 – Estimativa das Administrações Públicas , p.124

E11.8. Considere os seguintes dados da Estimativa das Administrações Públicas (em contabilidade pública para 2009):

Quadro 11.8 – Estimativa das Administrações Públicas (CP), 2009

(Milhões de euros)	Estado	Fundos e Serv. Aut.	Admin. Reg. Local	Segurança Social	Admin. Pub.
RECEITAS CORRENTES	40.604,7	23.341,1	7.889,2	23.640,3	70.968,2
Impostos directos	15.273,6	23,0	3.329,3	0,0	18.625,9
Impostos indirectos	21.850,4	440,6	988,3	713,1	23.992,3
Contribuições de Segurança Social	202,7	3.826,6	11,3	13.865,9	17.906,4
Outras receitas correntes	3.278,0	19.050,9	3.560,4	9.061,3	10.443,6
(das quais:transf. de outr. subsectores)	777,8	14.727,6	1.992,8	7.008,9	(-)
DESPESAS CORRENTES	44.496,1	22.660,8	7.280,9	22.039,1	71.969,9
Consumo Público	12.864,5	11.765,5	6.137,5	508,7	31.276,2
Subsídios	692,4	1.249,4	199,9	1.168,0	3.309,7
Juros e Outros Encargos	5.700,8	19,7	294,5	10,0	6.025,0
Transferências Correntes	25.238,4	9.626,1	649,0	20.352,5	31.359,0
(das quais:transf. p/ outr. subsectores)	22.633,8	868,1	21,1	984,0	(-)
RECEITAS DE CAPITAL	819,3	2.801,2	2.395,2	67,0	3.806,5
(das quais:transf. de outr. subsectores)	70,1	631,7	1.563,9	10,7	(-)
DESPESAS DE CAPITAL	3.245,2	2.457,1	3.511,8	113,5	7.051,1
Investimentos	780,9	676,8	2.982,2	47,6	4.487,5
Transferências de Capital	2.218,6	1.560,3	463,4	65,8	2.031,7
(das quais:transf. p/ outr. subsectores)	2.003,0	265,2	8,0	0,2	(-)
Outras despesas de capital	245,7	219,9	66,3	0,0	531,9

Fonte: Relatório do Orçamento de Estado 2009, p.343

a. Determine, apresentando os cálculos, a despesa efectiva e os saldos global, primário e global (consolidado) do subsector Estado. Explique o significado e importância destes saldos.
b. Considere que se pretende melhorar o saldo global em 2.000 milhões de euros e que o subsector Estado dá um contributo nessa melhoria proporcional ao peso da despesa pública do subsector no total. Determine, justificando, qual seria esse contributo.

12.
Orçamento do Estado

Resumo

Este capítulo clarifica a noção e o âmbito do Orçamento do Estado, as regras orçamentais, as várias formas de classificação das receitas e despesas públicas, bem como as principais características do ciclo orçamental desde a sua elaboração até à aprovação da Conta Geral do Estado.

O *Orçamento de Estado* (OE) é uma Lei da Assembleia da República (AR) resultante de Proposta de Lei do governo, que contém uma previsão de todas as receitas e de despesas do Estado, Fundos e Serviços Autónomos (FSA) da Administração Central e Segurança Social (SS) autorizadas pela AR para o período de um ano civil. É um documento que tem importante dimensão económica, jurídica e politica, pois traduz, do ponto de vista prático, as prioridades políticas do governo para um dado ano civil. A Lei do OE inclui um *articulado* e *mapas orçamentais* e anexos com a discriminação das receitas e despesas daqueles subsectores. A acompanhar a Proposta de Lei, o governo deve também entregar um *relatório* para informar a AR da natureza e das opções de política orçamental seguidas, bem como informação relevante de natureza macroeconómica que fundamenta as previsões orçamentais.

Estão excluídos os orçamentos das regiões autónomas, bem como dos municípios que dele são independentes. Apesar disso, estão incluídas no OE as despesas de transferências do subsector Estado, que são receitas destes subsectores ao abrigo das leis de finanças regionais e locais.

A elaboração do OE obedece a um conjunto de regras que, com as devidas excepções, norteiam a sua elaboração. De acordo com a regra da *anualidade*, o Orçamento é aprovado uma vez por ano e executado durante um ano. A *unidade e universalidade* indicam que o OE é documento único e que todas as receitas e despesas das entidades do Estado (os três subsectores referidos) nele estão inscritas. A *não consignação*, regra com inúmeras excepções, estabelece que toda e qualquer receita deve servir para financiar toda e qualquer despesa. A *não compensação* estabelece que receitas e despesas devem ser registadas pelos seus valores brutos, sem dedução de quaisquer encargos na cobrança de receitas ou de receitas associadas à execução das despesas. A regra da *especificação* e do *equilíbrio* completam a lista das regras orçamentais.

O OE deve especificar de forma detalhada as receitas de acordo com as classificações económica e orgânica e as despesas de acordo com a classificação económica, orgânica e funcional. Ambas poderão ainda ser classificadas por programas. A *classificação económica* usada nos três subsectores distingue as receitas e despesas correntes e de capital, subdividindo-se ambas em múltiplas categorias. É esta classificação que permite uma análise económica, nomeadamente o cálculo dos saldos corrente, capital, global (ou efectivo) e primário. A *classificação orgânica*, usada para receitas nos FSA e para despesas nos três subsectores, é a classificação que associa receitas e despesas aos vários organismos do Estado (sentido lato). Deste modo, cada departamento da administração (Ministérios, Institutos Públicos, etc.) saberá o montante máximo da despesa a executar. A *classificação funcional*, corresponde à desagregação da despesa pública por funções e sub-funções (soberania, sociais, económicas e outras) e dá uma perspectiva quanto à tradução financeira das prioridades políticas do governo.

A *regra do equilíbrio*, aplicada ao OE, está expressa na Constituição da República Portuguesa (CRP) e determina que as receitas *totais* devem cobrir as despesas *totais*. Num certo sentido é correcto afirmar que um orçamento está sempre equilibrado, pois tem que haver receitas para financiar despesas. Contudo, é importante distinguir as *receitas e as despesas efectivas* (não financeiras) das receitas e despesas financeiras (de activos e passivos financeiros). Em particular, as receitas de passivos financeiros (creditícias) dão origem a compromissos futuros (amortizações), enquanto que as receitas efectivas não. Assim, quando se refere a existência de um défice orçamental está-se apenas a referir *certo* tipo de receitas. O *saldo global ou efectivo* traduz a diferença entre *receitas e despesas efectivas* e pode ser deficitário, equilibrado ou superavitário. O pacto de estabilidade e crescimento da UE (ver capítulo 15) estabelece que o défice orçamental deve ser inferior a 3% do PIBpm. A Lei de Enquadramento Orçamental (LEO) estabelece que, em geral, o *saldo primário* do Estado e os saldos globais de FSA e SS devem estar pelo menos equilibrados.

O ciclo orçamental tem no essencial quatro fases. A preparação do OE, a discussão e aprovação na AR, a sua execução e fiscalização e por fim, a elaboração, votação e fiscalização da Conta do Estado . A *preparação do OE* é um processo de forte componente técnica e política que deverá estar terminado o mais tardar a 15 de Outubro, data limite para apresentação na AR. Envolve necessariamente a elaboração de um cenário macroeconómico com previsões para inflação, crescimento económico, desemprego (etc.), fixação de objectivos em relação ao saldo orçamental global, previsão de receitas, determinação de tectos para despesas quer global, quer sectorialmente (Ministérios), bem como a elaboração dos mapas orçamentais com as classificações acima referidas e o articulado da Lei. Após aprovação em Conselho de Ministros, a Proposta de Lei dá entrada na AR.

O *processo de discussão* e aprovação do OE é regulado pela CRP, pela LEO e pelo Regimento da AR. Deverá decorrer no espaço de 45 dias e é realizado quer em *plenário*, onde têm assento a totalidade dos deputados, quer na *comissão especializada* – permanente competente em matéria de apreciação da proposta de lei. Ao plenário da AR cabe a discussão e aprovação na generalidade do OE, bem como na especialidade dos artigos do articulado da Lei que respeitem a matérias relativas ao sistema fiscal (criação/ /extinção de impostos, alteração de taxas, etc.) ou relativas a empréstimos. À comissão parlamentar cabe a discussão e aprovação na especialidade de todos os restantes artigos do articulado, bem como dos mapas orçamentais.

A *execução do OE*, isto é, a cobrança das receitas e a realização das despesas é da responsabilidade do governo. Na prática, compete directamente aos Ministros, Secretários de Estado e Dirigentes de serviços integrados do Estado e dos FSA. A execução das despesas deve respeitar o princípio da legalidade (respeitar o quadro jurídico), da regularidade orçamental (estar prevista e contida na dotação orçamental do OE) e da boa gestão financeira. A execução das receitas pressupõe apenas os princípios de legalidade e regularidade orçamental, o que significa estar prevista no OE, pois o montante efectivo de receita pode ultrapassar o previsto.

O *controlo orçamental* assume várias formas. O *controlo administrativo* é feito antes de mais pelas próprias entidades administrativas, pelo Ministério das Finanças (Inspecção Geral de Finanças e Direcção Geral do Orçamento) e Inspecções sectoriais de cada Ministério. O *controlo jurisdicional* é realizado pelo Tribunal de Contas – órgão de soberania independente do poder político que faz auditorias ao sector publico administrativo e empresarial. O *controlo político* é realizado pela Assembleia da República, onde o governo é escrutinado sobretudo pelos partidos da oposição.

Tópicos de reflexão: capítulo 12

1. Considerando as regras ou princípios de organização orçamental:
a. Justifique a sua importância no processo orçamental português.

b. Escolha três delas, caracterize-as e explique as razões da existência de eventuais excepções legais ao seu cumprimento.

2. Justifique porque é que não só alterações aos impostos, como também o recurso ao endividamento constituem área de competência exclusiva da Assembleia da República e porque são matérias discutidas e votadas em plenário da AR e não em comissões parlamentares.

3. Diga o que entende por Orçamento do Estado e explique sucintamente o papel do Governo e da Assembleia da República no processo orçamental.

4. A Lei 6/91, de 20 de Fevereiro – Lei de Enquadramento do Orçamento do Estado (LEOE), é um dos principais elementos de regulação do ciclo orçamental.
a. Apresente as várias finalidades da LEOE, para além da referida na afirmação.
b. Refira as diversas fases do ciclo orçamental e caracterize sucintamente o papel que a Assembleia da República assume nesse âmbito.

5.
a. Defina os conceitos de orçamento de gerência e de exercício, relacionando-os com as ópticas contabilísticas relevantes.
b. Identifique o sistema actualmente em vigor no Orçamento de Estado em Portugal e explicite as suas vantagens e inconvenientes.

6. No âmbito da elaboração do Orçamento do Estado utilizam-se regras orçamentais e classificações de receitas e despesas.
a. Explique as regras da não consignação e da anuidade
b. Diga qual a importância da distinção entre a classificação funcional e orgânica das despesas públicas.

7. A regra da especificação é uma das regras que presidem à organização do Orçamento do Estado (OE) em Portugal.
a. Diga o que entende por essa regra e quais os seus principais objectivos, tendo em conta os sistemas de classificação de despesas e receitas.
b. A nova Lei de Enquadramento do OE prevê a generalização dos *"programas"* no âmbito da especificação. Concorda com a sua generalização? Justifique devidamente a sua posição.

8. *"O Orçamento do Estado está sempre equilibrado"*. Utilizando dois conceitos de equilíbrio, explique porque é que num caso a afirmação é correcta e noutro não.

ORÇAMENTO DO ESTADO

9. Esclareça a importância do cenário macroeconómico para a elaboração do Orçamento de Estado (OE) por parte do governo e a relevância da discussão e votação do OE na Assembleia da República.

10. Considere o Quadro 12.1, apresentado no final do enunciado, sobre a estrutura funcional da despesa do Estado em 1980, 1990, 2000 e 2006.
   a. Qual o interesse da classificação funcional da despesa?
   b. Identifique as principais tendências de crescimento relativo da despesa e explique que factores poderão ter estado subjacentes às alterações verificadas.

Quadro 12.1 - Estrutura da Despesa do Estado segundo a Classificação Funcional

FUNÇÕES/SUB-FUNÇÕES ([1])	1980 ([2])	1990	2000	2006
Funções Gerais de Soberania	33,9	27,5	15,1	13,2
1. Serviços Gerais da Adm. Pública		20,8	5,1	3,9
2. Defesa Nacional		6,7 ([3])	4,9	3,9
3. Segurança e ordem públicas			5,2	5,4
Funções Sociais	30,9	33,7	56	61,7
1. Educação		14,7	18,9	16,9
2. Saúde		11,8	17,4	20,9
3. Segurança e acção sociais		4,9	15,1	21,8
4. Habitação e serviços colectivos		2,3 ([4])	3,2	1,2
5. Serv. culturais, recreativos e religiosos			1,3	1,0
Funções económicas	22,1	11	6,5	4,4
1. Agric. e pecuária, silvicult., caça e pesca		2,6	2,2	1,3
2. Indústria e energia		0,6	0,6	0,0
3. Transportes e comunicações		4,1	2,9	2,5
4. Comércio e turismo		1,5	0,4	0,1
5. Outras funções económicas		2,2 ([5])	0,4	0,6
Outras Funções	13,1 (6)	27,8	22,3	20,6
1. Operações da dívida pública		27,8	11,2	10,2
2. Transferências entre administrações		-	11,1	10,4
3. Diversas não especificadas		-	0	0,0
TOTAL	100	100	100	100,0

Fontes: OE 1980, 1990, 2000 e 2008
Notas: as alterações na classificação da despesa ao longo de 26 anos, levam a que não haja uma correspondência directa em todas as rubricas, nos 3 anos em causa:
([1]) classificação em vigor em 2000;
([2]) não foi possível estabelecer correspondência directa ao nível das sub-funções;
([3]) em 1990, agregava sub-funções 2 e 3;
([4]) agregava sub-funções 4 e 5;
([5]) inclui sub-função, agora extinta, de *"administração e investigação"*;

11. Distinga sucintamente receitas efectivas de receitas totais. O *défice orçamental* das administrações públicas a que tipo de receitas diz respeito?

12. O Orçamento do Estado para 2008 incentiva a prática desportiva, quer a amadora, quer a de alta competição, reduzindo a taxa do IVA e excluindo determinados rendimentos da tributação do IRS. Qual a racionalidade económica subjacente a esta medida?

13. O processo técnico de elaboração do Orçamento de Estado obedece a um conjunto de regras e procedimentos. Proceda à distinção: i) entre a classificação orgânica e a classificação funcional da despesa; ii) entre o registo contabilístico em contabilidade pública e o registo contabilístico em contabilidade nacional.

14. Esclareça sucintamente a importância da utilização das classificações económica, funcional e orgânica na elaboração do Orçamento do Estado.

15. Considere as regras de organização do Orçamento de Estado. Escolha três delas, caracterize-as de forma sintética e explique eventuais excepções legais ao seu cumprimento.

16. Defina o conceito e âmbito do Orçamento do Estado e identifique, de forma sintética, as suas dimensões económica, política e jurídica.

17. Diga o que entende por cenário macroeconómico e explique, de forma muito sintética, a sua importância para a elaboração do Orçamento do Estado. Clarifique a desvantagem de um cenário demasiado optimista.

18. Esclareça sucintamente o papel do Governo e da Assembleia da República nas várias fases do ciclo orçamental.

19. Distinga as três classificações mais importantes da despesa pública usadas no Orçamento do Estado e clarifique a respectiva importância. Qual a regra orçamental relacionada com estas classificações.

Questões de escolha múltipla

12.1. Diga qual a proposição falsa: A proposta de Lei de Orçamento deverá conter obrigatoriamente...
a. Uma proposta de articulado.

b. Mapas orçamentais.
c. Um relatório.
d. As projecções macroeconómicas a seis anos.

12.2. A proposta de Lei de Orçamento de Estado na Assembleia da República:
a. É discutida e votada em Plenário.
b. É discutida na generalidade em Plenário e na especialidade em Comissão.
c. É discutida na generalidade em Plenário e na especialidade quer em Plenário, quer na Comissão.
d. É discutida em Plenário e votada na especialidade em Comissão.

12.3. A classificação orgânica das receitas e despesas é sobretudo importante para:
a. Organizar o Orçamento do Estado.
b. Identificar o Orçamento que cada organismo terá de gerir.
c. Clarificar o organigrama do Estado.
d. Permitir calcular um conjunto de saldos orçamentais.

12.4. A classificação económica das receitas e despesas é importante, pois entre outras coisas permite:
a. Prever o impacto macroeconómico do Orçamento de Estado.
b. Prever o impacto microeconómico do Orçamento de Estado.
c. Definir as prioridades políticas do governo.
d. Calcular um conjunto de saldos orçamentais, distinguindo o tipo de receita e despesa.

12.5. A classificação funcional das receitas e despesas é sobretudo importante para:
a. Clarificar as prioridades políticas do governo para a Administração Central e Segurança Social.
b. Conseguir realizar uma análise económica das receitas e despesas.
c. Clarificar quais as funções prioritárias na óptica da totalidade das administrações públicas.
d. Identificar o Orçamento que cada organismo terá de gerir.

12.6. Diga qual das seguintes concretizações da regra de equilíbrio orçamental, de acordo com o estipulado na Lei de Enquadramento Orçamental, é falsa:
a. O saldo primário do Estado deve estar equilibrado.
b. O saldo global (efectivo) dos Fundos e Serviços Autónomos deve estar equilibrado.

c. O saldo global (efectivo) da Segurança Social deve estar equilibrado.
d. O saldo global (efectivo) da Administração Regional e Local deve estar equilibrado.

12.7. Quando o Estado emite dívida pública está a ter uma receita:
a. Efectiva de capital.
b. De um activo financeiro.
c. De um passivo financeiro.
d. Extraordinária.

12.8. *"A totalidade das receitas orçamentais deve servir para financiar a totalidade das despesas orçamentais".* Trata-se da regra de:
a. Especificação.
b. Não consignação.
c. Não compensação.
d. Universalidade.

12.9. *"As receitas e as despesas devem ser inscritas pelos seus valores brutos, ou seja, sem qualquer dedução de eventuais despesas (encargos de cobrança) e de eventuais receitas que lhes estejam associados".* Trata-se da regra de:
a. Especificação.
b. Não consignação.
c. Não compensação.
d. Universalidade.

12.10. Diga qual a proposição falsa:
a. O orçamento de um município é elaborado e aprovado de forma independente do Orçamento do Estado.
b. As receitas municipais fazem parte das receitas do Orçamento do Estado.
c. As despesas dos municípios fazem parte das despesas das Administrações Públicas.
d. O orçamento de um município recebe transferências do Orçamento do Estado.

12.11. O Orçamento de Estado contém uma previsão de Receitas e Despesas:
a. Do Estado (sentido estrito).
b. Da Administração Central.
c. Da Administração Central e Segurança Social.
d. Da Administração Central, Segurança Social, Administração Regional e Local.

12.12. Diga qual a proposição falsa: O conceito de equilíbrio orçamental substancial pode relacionar-se com...
a. Todas as receitas públicas e todas as despesas públicas.
b. As receitas efectivas e as despesas efectivas.
c. As receitas correntes e as despesas correntes.
d. As receitas de capital e as despesas de capital.

12.13. Das afirmações seguintes identifique aquela que se refere apenas a um subconjunto das regras orçamentais:
a. Anualidade, especificação e não subestimação das despesas;
b. Unidade e universalidade, não sobrestimação das receitas e equilíbrio;
c. Não subestimação das despesas, não sobrestimação das receitas e equilíbrio;
d. Anualidade, unidade e universalidade e especificação.

12.14. A que subsectores da Administração Pública se aplica a classificação funcional da despesa?
a. Aos quatro subsectores da Administração Pública;
b. À Administração Central, Regional e Local;
c. Á Administração Central e à Segurança Social;
d. Só ao Estado e à Segurança Social.

12.15. Suponha que num Orçamento de Estado de um país hipotético, a receita do IVA está consignada ao Ministério da Saúde e que todas as receitas e despesas estão inscritas pelos seus valores líquidos. Diremos então que neste OE são violadas as seguintes regras:
a. Não consignação e universalidade.
b. Não consignação e especificação.
c. Não compensação e especificação.
d. Não compensação e não consignação.

12.16. Identifique a afirmação verdadeira: A independência orçamental, consagrada na Constituição da República Portuguesa, determina que...
a. Os saldos orçamentais de todos os subsectores sejam contabilizados no saldo global das Administrações Públicas.
b. Os orçamentos das Administrações Regionais e Locais, bem como o orçamento da Segurança Social não integrem o Orçamento do Estado.
c. Os orçamentos das Administrações Regionais e Locais não integrem o Orçamento do Estado nem neste sejam inscritas as transferências inter--subsectores.

d. Os orçamentos das Administrações Regionais e Locais não integrem o Orçamento do Estado.

12.17. No Orçamento do Estado as receitas são apresentadas de acordo com os seguintes critérios de classificação:
a. Funcional e por programas.
b. Funcional e orgânica.
c. Económica e por programas.
d. Económica e orgânica.

12.18. No decurso da execução do Orçamento do Estado (OE), as despesas e receitas dos serviços integrados do Estado devem estar inscritas no OE e obedecem aos seguintes requisitos:
a. A execução das receitas e despesas é realizada por duodécimos, sendo que todos os valores inscritos podem ser ultrapassados.
b. A execução das despesas é realizada por duodécimos, sendo que todos os valores inscritos (receitas e despesas) podem ser ultrapassados.
c. A execução das despesas é realizada por duodécimos, sendo que os valores inscritos para as receitas podem ser ultrapassados.
d. A execução das despesas é realizada por duodécimos, sendo que todos os valores inscritos (receitas e despesas) são limites máximos.

12.19. A regra que determina que as receitas e as despesas previstas no Orçamento do Estado devem ser apresentadas de forma suficiente, mas não exaustiva, corresponde à:
a. Universalidade.
b. Não compensação.
c. Especificação.
d. Não consignação.

12.20. O Orçamento do Estado integra os orçamentos:
a. Dos Serviços Integrados, dos FSA e da Administração Local.
b. Dos Serviços Integrados, dos FSA e da Administração Regional.
c. Dos Serviços Integrados, dos FSA e da Segurança Social.
d. Dos FSA, da Administração Regional e Local e da Segurança Social.

Quadro 12.3 – Despesa do Estado segundo a classificação funcional
milhões de euros

Funções/Subfunções	2005 (execução)	%	2007 (orçamento)
Funções Gerais de Soberania	**6.052,3**	**14,4**	**6.245,6**
Serviços gerais da A.P.	1.793,6	4,3	1.851,0
Defesa Nacional	1.786,8	4,2	1.715,4
Segurança e ordem públicas	2.471,9	5,9	2.679,1
Funções Sociais	**25.731,6**	**61,2**	**26.803,4**
Educação	7.316,1	17,4	7020,1
Saúde	8.998,0	21,4	8.876,0
Segurança e acção sociais	8.413,1	20,0	9.986,3
Habitação e serviços colectivos	568,4	1,4	514,5
Serviços culturais e outros	436,0	1,0	406,5
Funções Económicas	**1.933,8**	**4,6**	**1.754,7**
Agricultura e pecuária e pesca	576,2	1,4	534,6
Industria e energia	2,5	0,0	6,0
Transportes e comunicações	1.091,0	2,6	973,7
Comércio e turismo	33,1	0,1	28,5
Outras funções económicas	230,9	0,5	211,9
Outras Funções	**8.358,7**	**19,8**	**9.896,4**
Operações da dívida pública	3.967,5	9,4	4.755,0
Outra	4.391,3	10,4	5.141,4
Despesa efectiva	**42.076,4**	**100**	**44.700,1**

Fonte: Adaptado do Quadro III.1.14 (Relatório OE2007, p.104)

c. O Quadro 12.3 apresenta a repartição da despesa do Estado em 2005 e 2007 por grandes agregados.

c.1. Identifique duas rubricas que constituam despesa obrigatória e independente das opções da política orçamental. Determine o seu peso na despesa total.

c.2. Calcule, para 2005 e 2007, o peso relativo da despesa em *Investimentos do Plano*, *Dotações Específicas* e *Funcionamento em sentido estrito*. Comente as alterações detectadas, à luz do excerto do Relatório do OE2007.

c.3. Com base nas variações percentuais, identifique as principais alterações a ocorrer entre 2005 e 2007 nos agregados relativos às *Dotações Específicas*, relacionando-as com as conclusões da alínea b.

Quadro 12.4 - Despesa do Estado por Grandes Agregados da Despesa
milhões de euros

Designação	2005 (execução)	2007 (orçamento)
1. Investimentos do Plano	2.083,9	1.880,2
2. Dotações Específicas	28.606,3	30.575,9
Lei da Programação Militar	203,8	311,6
Transf. Serviço Nacional de Saúde	7.634,0	7.674,8
Transf. Segurança Social	4.719,1	5.402,7
Transf. Regiões Autónomas	415,0	548,8
Transf. Administração Local	2.550,4	2.529,8
Contribuição financeira UE	1.280,0	1.430,8
Outras transferências	665,8	630,8
Educação pré-escolar	480,9	461,8
Ensino superior e serviços de apoio	1.208,5	1.118,4
Juros e outros encargos da dívida	3.967,5	4.755,0
Encargos com pensões (CGA) e saúde (ADSE e outros)	4.470,4	4.192,5
Outras dotações específicas	1.010,9	1.518,9
3. Funcionamento em sentido estrito	9.674,1	9.190,2
4. Despesas com compensação em receita	1.712,0	3.053,8
Despesa sem activos	**42.076,4**	**44.700,1**

Fonte: adaptado do Quadro III.1.13 (Relatório OE2007, p.103)

E.12.2. Considere os seguintes quadros dos Anexos Estatísticos, no final do livro:
  (1) Quadro A.1- Estimativa das Administrações Públicas (2009) em Contabilidade Pública (do Relatório do OE2009),
  (2) Quadro A.5 - Contas das Administrações Públicas (2009) em Contabilidade Nacional e
  (3) Quadro A11 - Contas Consolidadas da Administração Central e Segurança Social.
a. Qual a forma de contabilidade usada para apurar o valor do défice orçamental prevista no Pacto de Estabilidade e Crescimento?
b. Identifique os valores dos saldos globais em contabilidade pública e nacional de cada subsector e do conjunto das administrações públicas. Qual ou quais os subsectores responsáveis pelo défice das Administrações Públicas? Justifique.
c. Compare os valores orçamentados e executados das receitas e despesas efectivas do subsector Estado (em Contab. Pública). Que pensa da execução do OE2009 pelo Estado?

d. Compare os valores orçamentados e executados das receitas e despesas efectivas da Segurança Social (em Contab. Pública). Que diferenças explicam o superavit inesperado da Segurança Social? Que factores poderão explicar essa(s) diferença(s)?

E.12.3. Considerando os dados do Quadro A.14 – Execução Orçamental da Segurança Social em 2010 e 2011, dos Anexos Estatísticos, e tendo em conta que a taxa de inflação em 2010 terá sido de 1,4%, identifique as principais variações nas componentes de despesa da Segurança Social e tente encontrar explicações plausíveis para algumas dessas variações.

E.12.4. Considerando a Estimativa das Administrações Públicas a seguir apresentada.
a. Calcule o saldo global e primário do subsector Estado e o saldo global das administrações públicas. Interprete os resultados, clarificando a composição do subsector Estado e seu contributo para o défice global das APs.
Nota: Apresente os cálculos efectuados.

Quadro 12.5 – Estimativa das Administrações Públicas – 2010

	ESTADO	FSA's	ADMINIST. LOC&REG.	SEGURANÇA SOCIAL	Administrações Públicas
1. RECEITAS CORRENTES	35018,1	23577,9	7786,5	23769,1	?
Impostos directos	13464	20,5	3121,2	0,0	
Impostos indirectos	18575	397,8	868,1	697,7	
Contribuições de Segurança Social	218,9	4274,6	11,2	13493,1	
Outras receitas correntes	2760,2	18885,1	3785,9	9578,3	
(das quais:transf. de outr. subsectores)	708,2	15732,2	2107,8	7874,1	(-)
2 DESPESAS CORRENTES	46816,3	23207,7	7469,4	23347,8	74418,9
Consumo Público	13262,4	12270,5	6308,3	468,3	32309,5
Subsídios	761,8	618,5	240,8	1133,4	2754,4
Juros e Outros Encargos	5250,9	15,2	209,4	4,6	5480,1
Transferências Correntes	27541,2	10303,6	711,0	21741,4	33874,9
(das quais:transf. p/ outr. subsectores)	24517,7	633,7	67,6	1203,3	(-)
4.RECEITAS DE CAPITAL	1014,6	3198,4	2312,3	47,6	4280,3
(das quais:transf. de outr. subsectores)	29,2	701,1	1556,1	6,2	(-)
5. DESPESAS DE CAPITAL	3144,2	1164	2870	100,5	4986,1
Investimentos	696,3	434,1	2401,4	29,0	3560,8
Transferências de Capital	2431,3	672,5	376,4	71,7	1259,3
(das quais:transf. p/ outr. subsectores)	2156,3	127,2	8,8	0,3	(-)
Outras despesas de capital	16,6	57,4	92,2	-0,2	166,0

(Óptica da Contabilidade Pública em M. euros)
Fonte: Relatório OE2011

b. Na matriz dada, identifique e explique o conteúdo das quatro componentes mais importantes da despesa pública (no cruzamento da classificação económica com o respectivo subsector), excluindo as transferências para outros subsectores.
c. Enuncie duas medidas que têm impacto na redução da despesa pública nesses items.

13.
Política Orçamental

Resumo

Este capítulo trata da política orçamental (PO), isto é, da utilização do orçamento como meio para atingir objectivos de estabilização macroeconómica. Trata-se pois de uma das importantes funções do sector público referida no capítulo 1 como função estabilização. Neste contexto clarificam-se objectivos, instrumentos e indicadores da política orçamental, apresenta-se alguma evidência empírica para Portugal e discute-se a natureza e o impacto da política orçamental no contexto de um simples modelo keynesiano em economia aberta.

Os *objectivos* da PO de estabilização são essencialmente três. Assegurar um crescimento sustentado da economia, almejar níveis elevados de emprego e evitar desequilíbrios externos substanciais. No essencial, pretende-se ainda atenuar fortes oscilações nos ciclos económicos, pois períodos fortemente expansionistas levam, em geral, a uma aceleração indesejável da inflação e períodos de recessão originam desemprego e uma sub-utilização ou mesmo destruição de outros factores produtivos.

Os *instrumentos* da PO são essencialmente os que o governo detém pela sua capacidade de elaboração do Orçamento de Estado, a saber, do lado da despesa: investimento público e consumo público (em particular vencimento de funcionários públicos e inúmeras prestações sociais) e do lado da receita: as taxas, os escalões e as bases tributárias dos impostos que constituem receita do Estado, bem como os benefícios fiscais (uma não receita).

Os *indicadores* da natureza da política orçamental ou que permitem caracterizar a situação das finanças públicas de um dado país podem-se distinguir em dois tipos: aqueles que resultam directamente das contas nacionais (saldos global, corrente, primário e dívida pública em valor absoluto, mas sobretudo na sua relação com o PIBpm) e aqueles que são construídos com uma metodologia própria (saldo ajustado do ciclo ou saldo estrutural, componente cíclica do saldo orçamental, hiato do produto, etc.). O *saldo global* (SO), se negativo, fornece informação aproximada sobre as necessidades de financiamento líquidas do sector público, ou seja, a necessidade de recorrer ao endividamento. Por seu turno, o défice orçamental não deverá ser superior às despesas de investimento público, naquilo que constitui uma *regra de ouro* das finanças públicas, pois significa que os empréstimos contraídos destinam-se exclusivamente a despesas de investimento. O *saldo primário* (SOp), dado pela diferença entre receitas efectivas e despesas primárias (efectivas menos os juros) fornece também indicações relevantes.

Contudo, qualquer um destes saldos não discrimina aquilo que é uma *política discricionária* do governo, ou seja, aquilo que ele influencia deliberadamente pela utilização dos instrumentos de política daquilo que é exógeno, isto é, não manipulável pelo governo, quer porque resulta de um efeito automático (estabilizadores automáticos), quer porque é decidido parcialmente por uma outra entidade (caso da taxa de juro decidida pelo Banco Central Europeu). É pois possível decompor o *saldo global* como a soma de uma *componente cíclica* e de uma *componente estrutural* (ou ajustada do ciclo). A *componente cíclica* (SO^c) reflecte os efeitos no saldo orçamental das flutuações da actividade económica em torno do nível de tendência. É uma função do *hiato do produto* (positivo ou negativo) que é a diferença entre o produto efectivo e o produto potencial em percentagem deste. A componente cíclica é positiva (ou negativa) quando o hiato do produto também o é e depende do funcionamento e sensibilidade dos *estabilizadores automáticos* (rubricas da receita e da despesa que têm um ajustamento automático e contra-cíclico em função da conjuntura económica). A *componente estrutural*, traduzida pelo saldo ajustado do ciclo (SO^E) indica qual seria o saldo global se a economia se situasse no nível de tendência, isto é, se o produto real e potencial fossem idênticos. Caso se retirem os juros à despesa, obtém-se o *saldo primário ajustado do ciclo* (SO^E_p), cuja variação é o melhor indicador da natureza discricionária da política orçamental. Dado que $SO^E = SO^E_p -$ Juros, então o *saldo orçamental global* (SO) pode ser dado como a soma da componente não discricionária com a componente discricionária. Deste modo: $SO = (SO^c -$ Juros$) + SO^E_p$.

A política discricionária pode ser usada de forma *anti-cíclica*, ou seja, ter um *efeito expansionista* no produto (deteriorando SO^E_p) em fase de recessão económica ou um *efeito contracionista* (melhorando SO^E_p) em fase de forte crescimento. Nunca deveria ser pró-cíclica. Uma política deliberada expansionista traduz-se num aumento da procura agregada e pode fazer-se quer com aumento da despesa (investimento, consumo público), quer com reduções nos impostos, ou uma combinação das duas. Acontece o inverso para uma política contracionista.

No quadro de um modelo keynesiano simples em economia aberta retiram-se algumas conclusões. O efeito multiplicador de um aumento dos gastos públicos no produto é positivo e superior (em módulo) ao efeito multiplicador do aumento de impostos que é negativo. Daqui resulta o *teorema de Haavelmo* que diz que mesmo num orçamento equilibrado, um aumento de despesa com igual aumento de impostos tem um efeito expansionista. Na realidade este efeito obtem-se desde que o aumento da despesa seja superior a *c* por cento o aumento de impostos (com *c* a propensão marginal a consumir). Por outro lado, o efeito multiplicador das despesas será tanto maior quanto maior for a propensão marginal a consumir e quanto menor for a aleração da taxa de juro resultante de uma maior procura de moeda para transacções.

Tópicos de reflexão: capítulo 13

1. Qual a importância do conceito de saldo primário na perspectiva da avaliação da política orçamental? Justifique.

2. Defina politica orçamental de estabilização, os seus objectivos e principais instrumentos. O que entende por estabilizadores automáticos da conjuntura? Dê dois exemplos.

3. Comente, justificando, a seguinte afirmação: *"A ser sustentável, a redução do défice deve resultar de medidas de ajustamento com impacto sobre o saldo estrutural e não só do efeito da expansão da actividade económica"*.

4. Imagine que é a(o) Ministra(o) das Finanças e pretende utilizar a política orçamental (PO) para estimular o crescimento económico, *sem agravar o saldo global*. Tendo em conta os efeitos dos multiplicadores, apresente *uma* política que poderá conduzir a esse objectivo. Clarifique, no contexto dos objectivos da PO, um efeito indesejável que poderá estar associado a essa opção política.

5. Distinga, exemplificando, *"política de estabilização activa"* de *"efeito dos estabilizadores automáticos"*.

6. Explique o significado e a importância da *"disciplina orçamental"* no contexto da UEM.

7. Diferentes tipos de saldo orçamental permitem avaliar a natureza da política orçamental de estabilização (POE).
   a. Clarifique os conceitos de saldo global e estrutural (ou ajustado do ciclo) e a importância da consideração de ambos naquela avaliação.
   b. Explique como é que uma eventual trajectória de redução do saldo global com vista ao seu equilíbrio pode entrar em conflito com certos objectivos da política orçamental.

8. Clarifique o significado dos estabilizadores automáticos dando dois exemplos da forma como funcionam em fase de recessão.

9. Clarifique quais as consequências que adviriam caso houvesse um objectivo anual de equilíbrio do saldo global, tendo em conta o funcionamento dos estabilizadores automáticos. Que pode então concluir sobre os efeitos indesejáveis dessa regra?

10. De 2005 a 2007, o XVII governo constitucional com o objectivo de cumprir o Pacto de Estabilidade e Crescimento tem vindo a reduzir o défice orçamental da Administração Central e, por via dele, das Administrações Públicas. Discuta que implicação poderá ter tido esta política no crescimento económico nesse período.

11. Clarifique porque é que a variação no saldo global não é um bom indicador da natureza da política orçamental de um governo.

12. Considere que um governo, com autorização parlamentar, reduz quer as despesas, quer as receitas públicas em 2 pontos percentuais do PIBpm. Que efeitos imediatos terá no saldo global e no crescimento económico de médio prazo? Justifique.

13. Seja a propensão marginal a consumir de setenta por cento e considere um aumento da despesa pública de 1.000 milhões de euros e dos impostos em 1.100 milhões. Que efeitos imediatos terá no saldo global e no crescimento económico de médio prazo? Justifique.

14. Quando uma economia entra em recessão, qual o impacto imediato que terá nas finanças públicas? Esse impacto é benéfico ou prejudicial para o relançamento da economia? Justifique.

15. *"O produto potencial e o hiato do produto são dificilmente mensuráveis e talvez seja essa a razão pela qual se tem dado geralmente mais importância quer ao crescimento real da economia, quer ao saldo global, no âmbito da supervisão das políticas orçamentais na UEM."* Clarifique e comente o conteúdo da afirmação.

16. Considere que numa dada economia o saldo global está a deteriorar-se, mas o saldo primário permanece constante, assim como o saldo ajustado do ciclo. Que conclui sobre a evolução dos juros e a natureza da política orçamental neste período?

Questões de escolha múltipla

13.1. Diga qual das seguintes variáveis está associada à política discricionária do governo:
a. Juros da dívida pública.
b. Componente cíclica do saldo orçamental.
c. Receitas fiscais associadas ao hiato do produto.
d. Investimento público.

13.2. Diga qual dos seguintes impostos/prestações sociais não é um estabilizador automático:
a. Taxas marginais de IRS progressivas.
b. Subsídio de desemprego.
c. Pensão de reforma.
d. Rendimento mínimo.

13.3. Qual das seguintes variáveis não traduz um objectivo da política orçamental de estabilização:
a. Crescimento do produto.
b. Estabilidade de preços.
c. Baixa taxa de juro.
d. Baixo desemprego.

13.4. Uma política orçamental diz-se genericamente expansionista quando o saldo orçamental primário ajustado do ciclo:
a. Se agrava.
b. Melhora.
c. Se agrava, mas só quando a economia está em recessão.
d. Melhora, mas só quando a economia está em expansão, com crescimento acelerado.

13.5. Uma política orçamental discricionária diz-se genericamente contra-cíclica, quando o saldo orçamental primário ajustado do ciclo:
a. Varia no mesmo sentido que a taxa de crescimento do PIB real.
b. Varia em sentido contrário à taxa de crescimento do PIB real.

c. Varia no mesmo sentido que a taxa de crescimento do PIB nominal.
d. Varia em sentido contrário à taxa de crescimento do PIB nominal.

13.6. Se um governo aumenta simultaneamente, e no mesmo montante, a receita e a despesa pública:
a. Tem um efeito neutro no crescimento do produto no curto prazo.
b. Tem um efeito expansionista no curto prazo.
c. Tem apenas um efeito contracionista no curto prazo.
d. Tem um efeito contracionista no curto prazo e expansionista no médio prazo.

13.7. Se o saldo ajustado do ciclo é -2 % do PIBpm e o saldo global 1% do PIBpm então a componente cíclica do saldo orçamental é:
a. −1% do PIBpm.
b. +3% do PIBpm.
c. −3% do PIBpm.
d. +1% do PIBpm.

13.8. Se um país está com crescimento real do PIB de -1%, com um hiato do produto negativo e com o saldo orçamental ajustado do ciclo a piorar, então está-se perante:
a. Política orçamental anti-cíclica.
b. Política contraccionista.
c. Efeito negativo dos estabilizadores automáticos.
d. Melhoria da componente cíclica.

13.9. Diga qual das seguintes proposições não é necessariamente verdadeira:
a. Quando o hiato do produto é positivo, a componente cíclica do saldo orçamental também o é.
b. Se o saldo ajustado do ciclo é nulo, o saldo global é igual à sua componente cíclica.
c. Se a taxa de crescimento real do PIBpm é positiva, o hiato do produto também o é.
d. Os juros são iguais à diferença entre o saldo primário e o saldo global.

13.10. Uma política orçamental diz-se genericamente expansionista e contra--cíclica, quando o saldo orçamental primário ajustado do ciclo:
a. Se agrava.
b. Melhora.

POLÍTICA ORÇAMENTAL

c. Se agrava, mas só quando a economia está em recessão.
d. Melhora, mas só quando a economia está em expansão, com crescimento acelerado.

13.11. Se um governo diminui simultaneamente, e no mesmo montante, a receita e a despesa pública:

a. Tem um efeito neutro no crescimento do produto no curto prazo.
b. Tem um efeito expansionista no curto prazo.
c. Tem um efeito contraccionista no curto prazo.
d. Tem um efeito expansionista no curto prazo e contraccionista no médio prazo.

13.12. Considerando os seguintes dados relativos a um país,

	T	T+1	T+2
Saldo global das Adm. Pub.	1,5	1,4	1,3
Saldo primário ajustado do ciclo	-2	-1	0
PIB (taxa de variação real)	-2,2	-2	-1

a política orçamental seguida é:

a. Contracionista e pró-cíclica.
b. Contracionista e anti-cíclica.
c. Expansionista e pró-cíclica.
d. Expansionista e anti-cíclica.

13.13. Se o saldo global é de 1% do PIBpm, o saldo primário ajustado do ciclo de 0 e os juros da dívida de 1% do PIBpm então a componente cíclica do saldo orçamental é de:
a. 0.
b. 2% do PIBpm.
c. 4% do PIBpm.
d. 6% do PIBpm.

13.14. O melhor indicador da componente discricionária da política orçamental é:
a. O saldo global.
b. O saldo primário.
c. O saldo estrutural.
d. O saldo estrutural primário.

13.15. Considere que as Administrações Públicas de um país da União Europeia apresentam um saldo global de -4% do PIB e que a economia está numa pequena recessão (variação real anual do PIB de -0,5%). Então, o Pacto de Estabilidade e Crescimento sugere que sejam tomadas medidas:

a. De aumento da despesa pública.
b. Anti-cíclicas.
c. Expansionistas.
d. Contracionistas.

Exercícios sobre finanças e política orçamental

E.13.1. Calcule a componente cíclica do saldo global e o saldo estrutural primário em Portugal de 1995 a 2003. Analise a natureza expansionista ou contracionista da política orçamental em Portugal nesse período, fazendo a distinção entre a componente discricionária e as componentes não discricionárias da política orçamental.

Quadro 13.1 – Saldos global e ajustado do ciclo, Portugal (1995-2003)

	1995	1996	1997	1998	1999	2000	2001	2002	2003
PIB (tvr, em %)	4,3	3,5	4,0	4,6	3,8	3,4	1,7	0,4	-1,1
Saldo global do SPA (em % do PIB)	-5,5	-4,8	-3,6	-3,2	-2,8	-2,8	-4,2	-2,7	-2,9
Juros da dívida pública (em % do PIB)	6,3	5,4	4,2	3,5	3,2	3,2	3,1	3,0	2,9
Saldo ajustado do ciclo ou saldo estrutural (em % do PIB)	-4,7	-4,3	-3,8	-3,6	-3,5	-4,2	-4,9	-2,7	-2,0

E.13.2. O Programa de Estabilidade e Crescimento 2005-2009, apresentado pelo XVII Governo Constitucional português em Dezembro de 2005, apresenta os seguintes dados:

POLÍTICA ORÇAMENTAL

Quadro 13.2 – Perspectivas Orçamentais: 2005-2009 (PEC 2005 Portugal)

	2004	2005	2006	2007	2008	2009
PIB (Taxa de Variação Real, em %)	1,2	0,5	1,1	1,8	2,4	3,0
Saldo Global das AP (em % do PIB)	-3,0	-6,0	-4,6	-3,7	-2,6	-1,5
Componente Cíclica do Saldo Global das AP (em % do PIB)	-0,8	-1,2	-1,3	-1,1	-0,8	-0,2
Hiato do Produto (em % do Produto Potencial)	-1,8	-2,6	-2,9	-2,5	-1,7	-0,4
Despesas com Juros (em % do PIB)	2,7	2,8	2,9	3,1	3,1	3,1

Fonte: Programa de Estabilidade e Crescimento 2005-2009, Dez. de 2005.

a. Calcule para os diferentes anos do período considerado o saldo estrutural da AP (em % do PIB), o saldo primário da AP (em % do PIB) e o saldo estrutural primário da AP (em % do PIB), justificando todos os cálculos efectuados.
b. Explique e discuta as previsões do governo relativamente à evolução das finanças públicas em Portugal no periodo considerado.

E.13.3. O Programa de Estabilidade e Crescimento para Portugal 2007-2011, apresentado pelo XVII Governo Constitucional em Dezembro de 2007, apresenta os seguintes dados:

Quadro 13.3 – Perspectivas Orçamentais: 2007-2011 (PEC 2007 Portugal)

	2006	2007	2008	2009	2010	2011
PIB (Taxa de Variação Real, em %)	1,3	1,8	2,2	2,8	3,0	3,0
Saldo Global da AP (em % do PIB)	-3,9	-3,0	-2,4	-1,5	-0,4	-0,2
Saldo ajustado do ciclo ou estrutural (em % do PIB)	-2,8	-2,0	-1,6	-1,1	-0,4	-0,4
Hiato do Produto (em % do Produto Potencial)	-1,8	-2,6	-2,9	-2,5	-1,7	-0,4
Despesas com Juros (em % do PIB)	2,7	2,8	2,9	3,1	3,1	3,1

Fonte: Programa de Estabilidade e Crescimento 2007-2011, Dez. De 2007, vários quadros.

a. Calcule para os diferentes anos do período considerado a componente cíclica do saldo orçamental (em % do PIB), o saldo primário da AP (em % do PIB) e o saldo estrutural primário da AP (em % do PIB), justificando todos os cálculos efectuados.

b. Explique e discuta as previsões do governo relativamente à evolução das finanças públicas em Portugal no periodo considerado.

E.13.4. Os dados da tabela seguinte estão contidos no Programa de Estabilidade e Crescimento da Bélgica (2004-2007):

Quadro 13.4 – Perspectivas Orçamentais: 2004-2007 (PEC 2004 Bélgica)

	2003	2004	2005	2006	2007
Taxa de crescimento real do PIB	0,9	1,8	2,8	2,5	2,1
Dívida (em % PIB)	102,3	97,6	93,6	90,1	87,0
Taxa de crescimento do PIB potencial	1.8	1,8	2,0	2,2	2,2
Hiato do produto	-0,9	-0,9	-0,1	0,2	0,1
Saldo global das AP (% PIB)	0,2	0,0	0,0	0,0	0,3
Juros (% PIB)	5,4	5,0	4,8	4,7	4,5
Saldo global ajustado do ciclo (ou estrut.)	0,8	0,6	0,1	-0,1	0,2

Fonte: Programa de Estabilidade e Crescimento 2004-2007, Bélgica.

a. Caracterize a situação da Bélgica em 2003 no que toca aos critérios do Pacto de Estabilidade e calcule a componente cíclica do saldo global para o período 2003-2007.
b. Recorrendo aos dados disponíveis, clarifique os objectivos e a natureza da política orçamental desse país para os anos 2004-2007, tendo em conta a distinção entre as componentes discricionária e não discricionária da política orçamental.

E.13.5. Na República da Irlanda, a Taxa Média Anual de Crescimento do PIB real, no período 2000-2003, foi de 6,5%. O Programa de Estabilidade e Crescimento, apresentado pelo Governo Irlandês em Dezembro de 2005, apresenta os seguintes dados:

Quadro 13.5 – Perspectivas Orçamentais: 2004-2007 (PEC 2004 Irlanda)

	2004	2005	2006	2007	2008
PIB (Taxa de Variação Real, em %)	4,5	4,6	4,8	5,0	4,8
Saldo Global da AP (em % do PIB)	1,4	0,3	-0,6	-0,8	-0,8
Saldo Estrutural da AP (em % do PIB)	1,4	0,8	0,2	0,1	0,2
Hiato do Produto (em % do Produto Potencial)	-0,1	-1,3	-2,0	-2,3	-2,3
Saldo Estrutural Primário da AP (em % do PIB)	2,6	2,0	1,4	1,3	1,4

Fonte: Programa de Estabilidade e Crescimento 2005-2008, Irlanda.

Calcule, para os diferentes anos do período considerado, a componente cíclica do saldo global das AP (em % do PIB) e o peso dos juros no PIB, justificando todos os cálculos efectuados. Comente a natureza da política orçamental considerando a evolução da componente cíclica e a evolução do PIB real e do hiato do produto.

E.13.6. Considere que sabe o seguinte de um dado país entre 2004 e 2007: i) a taxa de crescimento médio anual do PIBpm é de 2,5%; ii) o rácio do saldo orçamental global das Administrações Públicas no PIBpm manteve-se constante ao longo do periodo (-2%); iii) o hiato do produto tem sido sempre positivo; iv) o rácio dos juros da dívida manteve-se constante. Que pode concluir sobre a situação das finanças públicas deste país?

E.13.7. Considere os seguintes dados do Programa de Estabilidade e Crescimento da Grécia:

Quadro 13.6 – Perspectivas Orçamentais: 2006-2009 (PEC 2006 Grécia)

% do PIB	2005	2006	2007	2008	2009
Taxa Cresc. PIBpm real	3,7	4,0	3,9	4,0	4,1
Saldo Global das Adm. Pub.	-5,2	-2,6	-2,4	-1,8	-1,2
Saldo Global da Adm. Cent.	-6,4	-4,5	-4,3	-3,7	-2,8
Juros da dívida	4,9	4,6	4,4	4,2	4,1
Comp. cíclica do Saldo Glob.	0,4	0,8	0,3	0,4	0,4
Hiato do Produto	1,2	1,2	1,1	1,1	1,2
Dívida Pública	107,5	104,1	100,1	95,9	91,3

Fonte: Programa de Estabilidade e Crescimento da Grécia 2006-09 (Actualização de Dezembro)

a. Calcule o saldo primário e o saldo primário ajustado do ciclo, explicando sucintamente a sua importância.
b. Caracterize a situação previsível da Grécia: i) Do ponto de vista dos critérios do Pacto de Estabilidade e Crescimento em 2005 e 2009; ii) Quanto à natureza da política orçamental no período.
c. Qual o subsector que mais contribui para o défice orçamental em 2005?
d. Identifique os principais contributos previstos para a melhoria do saldo global até 2009.

E.13.8. Considere os seguintes dados relativos ao plano de convergência da República Checa 2005-2009.

Quadro 13.7 – Perspectivas Orçamentais: 2005-2009 (Pro.Conv. República Checa)

	2005	2006	2007	2008	2009
Taxa de crescimento Real do PIBpm	6,1	6,0	4,9	4,8	4,8
Saldo Global das Adm. Pub (% PIBpm)	-3,6	-3,7	-3,8	-3,3	-3,0
Saldo ajustado do ciclo (% PIBpm)	-3,6	-3,8	-4,2	-3,6	-3,0
Saldo primário ajustado do ciclo (% PIBpm)	-2,5	-2,6	-2,8	-2,2	-1,4

Fonte: Plano de convergência da República Checa (Actualização Março 2007)

Determine o peso dos juros da dívida no PIB e a componente cíclica do saldo orçamental global. Clarifique as perspectivas da economia checa bem como a natureza da política orçamental no período 2005-2009.

E.13.9. Considere os seguintes dados do Quadro 13.8 relativamente aos 16 países da área do Euro disponíveis em 2009:

Quadro 13.8 – Saldos Orçamentais (%PIBpm) nos países da Área Euro (2008-2010)

Países	Ano de 2008 PIB tvr	Saldo Glob.	Saldo Estr.	Rácio Dív./Prod.	Ano de 2009* PIB tvr	Saldo Glob.	Saldo Estr.	Rácio Dív./Prod.	Ano de 2010* PIB tvr	Saldo Glob.	Saldo Estr.	Rácio Dív./Prod.
Bélgica	1,1	-1,2	-2,2	89,6	-3,5	-4,5	-3,2	95,7	-0,2	-6,1	-4,0	100,9
Alemanha	1,3	-0,1	-1,2	65,9	-5,4	-3,9	-2,4	73,4	0,3	-5,9	-3,9	78,7
Irlanda	-2,3	-7,1	-7,5	43,2	-9,0	-12,0	-9,8	61,2	-2,6	-15,6	-12,1	79,7
Grécia	2,9	-5,0	-6,5	97,6	-0,9	-5,1	-5,7	103,4	0,1	-5,7	-4,7	108,0
Espanha	1,2	-3,8	-3,9	39,5	-3,2	-8,6	-6,8	50,8	-1,0	-9,8	-8,2	62,3
França	0,4	-3,4	-4,3	68,0	-3,0	-6,6	-5,5	79,7	-0,2	-7,0	-5,5	86,0
Itália	-1,0	-2,7	-3,4	105,8	-4,4	-4,5	-2,6	113,0	0,1	-4,8	-2,8	116,1
Luxemburgo	-0,9	2,6	2,0	14,7	-3,0	-1,5	0,6	16,0	0,1	-2,8	0,1	16,4
Holanda	2,0	1,0	-0,5	58,2	-3,5	-3,4	-2,6	57,0	-0,4	-6,1	-4,3	63,1
Áustria	2,0	-0,4	-1,8	62,5	-4,0	-4,2	-3,2	70,4	-0,1	-5,3	-3,8	75,2
Portugal	-0,0	-2,6	-3,8	66,5	-3,7	-6,5	-5,5	75,4	-0,8	-6,7	-5,1	81,5
Eslovénia	3,5	-0,9	-2,5	22,8	-3,4	-5,5	-4,9	29,3	0,7	-6,5	-5,2	34,9
Finlândia	1,0	4,2	2,8	33,4	-4,7	-0,8	0,8	39,7	0,2	-2,9	-0,7	45,7
Malta	2,1	-4,7	-2,9	64,1	-0,9	-3,6	-3,6	67,0	0,2	-3,2	-2,8	98,9
Chipre	3,7	0,9	0,1	49,1	0,3	-1,9	-2,1	47,5	0,7	-2,6	-2,1	47,9
Eslováquia	6,4	-2,2	-4,7	27,6	-2,6	-4,7	-5,0	32,2	0,7	-5,4	-4,7	36,3
EU16	0,7	-1,9	-2,8	69,3	-4,0	-5,3	-3,9	77,7	-0,1	-6,5	-4,7	83,8

Fontes: European Commission: Public Finances in EMU 2009 p. 22 e 24, Eurostat (2009). *Previsões

POLÍTICA ORÇAMENTAL

a. Com a ajuda de indicadores apropriados, identifique os quatro países da área do euro em que a crise económica e financeira mais se fez sentir em 2008 e se espera que se faça sentir (2009-2010), identificando o efeito automático da recessão nas finanças públicas desses países.
b. Compare a variação do rácio dívida-produto (2008-09 e 2009-10) com os défices orçamentais (2008 e 2009) e justifique as diferenças observadas.
c. Distinga as medidas de política orçamental discricionária que têm impacto directo no défice das que têm impacto directo na dívida pública (sem passar pelo défice).
d. No que respeita a Portugal que implicações têm essas medidas se, no futuro, se pretender voltar aos valores de 2007 (2,6% para o défice e 63,5% para a dívida)?
e. Comparar os valores do saldo global de Portugal e Grécia disponíveis em 2009 (Quadro 13.8) com os valores conhecidos em Setembro de 2011 (Quadro A. 36 em Anexo). Que conclui?

E.13.10. Considere os seguintes dados sobre a situação das finanças públicas de um dado país:

Quadro 13.9 – Dados sobre a situação das finanças públicas

	t-2	t-1	t	t+1	t+2
PIB (taxa de crescimento real)	1%	-1,5%	1%	1,5%	1,8%
Saldo global das administrações públicas	-1%	-2%	-3%	-3%	-3%
Componente cíclica do saldo global	-0,5%	-1,5%	-1%	0	0,5%
Juros da dívida pública	0,5%	0,5%	1%	1%	1%

a. Calculando um indicador apropriado, explique a natureza da política discricionária do governo de t-2 a t+2.
b. Explique porque é que apesar do défice orçamental de t a t+2 não se agravar, a situação orçamental do país está a deteriorar-se.

14.
Sustentabilidade das Finanças Públicas

Resumo

A sustentabilidade das finanças públicas envolve problemas como o de saber se as gerações presentes estão a criar condições para assegurar a sustentabilidade de um sistema de segurança social que garanta pensões satisfatórias no futuro; se o *stock* da dívida pública acumulada ao longo dos anos é sustentável ou se tem tendência para disparar criando a necessidade de sacrifícios substanciais pela subida de impostos para as gerações futuras. Trata-se pois de uma temática que é do interesse, antes do mais, de cada país, mas também de outros países integrados na mesma União Económica e Monetária (UEM) pelos efeitos externos que finanças públicas insustentáveis geram. Esta é a razão pela qual tiveram acolhimento, desde logo no Tratado de Maastricht, regras financeiras que estabeleceram que o rácio défice-produto não deveria ser superior a 3% e o rácio dívida-produto não deveria exceder os 60% do PIBpm.

Este capítulo começa com uma clarificação conceptual do que se entende por dívida pública. Aborda o conceito de *equivalência ricardiana*, segundo o qual a dívida hoje é o mesmo que impostos diferidos amanhã. Analisa a dinâmica da dívida, relacionando-a com os saldos orçamentais, a taxa de juro e com as taxas de inflação e de crescimento do produto. Por fim, analisa um conjunto de indicadores para avaliar a sustentabilidade da dívida.

Os *défices orçamentais* nos países da UEM, ou seja, os saldos negativos de operações não financeiras, só podem ser financiados por saldos positivos nas operações financeiras, no essencial ou emissão de dívida pública (receita de passivos financeiros) ou alienação de activos financeiros (por exemplo, resultante de privatizações).

A *dívida pública* num dado ano é igual ao valor de todos os títulos emitidos pelas Administrações Públicas no mercado de capitais, essencialmente para captar recursos para financiar défices orçamentais e ainda não amortizados. A maioria dos títulos da dívida dá ao seu possuidor uma remuneração periódica fixa ou variável, é amortizável ao fim de um número certo de anos e é transacionável (obrigações e bilhetes de tesouro). Há também títulos não amortizáveis e não transacionáveis (certificados de aforro, etc.) e de menor importância (já não emitidos) títulos não amortizáveis que dão aos seus detentores rendas vitalícias.

O aumento da dívida pública, de um ano para o outro, reflecte a existência de *necessidades de financiamento líquidas* (NFL). Estas são a soma do défice orçamental, da aquisição líquida de activos financeiros, da regularização de dívidas e assumpção de passivos a que se deduzem as eventuais receitas de privatizações. Contudo, as *necessidades brutas de financiamento* (NF) são as emissões de nova dívida pública num dado ano e igualam a soma das NFL mais as amortizações de dívida pública desse ano.

Para além da necessidade da dívida pública, uma questão relevante é os seus efeitos. Certos autores, começando em David Ricardo, argumentaram que o efeito da dívida pública no consumo dos particulares seria neutro. Isto é, sob um conjunto de hipóteses simplificadoras, financiar a despesa pública actual com dívida ou com impostos de montante fixo (*lump sum*) teria o mesmo efeito. As hipóteses são, porém, muito exigentes: agentes com expectativas racionais e horizontes infinitos, consumidores sem restrições de liquidez e decidindo na base do rendimento permanente, mercados de capitais eficientes, preços perfeitamente flexíveis e governos cumprindo as restrições orçamentais de longo prazo. Estas hipóteses são, contudo, bastante irrealistas para que se verifique a chamada *"equivalência ricardiana"*.

A análise da *dinâmica da dívida* pode ser feita a partir da *restrição orçamental do governo* (sem possibilidade de recurso à emissão de moeda nem tendo receitas de activos financeiros). Aquela restrição é dada pela igualdade da variação do *stock* da dívida (*Bt*) com o simétrico do saldo orçamental global, isto é, tudo o resto constante, o défice provoca um aumento do *stock* da dívida e um superavit a sua redução. Facilmente se verifica que quando o saldo primário é nulo ($sp = 0$), a taxa de crescimento do *stock* da dívida iguala a taxa de juro real ($B_t = (1+r)B_{t-1}$) e quando há défice primário a taxa de crescimento do *stock* da dívida é maior que a taxa de juro real. Demonstra-se ainda que o rácio do défice real de longo prazo (*d*) que permite a estabilização do rácio dívida-produto (*b*), para uma economia com um certo crescimento real *(y)* e uma taxa de inflação *(π)*, é dado por (1) $d^* = (y + \pi)b$. Ou seja, o défice deve igualar o produto da taxa de crescimento nominal da economia pelo rácio dívida-produto. Se os valores previstos em Outubro de 2008 no OE2008 para a inflação e o crescimento do produto real (respectivamente 2,1%, 2,4%) se mantivessem no futuro seria possível manter o rácio actual dívida-produto nos 65% com défices orçamentais permanentes (em % PIBpm) de 2,925%.

Um outro resultado interessante é a relação entre a taxa de juro real (r), a taxa de crescimento real do produto (y) e o rácio do saldo primário no produto (sp). Ignorando as receitas de senhoriagem, demonstra-se ainda que, se se verificar (2) $sp^*=(r-y)b$, o rácio dívida produto (b) mantém-se estável, mas se $sp<(r-y)b$, a dinâmica da dívida torna-se explosiva. Usando os dados anteriores, com uma taxa de juro de 2,2%, o saldo primário deverá ser igual a $-0,13\%$ do PIB $(=(2,2\%-2,4\%)*0,65)$ para manter o rácio dívida-produto estável nos 65%. Se o saldo primário for menor, o crescimento da dívida torna-se insustentável.

Sendo a taxa de juro nominal implícita na dívida pública i, então o rácio dos juros no produto é dado por (3) $j=ib$. Por seu turno, o saldo primário é igual ao saldo global menos os juros, ou seja, (4) $sp=(-d)-j$. As relações (1) e (4) permitem pois determinar, a partir das previsões macroeconómicas acerca da taxa de crescimento real do produto (y), da taxa de inflação (π) e da taxa de juro nominal implícita na dívida pública (i), os pares de valores (receitas públicas e despesas primárias) consistentes com a sustentabilidade da dívida. De facto, pode-se calcular primeiro o défice orçamental consistente com a sustentabilidade da dívida (1) e depois, através do cálculo dos juros (3), o saldo primário correspondente (4). Como o saldo primário consiste nas receitas públicas menos as despesas primárias, fixando uma grandeza obtém-se a outra. Para cada nível de despesa pública (primária ou efectiva) e de *stock* da dívida há pois um nível de receitas públicas que assegura a sustentabilidade de longo prazo da dívida, entendida aqui como a manutenção do nível do rácio dívida-produto. Blanchard apresentou um indicador simples de sustentabilidade que é a diferença entre este nível de receitas públicas *"sustentáveis"* e o nível de receitas efectivo. Para um nível satisfatório do rácio da dívida-produto, o ideal é que essa diferença seja nula. Se for positiva, a dívida terá um comportamento explosivo; se for negativa, será possível reduzir impostos ou aumentar a despesa, mantendo a sustentabilidade da dívida.

Tópicos de reflexão: Capítulo 14

1. *"O envelhecimento da população, sendo por si só um factor positivo, coloca problemas para a sustentabilidade das finanças públicas."* Comente.

2. Clarifique as razões que podem justificar o recurso ao crédito público de curto ou de longo prazo e classifique os tipos de dívida pública que daí resultam.

3. Explique o que entende por *"equivalência ricardiana"* e discuta a sua relevância à luz do Pacto de Estabilidade e Crescimento.

4. Considere os seguintes dados sobre a dívida pública:

Quadro 14.1 – Dívida Pública Bruta das Administrações Públicas em Portugal (SEC 95) em % do PIB

2000	2001	2002	2003	2004	2005	2006	2007	2008	2009
50,4%	53,0%	55,5%	56,9%	58,3%	63,7%	64,8%	64,4%	64,7%	64,5%

Fonte: Base de dados AMECO (Nov. 2007). Estimativas para 2007-2009

a. Analise os dados do Quadro 14.1 e apresente pelo menos três factores explicativos para a(s) tendência(s) que detectar.

b. Relacione a evolução da Dívida Pública com a questão da sustentabilidade das finanças públicas.

3. Considere os seguintes dados do Quadro 14.2:

Quadro 14.2 – Dívida Pública Bruta das Administrações Públicas na Bélgica, Finlândia, Irlanda e Itália (SEC95) em % do PIB

	2000	2001	2002	2003	2004	2005	2006	2007	2008	2009
Bélgica	107,7	106,3	103,3	98,6	94,2	92,2	88,2	84,6	81,7	79,0
Finlândia	43,8	42,3	41,3	44,3	44,1	41,4	39,2	35,7	32,3	29,8
Irlanda	37,8	35,5	32,2	31,1	29,5	27,4	25,1	25,2	26,9	28,5
Itália	109,1	108,7	105,6	104,3	103,8	106,2	106,8	104,3	102,9	101,2

Fonte: Base de dados AMECO (Nov. 2007)
Estimativas para 2007-2009

a. Compare a situação da Finlândia e da Irlanda, por um lado, e da Bélgica e Itália, por outro.

b. Quais as implicações actuais nas finanças públicas de Itália da manutenção do *stock* da dívida acima dos 100% do PIB?

4. Na campanha eleitoral para a Câmara Municipal de Lisboa em 2007 um candidato a Presidente referiu que o problema da dívida da câmara não era significativo porque o município de Lisboa tinha também um elevado activo. Concorda com essa posição? Justifique.

5. *"As privatizações realizadas em Portugal nos últimos anos têm sido a resposta prática à incapacidade dos governos evitarem persistentes défices orçamentais."* Clarifique o conteúdo da afirmação e comente-a.

6. Distinga os conceitos de necessidade líquida e bruta de financiamento. Clarifique qual o conceito que é mais relevante para compreender a dinâmica da dívida.

7. Considere os seguintes dados do Quadro 14.3 sobre as projecções do peso das despesas associadas com o envelhecimento da população em percentagem do PIB:

Quadro 14.3 – Projecções de Despesas Associadas com o Envelhecimento da População em Portugal (2000-2050)

	2000	2005	2010	2020	2030	2050
Despesa Pública com Pensões	8,4	11	11,9	12,6	13,4	16
das quais Seg. Social	5,6	7	7,6	8,3	9,1	13,2
das quais CGA	2,8	3,9	4,3	4,3	4,2	2,8
Despesa em Saúde	5,3	6,7	6,8	6,7	6,6	7,2
Cuidados de Longa Duração	0,3	0,5	0,5	0,5	0,6	0,9
Despesas em educação	5,1	5,1	4,7	4,7	4,5	4,8
Out. Despesas relacionadas com envelhecimento	0,9	1	0,8	0,8	0,8	0,8
Total da Despesa Relacionada com envelhecimento	20	24,3	24,7	25,3	25,9	29,7

Fonte: PEC 2007-2011, Dezembro de 2007

a. Quais os factores que mais contribuem para o aumento do peso da despesa pública a longo prazo e que problemas podem colocar à sustentabilidade das finanças públicas?
b. Que implicações poderá ter a evolução desta componente da despesa pública nas outras componentes da despesa primária e nos juros da dívida? Justifique, abordando dois cenários, um optimista e outro pessimista, sobre a evolução das despesas públicas.

Questões de escolha múltipla

14.1. Diga qual a afirmação falsa: A sustentabilidade das finanças públicas é...
a. Considerada no Tratado de Maastricht.
b. Importante para as gerações futuras.

c. Considerada no Pacto de Estabilidade e Crescimento.
d. Considerada no Tratado de Lisboa.

14.2. Diga qual a afirmação falsa: A dívida pública é...
a. Variável de ano para ano.
b. Um *stock*.
c. Uma forma de captar recursos privados para financiar défices públicos.
d. Dada pela diferença entre receitas e despesas públicas.

14.3. Diga qual a afirmação falsa: Tudo o resto constante, as necessidades de financiamento líquidas do Estado aumentam quando há...:
a. Défice orçamental.
b. Assumpção de passivos de outras entidades.
c. Aquisição líquida de activos financeiros.
d. Receitas de privatizações.

14.4. As emissões de dívida pública num dado ano igualam:
a. As necessidades líquidas de financiamento.
b. As necessidades brutas de financiamento.
c. O défice orçamental.
d. As amortizações da dívida pública.

14.5. Tudo o resto constante, a venda de activos financeiros do Estado faz necessariamente:
a. Aumentar a dívida pública.
b. Reduzir a dívida pública.
c. Reduzir o défice orçamental.
d. Reduzir a dívida pública, se aplicada em amortizações.

14.6. Diga qual a hipótese falsa para que se verifique a equivalência ricardiana:
a. Consumidores sem restrições de liquidez.
b. Mercados de capitais eficientes.
c. Consumidores decidindo na base do seu rendimento real.
d. Governos respeitando as restrições orçamentais de longo prazo.

14.7. Diga qual a proposição falsa, tendo em conta que quando o saldo primário é nulo a taxa de crescimento do *stock* da dívida iguala a taxa de juro real:
a. Se a taxa de juro aumenta, o crescimento da dívida aumenta.
b. Se há défice primário, a taxa de crescimento do *stock* da dívida é menor que a taxa de juro real.

c. Se o défice do saldo global iguala os juros da dívida, a taxa de crescimento do *stock* da dívida iguala a taxa de juro real.
d. Se as receitas totais forem superiores às despesas primárias, a dívida cresce menos que a taxa de juro real.

14.8. Um governo de um país que integre a União Económica e Monetária não tem possibilidade de recorrer à emissão de moeda. Se não puder vender activos financeiros, a sua restrição orçamental é dada pela seguinte condição:
a. A variação do *stock* da dívida é igual ao saldo global.
b. A variação do *stock* da dívida é igual ao simétrico do saldo global.
c. A variação do *stock* da dívida é igual ao saldo primário.
d. A variação do *stock* da dívida é igual ao simétrico do saldo primário.

14.9. A diferença entre as necessidades de financiamento brutas do Estado e as necessidades de financiamento líquidas:
a. É o saldo orçamental global.
b. São as amortizações da dívida.
c. São as receitas de privatizações.
d. É o simétrico do saldo global.

14.10. Considere uma economia que tem um crescimento real do produto de 2%, uma inflação de 3% e um rácio da dívida no produto de 80%. A manterem-se os valores do crescimento do produto e da inflação no futuro, qual o valor do défice orçamental que manteria sustentável o rácio dívida-produto nos 80%?
a. 1,6%.
b. 2,4%.
c. 4%.
d. 4,8%.

14.11. Tendo em conta a equação $B_t = (1 + r_t) B_{t-1} + G_t - R_t$ pode concluir-se que:
a. Se o saldo primário for negativo, o *stock* da dívida cresce a uma taxa superior à taxa de juro real.
b. Se o saldo primário for negativo, o *stock* da dívida cresce a uma taxa inferior à taxa de juro real.
c. Se o saldo global for negativo, o *stock* da dívida cresce a uma taxa superior à taxa de juro real.
d. Se o saldo global for negativo o *stock* da dívida cresce a uma taxa inferior à taxa de juro real.

Exercício sobre dívida pública

E.14.1. Considere as seguintes previsões em relação à economia portuguesa para 2008: i) taxa de crescimento real do PIBpm 2,2%; ii) taxa de inflação 2,3%; iii) percentagem da dívida sobre o PIBpm 65%; iv) taxa de juro nominal implícita na dívida pública 4,759%. Assuma que não há receitas de privatizações, nem alineação de outros activos financeiros do Estado para amortizar a dívida.

a. Calcule o saldo global (ou efectivo) das Administrações Públicas (% PIBpm) consistente com a manutenção do rácio dívida-produto nos 65%.
b. Calcule o saldo global das Administrações Públicas (% PIBpm) consistente com a redução do rácio dívida-produto de forma a convergir assimptoticamente para 55%.
c. Considere que o governo tem como objectivo de longo prazo a redução para 55% do rácio da dívida no PIBpm. Tomando o valor do rácio do saldo global obtido na alínea anterior, determine o saldo primário (% PIBpm) consistente com esse saldo global e o valor das receitas efectivas no PIBpm, assumindo que o peso das despesas primárias no PIBpm é de 42,2%.
Nota: Se não fez a alínea anterior considere um saldo global de −2,275% do PIBpm.
d. Considere a seguinte previsão para o PIBpm de 2008: 169.643 milhões de euros (*Eurostat* 2007). Considere ainda que os saldos dos três subsectores (FSA, ARL e SS) estão equilibrados e que as estimativas das despesas do sub-sector Estado são as seguintes: i) Despesas correntes: 43.535,6 ii) Despesas de capital: 2.901,7. Determine o montante das receitas efectivas (correntes e de capital) do subsector Estado compatíveis com os saldos obtidos na alínea anterior. Compare o valor que obtave com o valor das receitas efectivas desse quadro. Justifique a que se devem as discrepâncias nos valores.

15.
Política Orçamental na União Europeia

Resumo

Este capítulo apresenta o contexto e a forma como as instiuições da União Europeia (UE) acompanham as políticas orçamentais dos estados membros que adoptaram o euro no quadro da União Económica e Monetaria (UEM), dos membros da UE que não adoptaram o euro e ainda dos que pretendem aderir à UE.

A condução da política monetária nos países da área do euro, está a cargo do Banco Central Europeu (BCE) e a gestão da política orçamental é da responsabilidade de cada um dos governos nacionais. Contudo, para evitar pôr em causa a estabilidade financeira do euro, foi adoptado um esquema de acompanhamento das políticas orçamentais de cada um dos estados membros, incluindo algumas regras orçamentais. Esse enquadramento está desde logo definido no Tratado da União Europeia (art. 104) e num protocolo anexo ao Tratado e ainda através do Pacto de Estabilidade e Crescimento, cuja primeira versão é de 1997 (PaEC97) e a revisão de 2005 (PaEC05).

As instituições que realizam o acompanhamento da política orçamental na UEM são: o Conselho Europeu – que reune os primeiro-ministros dos governos da EU – a Comissão Europeia (CE), o Conselho de Ministros de Economia e Finanças (ECOFIN) e ainda o Comité Económico e Financeiro (EFC).

No essencial esse acompanhamento está regulamentado no *PaEC* e é realizado de forma preventiva através de informação que os estados membros devem fornecer duas vezes por ano às instituições da União. Permite, entre outras coisas, observar como se comportou e como se prevê que se comportem várias variáveis com relevo para uma apreciação da situação das finanças públicas, nomeadamente os rácios dos saldos orçamentais das

Administrações Públicas em relação ao PIB e da dívida pública em relação ao PIB, sendo os valores de referência de -3% e 60%, respectivamente. Por outro lado, estão previstas sanções aos países que não cumpram o critério do défice (no *procedimento dos défices excessivos*) e que não possam justificar esse incumprimento por razões excepcionais (por exemplo, uma desaceleração significativa da actividade económica).

Em 1998, a maioria dos países da UE15 cumpria o limite de 3% para o défice orçamental, com a excepção da Itália e de Portugal. Já em 2003, o critério do défice não era cumprido pela Alemanha, França, Holanda e Reino Unido. Em 1998, mais de metade dos Estados Membros apresentavam um rácio dívida-produto superior a 60% do PIB: Alemanha, Áustria, Bélgica, Espanha, Grécia, Holanda, Itália e Suécia. Por outro lado, em 2003, o critério da dívida pública não era cumprido por seis Estados Membros: Alemanha, Áustria, Bélgica, França, Grécia e Itália.

O Pacto de Estabilidade e Crescimento (PaEC97) estabelece objectivos de médio prazo do saldo global das administrações públicas estar próximo do equilíbrio ou ser excedentário – objectivo esse uniforme para todos os países. Para avaliar se são cumpridos os critérios do défice orçamental e da dívida pública, os Estados Membros têm que enviar à CE o *reporte dos défices excessivos* duas vezes por ano (até 1 de Março e até 1 de Setembro), onde se apura o valor do saldo global e se decompõe por subsectores. Os países participantes no euro devem submeter ao Conselho ECOFIN e à Comissão Europeia, anualmente, o respectivo *Programa de Estabilidade e Crescimento* (PEC). Os países que não participam no euro submetem o respectivo *Programa de Convergência* (PC). Os PEC e os PC são programas de médio prazo, geralmente a quatro anos, com informação sobre: i) os objectivos de médio prazo para a obtenção de uma situação orçamental estabelecida no PaEC; ii) informação sobre a trajectória de ajustamento em direcção aos objectivos orçamentais de médio prazo; iii) informação sobre a evolução previsível da economia; iv) informação sobre as medidas orçamentais, as reformas estruturais e outras medidas de política económica adoptadas ou a adoptar no sentido de se alcançarem os referidos objectivos orçamentais. Adicionalmente, os países que apresentam PC têm também que fornecer informação sobre os seus objectivos monetários de médio prazo.

O PaEC97 foi sujeito a uma série de críticas, nomeadamente o facto de ser rígido e não considerar especificidades de cada país, de ter como objectivo de médio prazo o equilíbrio ou excedente orçamental (o que a manter-se levaria o rácio da dívida no produto a convergir para zero), de considerar o saldo global como indicador das finanças públicas e não o saldo ajustado do ciclo, e de não olhar ao facto de os países poderem adoptar medidas excepcionais para formalmente, mas não substantivamente, cumprirem com as regras orçamentais.

Neste sentido o PaEC05 define agora objectivos orçamentais de médio prazo de forma diferenciada para cada país, tendo em conta os respectivos rácios da dívida e as taxas de crescimento potencial. O indicador utilizado é agora o saldo ajustado do ciclo e o objectivo orçamental de médio prazo situa-se acima de -1% do PIB, não considerando medidas excepcionais. O objectivo de saldo equilibrado ou excedentário limita-se aos países que tenham *stocks* da dívida muito acima dos 60% do PIB. O PaEC05 está consagrado no Regulamento N.º 1055/2005 (que altera o Regulamento N.º 1466/97) relativo à vigilância e coordenação das políticas económicas e no Regulamento N.º 1056/2005 (que altera o Regulamento N.º 1467/97), o qual esclarece o processo de implementação do PDE.

Finalmente, no que respeita ao orçamento da União Europeia, o primeiro facto a registar é a sua pequena dimensão. Ele tem sido destinado a duas grandes áreas de intervenção: agricultura e acções estruturais, que em média no período 2000-2006 foram responsáveis respectivamente por cerca de 44,5% e 34,6% das despesas da UE. As demais rubricas de despesa, políticas internas, acções externas, administração e estratégia de pré-adesão, foram responsáveis, em termos médios, respectivamente por 7%, 4,6%, 5,1%, e 3,2% do orçamento da UE. As principais fontes de financiamento do orçamento da UE têm sido as contribuições dos Estados Membros de acordo com o respectivo Rendimento Nacional Bruto e em função das receitas do IVA, responsáveis em 2008 por cerca de 78,8% das receitas. Adicionalmente, a UE tem outras receitas provenientes, nomeadamente, de direitos aduaneiros e agrícolas.

Tópicos de reflexão: Capítulo 15

1. Ao contrário do que sucede com a Política Monetária na União Económica e Monetária, a Política Orçamental encontra-se descentralizada, embora sujeita a forte coordenação e supervisão centralizadas.
a. Concorda com a afirmação? Justifique.
b. Que tipo de limitações à Política Orçamental de cada Estado Membro existem actualmente?

2. Explique o significado e a importância da *"disciplina orçamental"* no contexto da UEM.

3. Distinga componente cíclica do saldo orçamental de saldo orçamental estrutural. Explique, sucintamente, em que medida este último constitui um instrumento privilegiado de monitorização/acompanhamento por parte

das autoridades supranacionais europeias da política orçamental de cada país no âmbito do Pacto de Estabilidade e Crescimento.

4. Que tipo de saldo é usado para aferir o cumprimento do *"critério do défice"* no âmbito da União Económica e Monetária (UEM)? E qual lhe parece mais relevante para avaliar a sustentabilidade das finanças públicas? Justifique as suas respostas.

5. Clarifique os fundamentos que terão levado a que na revisão do Pacto de Estabilidade e Crescimento de 2005 se tenha dado maior importância ao saldo orçamental ajustado do ciclo e menos ao saldo global.

6. O Pacto de Estabilidade e Crescimento prevê sanções para países que violem o critério do défice orçamental, mas não prevê para os países que violem o critério da dívida. Acha razoável esta distinção ou considera que deveria ser ao contrário? Justifique a sua posição.

7. O objectivo de situação próxima do equilíbrio orçamental (saldo global) inscrito no PEC, se associado a uma taxa de crescimento do produto real positiva, levará a prazo, *ceteris paribus*, à diminuição do *stock* da dívida, convergindo para zero. Acha razoável esse objectivo de longo prazo para as finanças públicas?

Questões de escolha múltipla

15.1. Quem exerce as funções executivas na União Europeia é:
a. O Parlamento Europeu.
b. O Conselho.
c. A Comissão.
d. O Conselho ECOFIN.

15.2. Diga o que é falso acerca do Programa de Estabilidade e Crescimento:
a. Estabelece objectivos de médio prazo para uma situação orçamental próxima do equilíbrio.
b. Define uma trajectória de ajustamento em relação a objectivos de médio prazo.
c. Informa sobre a evolução previsível da economia.
d. Fixa o limite de 3% do PIB para o défice das administrações públicas e de 60% para a dívida pública.

15.3. O procedimento sobre os défices excessivos:
a. É iniciado pelo Conselho ECOFIN e depois pela Comissão Europeia.
b. É iniciado pela Comissão Europeia (CE) e depois pelo Parlamento Europeu.

c. É iniciado pela Comissão Europeia (CE) e depois pelo Conselho ECOFIN.
d. É iniciado pelo Parlamento Europeu (PE) e depois pela Comissão Europeia.

15.4. Se os juros da dívida pública representam 2% do PIB e a componente cíclica do saldo global -2% do PIB, então:
a. O saldo global é nulo.
b. O saldo primário é positivo.
c. O saldo global é igual ao saldo estrutural primário.
d. O saldo primário menos o saldo global é igual a − 2% do PIB.

15.5. Qual das seguintes medidas não foi incorporada na revisão do Pacto de Estabilidade em 2005?:
a. Os objectivos orçamentais passam a ser diferenciados de acordo com o país.
b. Os objectivos de médio prazo passam a depender do rácio da dívida e do crescimento potencial.
c. O valor de referência para o limite para o défice passa a ser variável.
d. Os valores de referência de médio prazo para o saldo orçamental deixam de ser equilíbrio ou situação excedentária e passam a poder ser um défice.

15.6. O orçamento da União Europeia representa sensivelmente:
a. 1% do PIB dos países da União.
b. 3% do PIB dos países da União.
c. 5% do PIB dos países da União.
d. 7% do PIB dos países da União.

15.7. O Conselho ECOFIN declarou a existência de um défice excessivo pela primeira vez em relação a que país?:
a. Alemanha.
b. Portugal.
c. Itália.
d. França.

15.8. Qual das seguintes fontes de receita não é receita do Orçamento da União Europeia?:
a. Recurso com base no IVA.
b. Recurso com base no IRC.
c. Recurso com base Rendimento Nacional Bruto.
d. Direitos aduaneiros da UE.

15.9. O Pacto de Estabilidade e Crescimento tem mecanismos de vigilância multilateral preventiva (*preventive arm*) e também uma componente correctiva (*corrective arm*). A primeira traduz-se em que as instituições europeias:
a. Apreciam os Pactos de Estabilidade e Crescimento apresentados pelos vários países.
b. Aplicam o Procedimento dos Défices Excessivos a Países que ultrapassam, em condições normais, o valor de referência dos 3% do PIB.
c. Apreciam os Programas de Estabilidade e Crescimento apresentados pelos vários países.
d. Aplicam o Procedimento das Dívidas Excessivas a Países que ultrapassam, em condições normais, o valor de referência dos 60% do PIB.

Exercícios: Capítulo 15

E.15.1. Considere que se está no ano 2008 e que se conhece alguma informação quer sobre o histórico das finanças públicas de um dado país que integra a União Económica e Monetária relativamente a 2004-2007, quer as previsões inscritas no Programa de Estabilidade e Crescimento para 2008-2011.

Quadro 15.1 – Perspectivas Orçamentais de um país da UEM

	2004	2005	2006	2007	2008	2009	2010	2011
Saldo Global das Administrações Públicas (% PIBpm)	-2	-2,25	-2	-1,5	-1,5	-2,25	-3	-3,75
Componente cíclica do Saldo Global	1	0,75	0,5	0,5	0	-0,25	-0,5	-0,75
Saldo Primário Ajustado do Ciclo (%PIBpm)	-1,22	-1,16	-0,59	-0,03	0,68	0,4	0,16	-0,04
Despesa Efectiva das Administrações Pública (% PIBpm)	46,5	47,4	47	46,1	45,1	46	47	48
Dívida Bruta das Adm. Públicas (% PIBpm)	59,4	?	?	?	?	?	?	?
PIBpm (taxa de crescimento real)	2,5	2	1,5	1	1	1,5	1,75	2
Hiato do Produto (% PIB potencial)	2	1,5	1	1	0	-0,5	-1	-1,5

POLÍTICA ORÇAMENTAL NA UNIÃO EUROPEIA

a. Determine o *stock* da dívida para 2005-2011 (em % PIBpm), assumindo que a única fonte de financiamento do défice orçamental é a emissão de dívida pública e que não há operações sobre activos financeiros. À luz dos critérios do Pacto de Estabilidade e Crescimento, analise a situação do país em 2004 e a situação prevista em 2011.
b. Determine o saldo global ajustado do ciclo, o valor estimado dos juros, o saldo primário e a receita efectiva total em percentagem do PIB.
c. Tendo em conta os dados disponíveis, analise a natureza da política orçamental de 2004 a 2008 e a evolução prevista de 2008 a 2011.

E.15.2. Considere os seguintes dados do Quadro 15.1 referentes à República da Irlanda:

Quadro 15.2 – Actualização do Programa de Estabilidade da Irlanda (Janeiro de 2009)

	2007	2008	2009	2010	2011	2012
Taxa Cresc. PIBpm real	6,0	-1,4	-4,0	-0,9	2,3	3,4
Saldo Global das Adm. Públicas*	0,2	-6,3	-9,5	-9,0	-6,4	-4,8
Juros da dívida*	1,0	1,1	2,2	2,6	3,0	3,0
Saldo Primário*	1,2	-5,2	-7,3	-6,4	-3,5	-1,7
Saldo Ajustado do Ciclo*	-1,1	-5,6	-6,7	-5,3	-2,6	-1,3
Saldo Primário Ajustado do Ciclo	-0,1	-4,5	-4,5	-2,7	0,4	1,7
Hiato do Produto	3,2	-1,8	-7,1	-9,2	-9,4	-8,8
Dívida Pública*	24,8	40,6	52,7	62,3	65,7	66,2

* em % PIB
Fonte: Valores de 2007 do *Irish Stability Programme Update October 2008*, valores 2008-2012 de *Addendum to the Irish Stability Programme Update 2009*

a. Analise o impacto imediato (em 2008) da crise financeira internacional na economia e nas finanças públicas da Irlanda.
b. Analise a natureza da Política Orçamental discricionária no período 2008-2011.

E.15.3. Considere os seguintes dados do Quadro 15.2 do Programa de Estabilidade e Crescimento da Grécia:

Quadro 15.3 – Perspectivas Orçamentais: 2006-2009 (PEC 2006 Grécia)

	2005	2006	2007	2008	2009
Taxa Cresc. PIBpm real	3,7	4	3,9	4	4,1
Saldo Global das Adm. Públicas*	-5,2	-2,6	-2,4	-1,8	-1,2
Saldo Global da Adm. Central*	-6,4	-4,5	-4,3	-3,7	-2,8
Juros da dívida*	4,9	4,6	4,4	4,2	4,1
Saldo Primário*	-0,3	2	2	2,4	2,9
Comp. cíclica do Saldo Glob. *	0,4	0,8	0,3	0,4	0,4
Saldo Ajustado do Ciclo*	-5,6	-3,4	-2,7	-2,2	-1,6
Hiato do Produto	1,2	1,2	1,1	1,1	1,2
Dívida Pública*	107,5	104,1	100,1	95,9	91,3

* em % PIB
Fonte: Programa de Estabilidade e Crescimento 2006-2009

a. Analise a situação da Grécia em 2006 e as respectivas perspectivas orçamentais da Grécia para o ano de 2009.
b. Identifique o efeito dos estabilizadores automáticos e a natureza da política orçmental discricionária no período 2005-2009.

E15.4. Considere os seguintes dados do Programa de Estabilidade e Crescimento da Grécia (Janeiro de 2010), sendo que os dados de 2010 a 2012 são as perspectivas orçamentais:

Quadro 15.4 – Perspectivas orçamentais: Grécia (PEC 2009-2012)

*(% PIBpm)	2008	2009	2010	2011	2012
Crescimento real do PIB (%)	2	-1,2	-0,3	1,5	1,9
Saldo Global das Administrações Públicas*	-7,7	-12,7	-8,7	-5,3	-2,8
Juros*	4,6	5,0	5,2	5,4	5,4
Componente cíclica do saldo global*	1,2	-0,1	-1,0	-0,6	-0,6
Saldo Primário ajustado do ciclo*	-4,3	-7,6	-2,5	0,7	3,2
Dívida Pública*	99,2	113,4	120,4	120,6	117,7
Despesa Pública Efectiva*	48,3	52,0	50,6	49,1	47,8

Fontes: INE (PDE), Memorandum of Understanding, Comissão Europeia e calculos próprios.

POLÍTICA ORÇAMENTAL NA UNIÃO EUROPEIA

a. Caracterize a situação das finanças públicas gregas em 2009, bem como a natureza da política orçamental de 2010 a 2012 e a estratégia de consolidação das finanças públicas (se assenta sobretudo no lado da despesa ou no lado da receita).

b. Dados de 2011[17] estimam que a recessão para 2010 e 2011 será de -4,5% e -3,8% do PIBpm respectivamente. Compare com os valores previstos dois anos antes (PEC 2009-12) e analise as implicações nas finanças públicas gregas do diferencial no crescimento.

E.15.5. Considere os seguintes dados das perspectivas económicas e orçamentais de Portugal para 2011-2013:

Quadro 15.5 – Perspectivas Orçamentais: Portugal (2010-2013)

Perspectivas Orçamentais Portugal	2009	2010	2011	2012	2013
Saldo Global das Administrações Públicas (% do PIB)	-10,0	-8,6	-5,9	-4,5	-3,0
Saldo Global da Administração Central	-8,5	-8,0	-5,3	-4,0	-2,7
Componente orçamental cíclica (% do PIB)	-1,2	-1,1	-1,2	-0,8	-0,5
Despesa com juros (% do PIB)	2,9	3,2	3,8	4,1	4,2
Despesa total (% do PIB)	49,1	48,8	47,7	46,5	45,4
Dívida bruta das administrações públicas (% do PIB)	82,9	92,4	98,6	96,7	95,0
PIB (taxa de variação real, %)	-2,7	0,7	-2,2	-1,8	0,5

Fontes: INE (PDE), Memorandum of Understanding (2011), Comissão Europeia e cálculos próprios.

a. A partir dos dados fornecidos e dos que deve calcular (saldo primário, saldo ajustado do ciclo, saldo estrutural primário), clarifique a natureza e objectivos da política orçamental de 2011 a 2013.

b. Tendo em conta os vários subsectores das Administrações Públicas, o que pode concluir sobre o contributo de cada um deles para a redução do défice orçamental?

c. Duas das medidas que constam do acordo proposto pela *troika* (BCE/ /UE/FMI) para reduzir o défice são: i) reduzir as transferências para a administração regional e local; ii) aumentar as receitas do imposto municipal sobre imóveis. Explique em que medida essas medidas podem reduzir o défice orçamental.

[17] European Economy Occasional paper 82, July 2011 "The Economic Adjustment programme for Greece, Fourth Review – Spring 2011"

E.15.6. O Programa de Estabilidade e Crescimento, submetido pelo Governo irlandês em Abril de 2011, apresenta os seguintes dados:

Quadro 15.6 – Perspectivas Orçamentais: Abril 2011 (PEC Irlanda)

	2010	2011	2012	2013	2014
PIB (Taxa de Variação Real, em %)	-1,0	0,8	2,5	3,0	3,0
Saldo Global das Adm. Públicas (em % do PIB)	-32,4	-10	-8,6	-7,2	-4,7
Saldo Estrutural da AP (em % do PIB)	-10	-8,3	-8,1	-7,7	-5,9
Hiato do Produto (em % do Produto Potencial)	-6,1	-4,2	-1,2	1,2	3,1
Saldo Estrutural Primário da AP (em % do PIB)	-6,7	-4,5	-3,4	-1,6	0,4
Dívida Pública (em % do PIB)	96	111	116	118	116

Fonte: Programa de Estabilidade e Crescimento Abril 2011, Irlanda.

a. Calcule, para os diferentes anos do período considerado, a componente cíclica do saldo global das AP (em % do PIB) e o peso dos juros no PIB, justificando todos os cálculos efectuados. Explique a natureza da política orçamental (2010-14).
b. Comente a situação das finanças públicas da República da Irlanda do ponto de vista dos critérios do Pacto de Estabilidade e Crescimento e clarifique o efeito dos estabilizadores automáticos em 2014 no saldo orçamental.

16.
A crise económica e orçamental de 2009-2015(?)

Portugal é dos poucos países da União Europeia que nunca teve um excedente orçamental nos últimos trinta e sete anos. Como se analisou anteriormente, a sustentabilidade das finanças públicas de qualquer país exige uma estabilidade do rácio dívida-produto a níveis não muito elevados. A crise financeira internacional de 2007-08 agravou dramaticamente a situação orçamental de vários países europeus, estando a Grécia, a Irlanda e Portugal na linha da frente dos países que necessitaram de um resgate financeiro da Comissão Europeia , Banco Central Europeu e Fundo Monetário Internacional (*a troika*). As razões pelas quais se chegou a esta situação derivam de problemas estruturais da economia portuguesa, mas também de uma má gestão das finanças públicas.[18] Há, contudo, algumas questões que são colocadas no debate público e às quais interessa ter informação mais exacta e acessível. Conforme referido no início deste livro, existe uma importante distinção entre análise positiva e normativa. Aqui, interessa-nos sobretudo a análise positiva, de conhecer os dados empíricos da realidade das finanças públicas em Portugal que permitam responder a algumas questões. Como compara Portugal com os 27 países da União europeia em termos do peso do "Estado" na economia e em termos do nível de fiscalidade? Porque explodiu o rácio da dívida no produto de modo a ultrapassar os 100% do PIB em 2011? Que impacto teve a crise financeira nas finanças públicas? Como têm sido acompanhadas as parcerias público-privadas? Serão os investimentos públicos rodoviários necessários ou claramente ineficientes (acima do óptimo)? Que impacto teve a reforma do Estado realizada em 2006/07 (PRACE) na redução da despesa pública? Que impacto terão as privatizações previstas para 2012 nas finanças públicas? Que impacto terá o memorando da *troika* na redução da despesa pública local? Este capítulo

---

[18] Debruçamo-nos sobre esta temática noutro livro: Pereira, P.T. (2012).

apresenta um conjunto de dados empíricos actualizados à data desta edição (janeiro de 2012) para tornar mais precisas algumas destas questões e habilitar a uma resposta clara a muitas delas. Perceber-se-á que a crise orçamental portuguesa agravou-se seriamente em 2009, com a recessão desse ano; que os investimentos de iniciativa pública em PPPs no sector rodoviário aparentam claros desperdícios e que há sobre-capacidade rodoviária; que a pressão para o aumento das pensões na despesa vai continuar; e que a crise económica e orçamental está para durar certamente até 2015. A dimensão e intensidade da crise dependerá do que for a evolução na União Europeia, em particular na zona euro.

16.1. Considere o Quadro 16.1 com as necessidades de financiamento líquidas das administrações públicas (em contabilidade nacional) e o PIBpm de 2007 a 2011 e o Quadro 16.2 com os saldos orçamentais das APs (contabilidade pública).

Quadro 16.1 – Necessidades de Financiamento Líquidas e Dívida Pública (cont. nac.)

	2007	2008	2009	2010	2011
Necess. Líq. de Financiamento das Adm. Púb.	-5.332,8	-6.255,7	-17.107,1	-16.863,5	-10.024,3
Dívida bruta das Adm. Púb.	115.587,1	123.108,4	139.944,5	161.256,6	172.628,8
PIB (preços de mercado)	169.319,2	171.983,1	168.586,6	172.798,6	171.320,6

Fonte: INE, Procedimento dos Défices Excessivos de Outubro de 2011

Quadro 16.2 – Saldo global dos subsectores das Adm. Públicas (em Cont. Pub.)

	2.007	2.008	2.009	2.010	2.011
Estado	-5.035,5	-5.273,6	-14.057,3	-14.278,3	-7.194,5
Fundos e Serviços Autónomos	309,9	159,8	628,0	2.094,7	902,5
Seg. Social	1.147,5	1.585,4	579,4	651,0	425,8
Adm. Local e Regional*	nd.	-481,8	-785,4	-67,5	-344,4
Saldo Global (em C.P.)	-3.578,1	-4.010,2	-13.635,3	-11.600,2	-6.210,5

Fonte: Boletins de Execução Orçamental de Jan 2012 (DGO/MFAP), para 2009, 2010 e 2011 e BOE Dez.2008, para 2008 e 2007 e cálculos próprios. *Os valores dos saldos da Adm Reg e Local estão subestimados pois não foi possivel fazer consolidação

a) Calcule as variações da dívida pública para os vários anos (t – (t – 1) e compare-as com as necessidades líquidas de financiamento (ano t). Calcule o rácio da dívida no PIBpm de 2007 a 2011. Que pode concluir desses cálculos?

A CRISE ECONÓMICA E ORÇAMENTAL DE 2009-2015(?)

b) Compare os valores do saldo global em contabilidade pública (CP), com os valores das necessidades líquidas de financiamento em contabilidade nacional (CN). Explique porque é que os valores anuais estão relacionados, embora haja discrepâncias significativas entre esses valores.

16.2. Tendo em conta a informação sobre as receitas fiscais do subsector Estado referentes aos principais impostos e os valores para o PIBpm:
a. Calcule as elasticidades de cada um dos impostos referidos e das receitas fiscais totais em relação ao PIBpm. Que pode concluir
b. Diga que factores podem explicar a quebra acentuada das receitas fiscais em 2009.

Quadro 16.3 – Receitas Fiscais do Estado (IRS, IRC, IVA e ISP) 2007-2011

	2007	2008	2009	2010	2011
IRS	9050,5	9344,3	**8.950,9**	**8.965,8**	**9.794,9**
IRC	5689,4	5989	**4.540,3**	**4.591,5**	**5.138,0**
IVA	13196,4	13430,1	**10.883,4**	**12.161,2**	**12.994,9**
ISP	3168,9	2529,8	2532,2	2406,1	2310,4
Receitas Fiscais	35639,3	35640,9	30653	32289,7	34242
RF/PIBpm	21,0%	20,7%	18,2%	18,7%	20,0%
PIBpm	169.319,2	171.983,1	168.586,6	172.798,6	171.320,6
PIBpm (var. Nom.)		**1,57%**	**-1,97%**	**2,50%**	**-0,86%**

Fonte: Boletim de Execução Orçamental para receitas fiscais e PDE (INE) para PIBpm e cálculos próprios

16.3. Analise os dados de despesas com pensões (caixa geral de aposentações e segurança social) no período 2007 a 2011 e o seu peso no PIBpm.

Quadro 16.4 – As prestações sociais com pensões (2007-2011)

	2007	2008	2009	2010	2011
Transferências correntes CGA	7229,3	7619,5	8115,8	7.490,6	7.897,2
Prestações sociais SS*	17979,5	18988,6	20817,1	21.552,0	21.354,0
das quais Pensões Seg. Soc.	*12116,4*	*12818,2*	*13464,7*	*14011,9*	*14449,3*
Total das pensões (CGA+SS)	19.345,7	20.437,7	21.580,5	21.502,5	22.346,5
PIBpm	169.319,2	171.983,1	168.586,6	172.798,6	170.034

Fonte: MFAP/DGO Boletins de execução orçamental (Jan. 2012, Dez, 2009 e 2007) e INE/PDE Out. 2011 (PIBpm de 2007 a 2010) e PIBpm 2011 a partir de Banco de Portugal (Boletim Inv.).

a. Explique as diversas razões subjacentes ao aumento das pensões.
b. Tendo em conta a integração dos fundos de pensões dos CTT (em 2004) da Portugal Telecom (em 2010), da banca (em 2011) e o envelhecimento da população como perspectiva a evolução do rácio da despesa em pensões no produto? Justifique.

16.4. Analise a evolução da despesa pública em Portugal nos últimos catorze anos dada pelo Quadro 14.5 e identifique as componentes de maior crescimento.

Quadro 16.5 – Despesa pública segundo a classificação funcional (COFOG)

	1995	2000	2005	2009	Var. 95-09
Serviços Públicos Gerais	8,7	5,9	6,6	6,9	-1,8
Defesa	1,7	1,5	1,4	1,4	-0,3
Segurança e Ordem Pública	1,6	1,7	2	2,2	0,6
Actividades Económicas	4,6	4,6	4,2	3,9	-0,7
Protecção Ambiental	0,5	0,7	0,6	0,7	0,2
Habitação e Ass. Comunitários	0,6	1	0,6	0,6	0
Saúde	5,4	6,2	7,2	7,1	1,7
Recreação, Cultura e Religião	1	1,2	1,2	1,1	0,1
Educação	5,6	6,4	6,9	6,7	1,1
Protecção Social	11,7	12,1	15,2	17,4	5,7
Despesa Pública (% PIB)	**41,4**	**41,3**	**45,9**	**48**	**6,6**

Fonte: Eurostat (Dezembro de 2011)

16.5. Considere a informação seguinte sobre previsão de encargos líquidos (brutos excluindo receitas das concessões rodoviárias) das parcerias público-privadas inscritos nos Relatórios dos OE 2008 a 2012.

Quadro 16.6 – Previsões de encargos líquidos com parcerias público-privadas (PPPs)

	Rel OE08	Rel OE09	Rel OE10			Rel OE11			Rel OE12		
	2008	2009	2010			2011			2012		
	PPPs	PPPs	PPPs			PPPs			PPPs		
	Est. e EP	Est. e EP	Não Rod.	Rodo-viárias	Total	Não Rod.	Rodo-viárias	Total	Não Rod.	Rodo-viárias	Total
2010	1124,5	1111,6	367	382,7	749,7	238,8	630,3	869,1			
2011	1276,4	1096,4	351,5	532	883,5	371,6	470,3	841,9	318	1272	1590
2012	1321,6	1182,3	428,6	334,9	763,5	383,8	417,4	801,2	446	590	1036
2013	1245,8	1049,7	589	320,8	909,8	541,1	312,8	853,9	461	439	900
.....											
2030	363	731,9	307,9	-166,9	141	212,3	-328,1	-115,8	87	180	267

FONTE: Relatórios do OE2008, OE 2009 (p.205), OE 2010 (p.204-5), OE2011 (p.171) e OE 2012 (p.123)

a. Apresente as principais variações nos valores para os anos 2010-13. Que pode conlcuir sobre a fiabilidade das previsões?
b. Analise as previsões para 2030.
c. Tendo em conta que no Relatório de 2012 se prevêem receitas das PPPs rodoviárias de 176M. em 2011, 353M. em 2012 e 516M. em 2013, reinterprete os valores de 2012 e explique o que significa esta alteração na forma de financiamento das PPPs

16.6.
a. Analise o quadro dos valores dos contratos assinados de 2001-08 de parcerias público-privadas (em milhões de euros) e contextualize a importância das PPPs em Portugal no quadro europeu em termos absolutos para o periodo 2001-08 (incluindo as a contratar em 2007),
b. Faça a análise agora em percentagem do PIB de 2007 (ver Anexos) apenas para as PPPs de 2007 já contratadas e a contratar.

Quadro 16.7 – PPPs na Europa: valor de contratos assinados em M.€

	2001-04	2005	2006	2007	2008	Total	Numero de Proj. Assn. 2001-08	Projectos a Contratar Jan 2007 M.€
Spain	1000	1154	1664	309	---	4127	38	2931
France	---	1788	735	329	1241	4093	34	3964
Italy	890	2179	439	55	---	3563	20	29799
Ireland	720	121	623	1489	300	3253	19	---
Greece	---	798	1600	3885	1000	2398	8	6270
Germany	440	830	177	465	117	2029	40	9495
Belgium	1300	480	---	300	680	1780	6	3635
Netherlands	1302	---	431	---	1020	1733	9	1211
Poland	1520	---	---	---	---	1520	2	1317
Austria	49	---	850	---	---	899	6	20
Finland	---	700	---	---	---	700	1	---
Bulgaria	---	366	288	366	---	654	6	2202
Hungary	---	---	38	15	500	556	11	264
Cyprus	---	500	---	---	---	500	1	---
Portugal	278	---	32	140	---	**450**	7	**1515**
Other countries	485	2	490	---	---	977	7	4957
Total (exc.UK)	7987	8918	7367	7353	4958	36583	215	67580
UK	21849	6237	14111	10698	8236	61131	536	

Fonte: Public Private Finance, DLA Paper, Table 5

16.7. Analise as duas figuras seguintes com informação sobre a quantidade de carros de passageiros por km de auto-estrada e o rácio do número de km de auto-estradas por km² terrestre da área de cada país. Analise o caso de Portugal PT no contexto europeu tendo em conta o carácter periférico do país em oposição à centralidade dos países do Benelux (Bélgica BE, Holanda NL e Luxemburgo LU).

Figura 16.1 – Carros de Passageiros por quilómetros de auto-estradas no país 2007

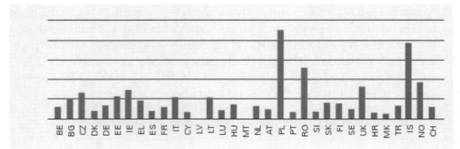

Fonte: Comissão Europeia (Figura 2.6 de European Road Statistics)

Figura 16.2 – Densidade de Auto-estradas por país
2007 Km por Km2 de área terrestre.

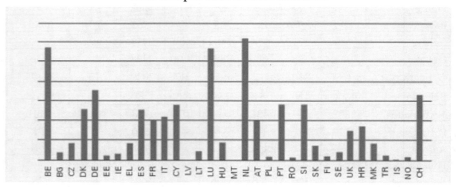

Fonte: Comissão Europeia (Figura 2.7 de European Road Statistics)

16.8. Tendo em conta os dados do Quadro 16.8 que mostra as necessidades de financiamento brutas (NBF) do Estado e o financiamento concedido pela *troika* em 2011 e 2012 de um envelope financeiro total de 78000 milhões de euros:

a. Calcule o peso do financiamento anual da troika nas NBF e o valor remanescente do financiamento a conceder a Portugal em 2013.
b. Assumindo um valor estimado para as NBF em 2013 de 32000 milhões[19], qual o montante necessário para se recorrer aos mercados em 2013?

Quadro 16.8 – O financiamento da troika
e as necessidades de financiamento

	2011	2012	Total
FEEF	6026	13666	19692
MEEF	14066	8333	22399
FMI	12947	8333	21280
Total *Troika*	33039	30332	**63371**
Nec. Brutas Fin.	**60126**	**48258**	
Nec. Liq. Fin.	17106	18686	

Fonte: Orçamento de Estado para 2012

16.9. O Memorando com a *troika*[20] prevê o seguinte relativamente à Administração Regional e Local: os salários dos funcionários públicos ficam congelados, as transferências para regiões e municípios reduzem-se pelo menos em 175M. em 2012, e há um aumento do imposto municipal sobre imóveis que não deve servir para compensar a redução nas transferências.
a. Explique quais os objectivos da *troika* com estas medidas.
b. Tendo em conta que o OE2012 aprovado contempla um corte de subsídios de férias e de Natal que implicará uma descida da despesa municipal em cerca de 240 milhões de euros, que implicações isso trará em termos da estrutura da despesa municipal?
c. Que ajustamento ao memorando lhe parece adequado para se continuar a cumprir com os objectivos explicitados na alínea a.?

---

[19] Em relação às necessidades brutas de financiamento de 2013 o que se sabe, à data de fecho desta edição, é que há uma obrigação do Tesouro que vence em 2013 (9737M.) e que o objectivo para o défice orçamental de 2013 no *Memorandum* (actualização de Setembro de 2011) é de 5224M. Para além destes valores à que somar i) a aquisição líquida de activos financeiros e ii) as verbas para reforço da estabilidade financeira. O valor de 32000 milhões para as NBF tem pois um grau de incerteza grande e é usado para a resolução do exercício. Note-se que este valor compara com o do ano anterior (48258) e já seria muito positivo se as NBF fossem reduzidas nesse montante.
[20] CE/BCE *Memorandum of Understanding* (update September 2011)

16.10 Tendo em conta que a população da região autónoma da Madeira em 2011 era de 267785 e a dos Açores de 246746, use estes valores para o cálculo do défice orçamental *per capita* em 2010 e a dívida pública *per capita* em 2010 nas duas regiões. Que pode concluir?

Quadro 16.9 – Défice e dívida das Administrações Regionais e Local (2007-2010)

Unid: milhões de euros	2007	2008	2009	2010
Capacidade (+)/necessidade (-) líquida de financiamento				
- Administração Regional e Local	-431,3	-871,8	-1291	-1389
Administração Regional da Madeira	-226,1	-236,8	-332,5	-1189,7
Administração Regional dos Açores	-75,5	-41,5	-77,5	-53,6
Administração Local	-129,6	-593,6	-881,1	-145,8
Dívida Bruta				
- Administração Regional e Local	7 055,1	7687,7	8 532,9	9 660,4
Administração Regional da Madeira	1 425,8	1 847,9	2 066,1	3 110,4
Administração Regional dos Açores	469,8	536,7	600,5	652,5
Administração Local	5 159,5	5 303,1	5 866,3	5 897,4

Fonte: INE (PDE Setembro 2011)

16.11. Em 2011 uma série de empresas públicas passaram a estar também dentro do perímetro das administrações públicas para apuramento do défice (em contabilidade nacional) e isso fez aumentar as necessidades de financiamento do Estado. Analise o impacto desta correcção do INE/ *Eurostat* no défice orçamental desses anos (2007-2010) tendo em conta os valores apresentados abaixo no Quadro 16.10.

Quadro 16.10 – Correcção das necessidades de financiamento em 2011

	Unidades	2007	2008	2009	2010
Reclassificação de Empresas de transporte (REFER – EPE; Metropolitano de Lisboa – EPE; Metro do Porto – SA)	Milhões €	631	862	883	793
	% PIB	0,4	0,5	0,5	0,5
Sociedades BPN/"Financial Defeasance Structures" (a)	Milhões €				1800
	% PIB				1,0
Execução de Garantias BPP (b)	Milhões €				450
	% PIB				0,3

Fonte: INE (PDE Março 2011)

16.12. O Quadro 16.11 fornece informação sobre o objectivo para o saldo global em 2011 (coluna 1), a variação que isso representaria em relação aos valores executados em 2010 (coluna 2), a consolidação efectivamente realizada em 2011 (coluna 3) e essa consolidação em % do objectivo. Por seu turno o Quadro 16.12 fornece informação apenas sobre o saldo consolidado do subsector Estado, excluindo as transferências para outros subsectores.

Quadro 16.11 – Contributos dos vários sub-sectores para a consolidação orçamental em 2011 (em c.p.)

	(1) Saldo Global Objectivo p/ 2011**	(2) Variação Obj2011-Exec2010* (obj. Consol.)	(3) Variação Homóloga Saldo*** (Jan. a Dezembro)	(4) Variação em % do Obj. Consol. (4=3/2)
Estado	-9.051,6	4.196,0	3.820,7	91,1%
Estado (saldo primário)	-2.661,0	5.614,9	5.478,5	97,6%
Fundos e Serviços Autónomos	924	543,7	213,3	39,2%
Seg. Social	535,1	-115,9	-221,7	191,3%
Adm. Local e Regional	-75,5	-25,1	-359,5	1432,4%
Total das Adm. Públicas	**-7668**	**4598,7**	**3.452,7**	**75,1%**

Quadro 16.12 – O saldo global consolidado do Subsector Estado (2010 e 2011)

	Execução (Jan-Dez.)	Execução (Jan-Dez.)	Variação Homól.	Variação da Receita. e Desp..
	2.010	**2.011**	Exec11-Exec10	% da var. do SG
Receita Corrente*	34571	36778	2206	115,2%
Receita Capital*	780	332	-448	-23,4%
Despesa corrente*	21859	22089	230	12,0%
Despesa de capital*	799	413	-386	-20,2%
Saldo Global Consolidado	**12693**	**14608**	**1915**	100,0%

Tabela 2- Saldo Global Consolidado do Subsector Estado (execução Dez. 2010 e 2011)

a. Explique qual dos subsectores mais contribuiu para a consolidação orçamental em 2011.
b. Clarifique porque é que o Estado reduz o défice em 3820,7M (sem medidas extraordinárias), mas só reduz o défice consolidado em 1915M (também sem medidas extraordinárias).

16.13. Considere as seguintes perspectivas de evolução da economia portuguesa em dois cenários. O valor do PIBpm para 2011 foi obtido a partir das previsões do Boletim de Inverno do Banco de Portugal (B.P.). O cenário 1, mais optimista, coincide em 2012 e 2013 com as previsões do Banco. O cenário 2, mais pessimista, traduz a revisão em baixa da variação nominal do PIBpm tendo em conta as revisões em baixa para o crescimento mundial e europeu de Janeiro de 2012 do Fundo Monetário Internacional. Assume-se, nos dados do Quadro 16.13, que o valor das necessidades de financiamento líquidas das administrações públicas igualam o valor do défice orçamental previsto no memorandum com a *troika* (para 2012-2014), mantendo-se a consolidação orçamental em 2015 e 2016.

Quadro 16.13 – Perspectivas de evolução da economia portuguesa (2011-2016)

	2011	2012	2013	2014	2015	2016
PIBpm (cenário 1)	170034					
PIBpm (cenário 2)	170034					
PIBpm (t.v. cenário 1)	-1,60%	-3,10%	0,30%	0,80%	1,50%	2%
PIBpm (t.v. cenário 2)	-1,60%	-3,80%	-1,50%	-0,50%	0,50%	1,25%
Divida Pública	172.628,8					
(% do PIBpm 1)	101,5%					
(% do PIBpm 2)	101,5%					
Necessidades Liq. De Financ.	10024,3	7645	5224	4521	3400	2200

a. Calcule os valores do PIB a preços de mercado nos dois cenários e o valor da dívida pública, assumindo que haverá receitas de privatização de 4000M. euros em 2012 (como previsto no OE2012) e de 2000M. em 2013.
b. Calcule o rácio da dívida no produto nos dois cenários. Que conclusões retira?
c. Refaça os cálculos da alínea b) assumindo que a dívida existente no terceiro trimestre de 2011 (189.699) será a dívida no final de 2011.

EXERCÍCIOS RESOLVIDOS

Exercícios Resolvidos do Capítulo 3

Exercício E.3.1.

a. O nível óptimo é dado pela condição de Samuelson (versão simplificada): a soma das disposições marginais a pagar iguala o custo marginal privado.

Custo de cada candeeiro é 50, logo o custo marginal privado: CMP=50

Note-se que DMPa=0 quando 100-3Q=0, ou seja, Q=33,3 (aprox.)

E que DMPj=0 quando 50-2Q=0, ou seja, Q=25

Logo, a soma das disposições marginais a pagar (ver figura 3.4 do livro Economia e Finanças Públicas, 4ª ed. pg. 40) tem dois ramos diferentes (embora não seja relevante para o nível eficiente o segundo ramo).

$$\sum_i DMP^i = DMP^a + DMP^j = 50 - 2Q + 100 - 3Q = 150 - 5Q \text{ para } Q < 25$$

$$\sum_i DMP^i = DMP^a = 100 - 3Q \text{ para } 33,3 > Q > 25$$

Igualando a soma das *DMP* com o *CMP* determina-se que a quantidade eficiente do bem público é:

$$150 - 5Q = 50 \Leftrightarrow 5Q = 100 \Leftrightarrow Q^* = 20$$

b. Este nível de produção é compatível com vários preços fiscais. Um caso particular são os preços (fiscais) de Lindahl que são o que cada indivíduo estaria disposto marginalmente a pagar ao nível do *output* óptimo.
Assim tem-se para a Ana,

$$P_a^* = DMP^a(Q^*) = 100 - 3Q = 100 - 60 = 40$$

e para o João,

$$P_j^* = DMP^j(Q^*) = 50 - 2Q = 50 - 40 = 10$$

A soma dos dois contributos é 50, que iguala o custo marginal.

c. Há infinitas formas desde que a soma dos preços fiscais iguale o custo marginal: $P_a + P_j = 50$. Só o João é que paga impostos ($P_a = 0, P_j = 50$); só a Ana é que paga ($P_a = 50, P_j = 0$); ambos pagam o mesmo ($P_a = 25, P_j = 25$); ou pagam em função do valor da propriedade de cada um no valor patrimonial total (caso o financiamento seja através de um imposto sobre a propriedade).

d. Quem deseja menos o bem público é o João e ele poderá andar à *"boleia"* (ser o *free-rider*) da Ana. Nesse caso ela poderia fornecer privadamente o bem público igualando DMPa=CMP. Essa igualdade faz-se para Q=16,(6), o que significa que ela estaria disposta a financiar 16 candeeiros. Note-se, contudo, que seria um nível ineficiente (abaixo do óptimo) e que, sendo a iluminação um bem público, não existindo, portanto, rivalidade no consumo, o João beneficiaria também, mas sem contribuir.

Exercício E.3.2.

a. A dimensão óptima do parque é aquela que iguala a *soma* das disposições marginais a pagar com o custo marginal do parque, isto é:

$$\sum_i DMP^i = CMg(Q) \Leftrightarrow DMP^a + DMP^b = 30 \Leftrightarrow 100 - 2Q + 50 - Q = 30 \Leftrightarrow Q^* = 40$$

Sendo a dimensão óptima do parque 40 hectares e o nível de não rivalidade no consumo de mais de dez hectares, poderemos considerar que o parque é um bem público local puro.

b. Os preços de Lindahl são as contribuições que cada câmara dará se contribuir de acordo com a sua disposição marginal a pagar. Assim,

$$P_a^* \equiv DMP_a(Q^*) = 100 - 2Q^* \Leftrightarrow DMP_a(Q^*) = 100 - 2.(40) \Leftrightarrow DMP_a(Q^*) = 20$$

$$P_b^* \equiv DMP_b(Q^*) = 50 - Q^* \Leftrightarrow DMP_b(Q^*) = 50 - 40 \Leftrightarrow DMP_b(Q^*) = 10$$

É possível que ambos revelem as suas verdadeiras preferências, mas é também possível que haja uma sub-revelação de preferências caso haja um comportamento egoísta dos agentes e caso achem que a sua contribuição efectiva dependerá daquilo que se mostrarem dispostos a contribuir. Nesse caso, o nível de provisão seria abaixo do óptimo.

c. O equilíbrio de subscrição *"privada"* de um bem público pode ser determinado pela quantidade que iguala a disposição marginal a pagar pelo bem público (pelo agente que *mais* valoriza o bem público) com o seu custo marginal.

Facilmente se verifica que a função $DMP_a \geq DMP_b$ para todo e qualquer Q, só sendo igual quando Q=50. Assim, os munícipes que mais valorizam o parque são os do município A, pelo que uma provisão unilateral do parque pelo município A seria dada por,

$$Q_e : DMP_a = CMg(Q) \Leftrightarrow 100 - 2Q = 30 \Leftrightarrow Q_e = 35$$

Mesmo sem acordo, haverá a construção do parque apenas financiado pelo município A. Note-se, contudo, que a quantidade construída (35 hectares) é inferior à óptima (40 hectares).[1]

Exercício E.3.3

a. $Q^* = 600$
b. Preços de Lindahl, $P_i^* = P_j^* = ... = 4$
O Equilíbrio de subscrição privada é nulo (Q=0).
c. Não, pois em vez de haver uma contribuição uniforme, haveria contribuição em função do valor patrimonial da habitação, e nada indica que ele seja idêntico.

---

[1] Aquilo que o presidente da Câmara A poderá fazer é uma provisão pública do parque para os residentes de A (têm um cartão do município pelo que não pagam a entrada) e um preço a pagar por não residentes de A. Note-se que apesar desta solução não ser *eficiente*, pois a restrição do consumo de um bem não rival é sempre ineficiente, ela é, contudo, de alguma justiça, pois os residentes no município A, eventualmente já pagariam através dos impostos locais o dito parque. Isto permitiria aliás diminuir o preço fiscal pago pelos residentes de A, que passaria a ser inferior à sua disposição marginal a pagar.

Exercícios Resolvidos do Capítulo 5

Exercício E.5.1.

a. Determinem-se primeiro as funções procura inversa (úteis também para alínea b). Assim:

Procura inversa: $P = 100 - 2Q$
Oferta inversa: $P = 10 + 7Q$
Em equilíbrio, a oferta iguala a procura donde a quantidade de equilíbrio é:

$$10 + 7Q = 100 - 2Q \Leftrightarrow 9Q = 90 \Leftrightarrow Q_e = 10$$

E o preço: $\quad P_e = 100 - 2Q_e = 80$

b. O nível óptimo de produção é a quantidade que iguala os benefícios marginais sociais aos custos marginais sociais (*BMS=CMS*), sendo que neste exercício (dada a ausência de externalidades no consumo) os *BMS* são dados pela curva da procura, enquanto que os custos marginais sociais igualam os privados *mais* o associado à externalidade negativa (*CMS=CMP+CME*). Os *CMP* são dados pela curva da oferta e os *CME*=10 são independentes da quantidade produzida. Deste modo, o *CMS* pode ser dado por um deslocamento pararelo e para cima da função oferta.

A nova oferta (inversa) que traduz o CMS é dada por:

$$P' = CME + 10 + 7Q \Leftrightarrow P' = 10 + 10 + 7Q \Leftrightarrow P' = 20 + 7Q$$

O nível óptimo de produção será então dado pela igualdade de *CMS=BMS*, ou seja:

$$20 + 7Q = 100 - 2Q \Leftrightarrow 9Q = 80 \Leftrightarrow Q^* = 8,89$$

(*Nota 1: Arredondou-se às centésimas o que, em geral, é suficiente.*)

O preço óptimo para o consumidor será então:

$$P_c^* = 100 - 2Q^* \Leftrightarrow P_c^* = 100 - 2.(8,89) \Leftrightarrow P_c^* = 82,22$$

O preço óptimo para o produtor será então:

$$P_p^* = 10 + 7Q^* \Leftrightarrow P_p^* = 10 + 7.(8,89) \Leftrightarrow P_p^* = 72,23$$

(*Nota 2: em rigor a diferença Pc-Pp devia igualar 10. A diferença de 0,01 deve-se ao arredondamento realizado acima*)

c. A intervenção pública pode levar do equilíbrio (Qe) ao óptimo (Q^*) através da introdução de um imposto pigouviano ao produtor igual ao custo marginal externo CME(Q^*). Neste *caso particular*, como CME é constante e independente do nível de produção, o imposto pigouviano unitário deverá ser de 10 um.

Exercício E.5.2.

a. Equilíbrio de mercado:

É dado pela igualdade da oferta e da procura Qd= Qs:

$80 - 2P = 20 + 4P \Leftrightarrow P_e = 10$

e $Qe=60$

Nível Eficiente de Produção:

Genericamente será a quantidade que iguala os benefícios marginais sociais e os custos marginais sociais (Q^*: BMS=CMS). Sendo BMS=BMP+BME e CMS=CMP+CME

Uma externalidade positiva trata-se analiticamente da mesma forma que bens públicos: soma-se as funções BMP e BME *verticalmente*, isto é, nos preços, donde é vantajoso resolver tudo em ordem a P (obter as funções inversas).

A função procura inversa traduz o benefício marginal privado ou BMP:

$Q = 80 - 2P \Leftrightarrow P = 40 - Q/2$

Por seu turno, $BME = 20 - Q/4$

Donde o benefício marginal social associado ao consumo do bem é dado por:

$$BMS = BMP + BME = 40 - Q/2 + 20 - Q/4$$

$$BMS = 60 - \frac{3Q}{4}$$

Os custos marginais privados são traduzidos pela função oferta inversa (soma dos ramos ascendentes das funções custo marginal):

$$Q_s = 20 + 4P \Leftrightarrow P = (Q/4) - 5$$

O nível eficiente de produção Q^* obtém-se com BMS=CMS, logo:

$$60 - (3/4)Q = (Q/4) - 5 \Leftrightarrow Q^* = 65$$

E o preço óptimo será $P_p^* = 11,25$

Nota: este é o <u>preço para o produtor,</u> pois para se alcançar a solução eficiente é necessário que o preço para o consumidor seja mais baixo (ver alínea b).

b.

Subsídio pigouviano: $s = BME(Q^*) = 20 - \frac{1}{4}Q^* = 20 - \frac{1}{4}.65 = 3,75$

Logo s=3,75

Com este *subsídio, por unidade produzida,* o produtor pode vender Q^*=65 ao preço <u>para o consumidor</u> Pc=Ps-s=11,25-3,75=7,5 . Logo, Pc=7,5, enquanto que para o produtor Ps=Pc+s=7,5+3,75=11,25

Nota: Podem <u>verificar-se os cálculos</u> vendo que a quantidade procurada a esse preço para o consumidor (P=7,5) será:

$$Q^d = 80 - 2P = 80 - 2(7,5) = 65$$

c. A figura 3.7 (do livro *Economia e Finanças Públicas,* 4. ed. p. 64) ilustra a situação deste exercício, pois trata-se de uma externalidade positiva e de um *BME,* função decrescente de Q. Basta substituir na figura os valores calculados neste exercício.

Exercício E.5.3.

a. O equilíbrio privado será obtido através da maximização do lucro de cada empresa. Assim, para a empresa A, ter-se-á:

$$\frac{\partial \pi_x}{\partial X} = 0 \Leftrightarrow 120 - X = 0 \Leftrightarrow X = 120$$

Para esta quantidade o lucro será então:

$$\pi_x = 120(120) - \frac{120^2}{2} \Leftrightarrow \pi_x = 7200$$

Do mesmo modo, para a empresa B, ter-se-á:

$$\frac{\partial \pi_y}{\partial Y} = 0 \Leftrightarrow 90 - Y = 0 \Leftrightarrow Y = 90$$

e o lucro será dado também em função do nível de actividade da empresa A por:

$$\pi_y = 90(90) - \frac{90^2}{2} - (\frac{120^2}{2} - 40.120) \Leftrightarrow \pi_y = 1650$$

Assim, as quantidades produzidas pelas empresas A e B em equilíbrio serão, respectivamente, 120 e 90 e o lucro conjunto de ambas as empresas:

7200 + 1650 = 8850

b. Facilmente se verifica que o nível de produção de X não é óptimo, pois a empresa A está a produzir uma externalidade negativa sobre B que não é "internalizada". Uma forma de determinar o nível óptimo da produção de X (pois a de Y será a mesma) é considerar a função lucro conjunto (ou seja, implicitamente a fusão das duas empresas) e maximizar a função. Assim a função lucro conjunto será:

$$\pi_{xy} = \pi_x + \pi_y = 160X - X^2 + 90Y - \frac{Y^2}{2}$$

e o nível óptimo da produção de X será,

$$\frac{\partial \pi_{xy}}{\partial X} = 0 \Leftrightarrow 160 - 2X = 0 \Leftrightarrow X^* = 80$$

Substituindo X* na função lucro conjunto obtem-se agora:

$$\pi_{xy}(X^* = 80, Y = 90) = 10450$$

Assim se verifica que no óptimo social o lucro conjunto é superior.

c. Resulta das funções lucro que a empresa A está a impor um custo total externo na empresa B de:

$$CTE = \left(\frac{X^2}{2} - 40.X\right)$$

pelo que o custo marginal externo (por unidade de X) será dado por:

$$CME = \frac{\partial CTE}{\partial X} = X - 40$$

A solução óptima, com *informação simétrica*, poderia ser alcançada mantendo as empresas separadas e aplicando um imposto pigouviano t^u por unidade produzida igual ao custo marginal externo ao nível óptimo de produção.
Assim:

$$t^u = CME(X^*) = 80 - 40 = 40$$

Com um imposto unitário na produção de X, a nova função lucro total da empresa X seria dada por:

$$\pi'_X = 120.X - \frac{X^2}{2} - t^u X = 120.X - \frac{X^2}{2} - 40X = 80X - \frac{X^2}{2}$$

Facilmente se verifica que agora a maximização do lucro para a empresa A (com imposto pigouviano) corresponde ao óptimo social.

$$\frac{\partial \pi'_x}{\partial X} = 0 \Leftrightarrow 80 - X = 0 \Leftrightarrow X = 80$$

EXERCÍCIOS RESOLVIDOS

Exercício E.5.4.

a.
$T_e = 100$
$BT_{(T_e=100)} = 50.000$
$CT_{(T_e=100)} = 200.000$
O benefício líquido $BL_{(T_e=100)} = -150.000$

b.
$T^* = 20$

$c \in \,]32.000, 72.000[$

$BT_{(T^*=20)} = 18.000$

$CT_{(T^*=20)} = 8.000$

O benefício líquido, no nível óptimo de poluição, é $BL_{(T^*=20)} = 10.000$

c.
$c_e \in \,]8.000, 18.000[$

d.
$t_u^* = 800$

Exercícios resolvidos do Capítulo 7

Exercício E.7.1.

(*Nota*: Para analisar os efeitos de um imposto unitário num mercado competitivo, em equilíbrio parcial, é necessário no essencial determinar i) o preço e a quantidade de equilíbrio antes de imposto (pela igualdade da oferta e da procura); ii) a nova quantidade de equilíbrio pós-imposto e os preços para os consumidores e produtores (por exemplo, pela igualdade da nova oferta, que incorpora o efeito do imposto, com a procura); iii) a receita fiscal e a sua incidência económica em consumidores e produtores; iv) a ineficiência gerada pelo imposto através da medição da carga excedentária).

a. O *preço de equilíbrio inicial* (P_e) é dado pela igualdade da oferta e da procura:

$$Q_d = Q_s \Leftrightarrow 20 - 0{,}1P = -40 + 0{,}5P \Leftrightarrow P_e = 100$$

A *quantidade de equilíbrio* obtém-se substituindo na função procura (ou oferta) o preço inicial:

$$Q_e = 20 - 0{,}1P_e \Leftrightarrow Q_e = 20 - 0{,}1(100) \Leftrightarrow Q_e = 10$$

Uma forma de modelizar a introdução do imposto unitário é através de um deslocamento paralelo para cima da função oferta (inversa) no montante do imposto.

As funções procura (inversa) e oferta (inversa) determinam-se resolvendo em ordem a *P* as funções oferta e procura, respectivamente:

Procura (inversa):

$$Q_d = 20 - 0{,}1P \Leftrightarrow 0{,}1P = 20 - Q \Leftrightarrow P = 200 - 10Q$$

Oferta (inversa):

$$Q_s = -40 + 0{,}5P \Leftrightarrow 0{,}5P = Q + 40 \Leftrightarrow P = 2Q + 80$$

Assim, adicionando $t_u = 12$ à ordenada na origem da função oferta (inversa), obtém-se a nova função oferta pós-imposto:

Oferta (inversa) após imposto

$$P = 80 + 2Q + t_u \Leftrightarrow P = 80 + 2Q + 12 \Leftrightarrow P = 92 + 2Q$$

Igualando a procura (inversa) à oferta (inversa) após imposto obtém-se a nova *quantidade de equilíbrio após imposto*:

$$200 - 10Q = 92 + 2Q \Leftrightarrow 12Q = 108 \Leftrightarrow Q_t = 9$$

Verificou-se então uma redução na quantidade de equilíbrio de 10 para 9 unidades, sendo o novo *preço no consumidor* obtido na função procura (inversa) para a nova quantidade:

$$P_c = 200 - 10Q \Leftrightarrow P_c = 200 - 10(9) \Leftrightarrow P_c = 110$$

Verifica-se pois que, o *preço no produtor* é o preço no consumidor *menos* o montante do imposto, ou seja:

$$P_p = P_c - t_u \Leftrightarrow P_p = 110 - 12 \Leftrightarrow P_p = 98$$

(Nota: O novo preço no produtor pode também ser obtido na função oferta (inversa) para a nova quantidade: $P_p = 80 + 2Q \Leftrightarrow P_p = 80 + 2(9) \Leftrightarrow P_p = 98$ *)*

A *receita fiscal* (RF) será então o montante do imposto unitário *vezes* a nova quantidade de equilíbrio:

$$RF = t_u \cdot Q_t \Leftrightarrow RF = (P_c - P_p) \cdot Q_t \Leftrightarrow RF = (110 - 98).9 \Leftrightarrow RF = 108$$

Visto que o preço inicial era de 100 e o novo preço para o consumidor é de 110 e para o produtor de 98, facilmente se verifica que, das 12 u.m. por unidade, a incidência económica nos produtores é de 10 u.m. (=110-100) e nos produtores de 2 u.m. (=100-98). Em termos globais, a *incidência económica nos consumidores* (I_c) é dada por:

$$I_c = (P_c - P_e) \cdot Q_t \Leftrightarrow I_c = 10.(9) = 90$$

A *incidência económica nos produtores* é dada por:

$$I_p = (P_e - P_p) \cdot Q_t \Leftrightarrow I_p = 2.(9) = 18$$

Verifica-se então que a incidência é cinco vezes maior nos consumidores do que nos produtores e isso deve-se às elasticidades da procura (ε_c) e da oferta (ε_p). De facto a elasticidade da procura no ponto de equilíbrio inicial é dada por:

$$\varepsilon_c = \frac{\partial Q_d}{\partial P} \cdot \frac{P_e}{Q_e} \Leftrightarrow \varepsilon_c = (-0,1) \cdot \frac{100}{10} \Leftrightarrow \varepsilon_c = -1 \, .$$

Por seu lado, a elasticidade da oferta é dada por:

$$\varepsilon_p = \frac{\partial Q_s}{\partial P} \cdot \frac{P_e}{Q_e} \Leftrightarrow \varepsilon_p = 0{,}5 \cdot \frac{100}{10} \Leftrightarrow \varepsilon_p = 5.$$

Note-se que $\dfrac{\varepsilon_p}{|\varepsilon_c|} = \dfrac{5}{1} = 5$, pelo que se verifica que:

$$\frac{I_c}{I_p} = \frac{\varepsilon_p}{|\varepsilon_c|}.$$

Ou seja, o rácio da incidência económica nos consumidores e nos produtores é igual ao rácio das elasticidades da oferta e da procura (em módulo). Verifica-se então que o imposto recai efectivamente sobre quem tem a função mais rígida.

b. O imposto gera uma ineficiência que pode ser medida pela *carga excedentária* (CE) do imposto, isto é, a diferença entre, por um lado, o valor da redução dos excedentes do consumidor e produtor e por outro a receita fiscal. (essa diferença, pode ser aproximada pela área do triângulo [bde] do painel A da Figura 7.1 do livro *Economia e Finanças Públicas*, 4ª ed, p. 225). O valor da CE é, com funções lineares, dado pelo triângulo de Harberger, cuja base é dada pelo montante do imposto unitário ($t_u = P_c - P_p$) e a altura pela variação da quantidade ($dQ = Q_e - Q_t$).

Dado que a área do triângulo é a sua base *vezes* a altura *sobre* dois, tem-se:

$$CE \cong (P_c - P_p)(Q_e - Q_t) \cdot \frac{1}{2} \Leftrightarrow CE \cong 12 \cdot (10 - 9) \cdot \frac{1}{2} \Leftrightarrow CE \cong 6 \ .[2]$$

c. Um imposto unitário é um imposto regressivo, isto é, tem um maior peso (proporcional ao rendimento) nas classes de menor rendimento, desde que seja consumido por todos os consumidores.

---

[2] Trata-se de um valor aproximado da carga excedentária (ineficiência do imposto) pois dever-se-ia ter usado a nova quantidade na função de procura compensada (Q_{1c} na procura "hicksiana") e não na função procura "normal" (Q_1 na procura "marshaliana"). É, contudo, uma boa aproximação se o efeito/rendimento do imposto for desprezível.

O impacto em termos de equidade tem sobretudo a ver com o tipo de bem em causa. Aquilo que se sabe é que, a incidência económica do imposto é sobretudo nos consumidores e não nos produtores. Tratando-se de um bem de primeira necessidade (água, pão) ou de uso generalizado (chamadas telefónicas), o efeito sobre a equidade é claramente negativo, pois não só recai nos consumidores como é regressivo.

Caso seja um bem de luxo (por exemplo caviar, barcos de recreio, aviões particulares) consumido quase apenas por indivíduos de alto rendimento, a incidência continua a ser nos consumidores, mas agora o efeito será positivo em termos de equidade, muito embora o rendimento seja uma variável mais indicada para analisar a capacidade contributiva do que a riqueza (barcos de recreio) ou o consumo (caviar).

Exercício E.7.3.

O *preço de equilíbrio inicial* (P_o) é dado pela igualdade da oferta e da procura:

$$Q_c = Q_p \Leftrightarrow 130 - 2P = -20 + 4P \Leftrightarrow P_0 = 25$$

A *quantidade de equilíbrio* obtém-se substituindo na função procura (ou oferta) o preço inicial:

$$Q = 130 - 2P \Leftrightarrow Q = 130 - 2(25) \Leftrightarrow Q = 80$$

Uma forma de modelizar a introdução do imposto unitário é através de um deslocamento paralelo para cima da função oferta (inversa) no montante do imposto. Na realidade, a função oferta (inversa) mostra o preço unitário que os produtores deverão receber, em função de vários níveis de *output*. A função oferta inversa é a soma de parte dos ramos ascendentes das curvas de custo marginal de todas as empresas. Com a introdução do imposto unitário t_u, é necessário adicionar ao custo marginal privado de cada empresa o montante do imposto, pelo que a função oferta individual de cada empresa desloca-se para cima no montante do imposto (o mesmo acontecendo à oferta (inversa) de mercado).

As funções procura (inversa) e oferta (inversa) determinam-se resolvendo em ordem a *P*, as equações 7.A.1 e 7.A.2, respectivamente:

Procura (inversa): $Q_c = 130 - 2P \Leftrightarrow 2P = 130 - Q \Leftrightarrow P = 65 - 0{,}5Q$ (7.A.3)

Oferta (inversa): $Q_p = -20 + 4P \Leftrightarrow 4P = Q + 20 \Leftrightarrow P = 0{,}25Q + 5$ \hfill (7.A.4)

Adicionando $t_u = 9$ à ordenada na origem da função oferta (inversa) obtém-se a nova *função oferta pós-imposto*:

$$P = 0{,}25Q + 5 + t_u \Leftrightarrow P = 0{,}25Q + 5 + 9 \Leftrightarrow P = 0{,}25Q + 14 \qquad (7.A.5)$$

Igualando a procura (7.A.3) à oferta após imposto (7.A.5) obtém-se a nova *quantidade de equilíbrio após imposto*:

$$65 - 0{,}5Q = 0{,}25Q + 14 \Leftrightarrow Q = 68$$

Verificou-se então uma redução na quantidade de equilíbrio de 80 para 68 unidades, sendo o novo *preço no consumidor* obtido na função procura (inversa) para a nova quantidade:

$$P_c = 0{,}25Q + 14 \Leftrightarrow P_c = 0{,}25.(68) + 14 \Leftrightarrow P_c = 31$$

O *preço no produtor* é o preço no consumidor *menos* o montante do imposto, ou seja:

$$P_p = P_c - t_u \Leftrightarrow P_p = 31 - 9 \Leftrightarrow P_p = 22$$

(que também poderia ser obtido pela substituição de 68 em 7.A.4).

A *receita fiscal* (RF) será então o montante do imposto unitário vezes a nova quantidade de equilíbrio:

$$RF = t_u . Q_1 \Leftrightarrow RF = (P_c - P_p).Q_1 \Leftrightarrow RF = (31-22).68 \Leftrightarrow RF = 612$$

Visto que o preço inicial era de 25 e o novo preço para o consumidor é de 31 e para o produtor de 22, facilmente se verifica que, das 9 u.m. por unidade de bem, os consumidores suportam 6 u.m. (=31-25) e os produtores 3 u.m. (=25-22). Em termos globais, a *incidência económica nos consumidores* (I_c) é dada por:

$$I_c = (P_c - P_0).Q_1 \Leftrightarrow I_c = 6.(68) = 408$$

A *incidência económica nos produtores* é dada por:

$$I_p = (P_0 - P_p).Q_1 \Leftrightarrow I_p = 3.(68) = 204$$

Verifica-se então, que a incidência é duas vezes maior nos consumidores do que nos produtores e isso deve-se às elasticidades da procura (ε_c) e da oferta (ε_p). De facto, a elasticidade da procura no ponto de equilíbrio inicial é dada por:

$$\varepsilon_c = \frac{\partial Q_c}{\partial P} \cdot \frac{P_0}{Q_0} \Leftrightarrow \varepsilon_c = (-2).\frac{25}{80} \Leftrightarrow \varepsilon_c = -\frac{5}{8}.$$

Por seu lado, a elasticidade da oferta é dada por:

$$\varepsilon_p = \frac{\partial Q_p}{\partial P} \cdot \frac{P_0}{Q_0} \Leftrightarrow \varepsilon_p = 4.\frac{25}{80} \Leftrightarrow \varepsilon_p = \frac{5}{4}.$$

Note-se que $\dfrac{\varepsilon_p}{|\varepsilon_c|} = \dfrac{5/4}{5/8} = 2$, pelo que se verifica que:

$$\frac{I_c}{I_p} = \frac{\varepsilon_p}{|\varepsilon_c|}. \qquad (7.A.6)$$

Ou seja, o rácio da incidência económica nos consumidores e nos produtores é igual ao rácio das elasticidades da oferta e da procura (em módulo). Verifica-se então que o imposto recai efectivamente sobre quem tem a função mais rígida.

O imposto gera, pois, uma ineficiência, que pode ser medida pela *carga excedentária* (CE) do imposto, isto é, a diferença entre, por um lado, o valor da redução dos excedentes do consumidor e produtor e, por outro, a receita fiscal. Essa diferença pode ser aproximada pela área do triângulo [bde] do painel A da Figura 7.1 do livro *Economia e Finanças Públicas*, p. 211.

Dado que a área do triângulo é a sua base *vezes* a altura *sobre* dois, tem-se:

$$CE = (P_c - P_p)(Q_0 - Q_1).\frac{1}{2} \Leftrightarrow CE = 9.(80 - 68).\frac{1}{2} \Leftrightarrow CE = 54.$$

Nota: Trata-se de um valor aproximado da carga excedentária (ineficiência do imposto), pois dever-se-ia ter usado a nova quantidade na função de procura compensada (Q_{1_c} na procura "hicksiana") e não na função procura "normal" (Q_1 na procura "marshaliana").

Exercícios resolvidos do Capítulo 8

Nota introdutória sobre incidência fiscal em mercado monopolista: Num mercado monopolista em que opera apenas uma empresa, o equilíbrio é dado pela condição de maximização de lucro para a empresa. Seja RT a receita total, CT o custo total, RMg a receita marginal e CMg o custo marginal. Tem-se pois, que a receita total é dada por:

$$RT = RMe.Q \Leftrightarrow RT = P(Q).Q$$

Note-se que a função procura inversa P=P(Q) expressa a receita média da empresa (RMe).

E a receita marginal por: $RMg = \dfrac{\partial RT}{\partial Q}$

Do mesmo modo o custo marginal é dado por: $CMg = \dfrac{\partial CT}{\partial Q}$ e o custo médio por: $CMe = \dfrac{CT}{Q}$.

A maximização o lucro é dada pela quantidade que satisfaz:

$$\frac{\partial(lucro)}{\partial Q} = \frac{\partial(RT-CT)}{\partial Q} = \frac{\partial RT}{\partial Q} - \frac{\partial CT}{\partial Q} = 0 \Leftrightarrow \frac{\partial RT}{\partial Q} = \frac{\partial CT}{\partial Q} \Leftrightarrow RMg = CMg$$

O efeito de um *imposto unitário* t_u é o de afectar a receita média e marginal do monopolista no montante do imposto. Assim, ter-se-á uma receita marginal líquida de imposto RMg':

$$RM'_g = \frac{\partial RT}{\partial Q} - t_u = RM_g - t_u$$

E a condição de equilíbrio pós imposto unitário:

$$\frac{\partial(lucro\ pós\ imposto)}{\partial Q} = \frac{\partial(RT'-CT)}{\partial Q} = \frac{\partial RT}{\partial Q} - t_u - \frac{\partial CT}{\partial Q} = 0 \Leftrightarrow \frac{\partial RT}{\partial Q} - t_u = \frac{\partial CT}{\partial Q} \Leftrightarrow RM'_g = CMg$$

No caso de um imposto *ad valorem* em mercado monopolista (ou concorrencial), o preço para o consumidor é o preço para o produtor majorado

do imposto, sendo este dado pelo produto da taxa *ad valorem* pelo preço no produtor.
Assim:

$$P_p(1+t_{av}) = P_c \Leftrightarrow P_p = \frac{P_c}{1+t_{av}}$$

Neste caso, a receita total líquida de imposto será dada por:

$$RT' = RM'_e.Q \Leftrightarrow RT' = P_p(Q).Q \Leftrightarrow RT' = \frac{P}{1+t_{av}}.Q$$

O equilíbrio do monopolista com imposto *"ad valorem"* é dado por:

$$\frac{\partial(lucro\ pós\ imposto)}{\partial Q} = \frac{\partial(RT'-CT)}{\partial Q} = \frac{\partial RT'}{\partial Q} - \frac{\partial CT}{\partial Q} = 0 \Leftrightarrow \frac{\partial RT'}{\partial Q} = \frac{\partial CT}{\partial Q} \Leftrightarrow \frac{\partial\left(\frac{P(Q)}{1+t_{av}}.Q\right)}{\partial Q} = CMg$$

Exercício E.8.3.

a. O equilíbrio inicial do monopolista é dado pela igualdade de custo e receita marginal. O custo marginal é:

$$CMg = \frac{\partial CT}{\partial Q} = -0,012Q + 8,97$$

A receita total é $RT = P.Q = 12,65Q - 0,022Q^2$, pelo que a receita marginal é dada por:

$$RMg = \frac{\partial RT}{\partial Q} = 12,65 - 0,044Q$$

A quantidade de equilíbrio obtém-se então da seguinte forma:

$$RMg = CMg \Leftrightarrow 12,65 - 0,044Q = -0,012Q + 8,97 \Leftrightarrow Q = 115$$

Por sua vez, o preço de mercado será dado por:

$$P = 12,65 - 0,022Q \Leftrightarrow P = 12,65 - 0,022*115 \Leftrightarrow P = 10,12$$

O lucro do monopolista são as receitas totais menos o custo total, ou seja:

$$\pi = P.Q - CT(Q) = 10{,}12*115 - (-8{,}97(115) + 0{,}006(115)^2) = 211{,}6$$

b. Com um imposto unitário de 1 u.m., a receita marginal decrescerá nesse montante:

$$RM'_g = \frac{\partial RT}{\partial Q} - t_u = 12{,}65 - 0{,}044Q - 1 = 11{,}65 - 0{,}044Q,$$

pelo que o equilíbrio será agora dado por:

$$RM'_g = CMg \Leftrightarrow 11{,}65 - 0{,}044Q = -0{,}012Q + 8{,}97 \Leftrightarrow Q_{tu} = 83{,}75$$

Preço para o consumidor:

$$P^c = 12{,}65 - 0{,}022Q \Leftrightarrow P^c = 12{,}65 - 0{,}022*83{,}75 \Leftrightarrow P^c = 10{,}81$$

O preço para o monopolista, líquido de imposto, será então:

$$P^m = 10{,}81 - t_u = 10{,}81 - 1 = 9{,}81$$

O lucro do monopolista são as receitas totais (líquidas de imposto) *menos* o custo total, ou seja:

$$\pi_{tu} = P^m.Q_{tu} - CT(Q_{tu}) = 9{,}81*83{,}75 - (-8{,}97(83{,}75) + 0{,}006(83{,}75)^2) = 112{,}43$$

A receita fiscal do Estado será dada pela quantidade de equilíbrio pós-imposto *vezes* o montante do imposto, ou seja:

$$RF_{tu} = t_u.Q_{tu} = 1*83{,}75 = 83{,}75$$

c. Com um imposto *ad valorem* de 10%, o preço líquido para o monopolista é:

$$P_p(1+t_{av}) = P_c \Leftrightarrow P_p = \frac{P_c}{1+t_{av}} \Leftrightarrow P_p = \frac{12{,}65 - 0{,}022Q}{1+0{,}1} \Leftrightarrow P_p = 11{,}5 - 0{,}02Q$$

A partir daqui pode-se determinar a receita total e marginal, igualar esta última ao custo marginal e ter a nova quantidade de equilíbrio.

A receita total, líquida de imposto *ad valorem*, é dada por:

$$RT_{av} = P_p * Q = (11{,}5 - 0{,}02Q)Q = 11{,}5Q - 0{,}02Q^2$$

Logo a receita marginal é dada por:

$$RM_g^{"} = \frac{\partial RT_{av}}{\partial Q} = 11{,}5 - 0{,}04Q$$

E o equilíbrio do monopolista na presença do imposto será dado por:

$$RM_g^{"} = CMg \Leftrightarrow 11{,}5 - 0{,}04Q = -0{,}012Q + 8{,}97 \Leftrightarrow Q_{av} = 90{,}36$$

Donde resulta, o preço para o consumidor:

$$P^c = 12{,}65 - 0{,}022Q \Leftrightarrow P^c = 12{,}65 - 0{,}022 * 90{,}36 \Leftrightarrow P^c = 10{,}66$$

E o preço (ou receita média) para o monopolista, líquido de imposto:

$$P_{av}^m = \frac{P_c}{1+t_{av}} \Leftrightarrow P_{av}^m = \frac{10{,}66}{1+0{,}1} \Leftrightarrow P_{av}^m = 9{,}69$$

O lucro será agora dado por:

$$\pi_{av} = P^m . Q_{av} - CT(Q_{av}) = 9{,}69 * 90{,}36 - 8{,}97(90{,}36) + 0{,}006(90{,}36)^2 = 114{,}04$$

A receita fiscal para o Estado será,

$$RF_{av} = t_{av} . (Q_{av} * P_{av}^m) = 0{,}1(90{,}36 * 9{,}69) = 87{,}56$$

d. Uma taxa de concessão é equivalente a um imposto *lump-sum* (*ls*), não alterando pois as condições marginais de funcionamento do monopolista, pelo que o equilíbrio será o mesmo da alínea a. A única diferença é que os lucros do monopolista são agora deduzidos de 95 u.m.

$$\pi_{ls} = 211{,}6 - 95 = 116{,}6$$

Comparando as várias possibilidades com o resumo das três situações:

	Pc	Pm	Lucro	Rec. Fiscal
Imposto unitário	10,81	9,81	112,43	83,75
Ad valorem	10,66	9,69	114,04	87,56
Licença	10,12	10,12	116,6	95

É fácil verificar que as três possibilidades (unitário, *ad valorem* e *lump sum*) geram situações diferentes. A taxa de concessão (*lump sum*) é a mais benéfica para os consumidores (pois não há subida de preço para o consumidor), para o monopolista (não há descida do preço líquido para o monopolista), e para o Estado (a receita fiscal é máxima). A razão de ser deste resultado é que, ao contrário dos impostos unitário e *ad valorem*, que têm efeito rendimento e substituição, tal não acontece com a taxa de concessão, que tem apenas efeito rendimento. Conclui-se que, dentro das alternativas expostas, o governo deveria optar pela taxa de concessão. A seguir à licença, o imposto *ad valorem* é a melhor solução, sendo o imposto unitário a pior. Com a agravante que em período inflacionista o imposto *ad valorem* actualiza-se automaticamente e o unitário não. (*note-se que há outro tipo de formas de intervenção pública que envolvem regulamentação administrativa dos preços, mas que não são considerados neste exercício*).

Exercício E.8.5.

a. O equilíbrio inicial do monopolista é dado pela igualdade entre a função custo marginal e a receita marginal.

$$CMg = \frac{\partial CT}{\partial Q} = Q^2 - 7Q + 15$$

A receita total é $RT = P.Q = 31Q - \frac{7}{2}Q^2$, pelo que a receita marginal é dada por:

$$RMg = \frac{\partial RT}{\partial Q} = 31 - 7Q$$

$RMg = CMg \Leftrightarrow 31 - 7Q = Q^2 - 7Q + 15 \Leftrightarrow Q^2 = 16 \Leftrightarrow Q = 4 \text{ ou } Q = -4$

Economicamente, a solução só poderá ser Q=4. Substituindo em (8.A.1) obtém-se:

$$P = 31 - \frac{7}{2}Q \Leftrightarrow P = 31 - \frac{7}{2}.4 \Leftrightarrow P = 17$$

b. Com um imposto unitário de 7 u.m., a receita marginal decrescerá nesse montante:

$$RM'_g = \frac{\partial RT}{\partial Q} - t_u = 31 - 7Q - 7 = 24 - 7Q \text{, pelo que o equilíbrio será agora}$$

dado por: $RM'_g = CMg \Leftrightarrow 24 - 7Q = Q^2 - 7Q + 15 \Leftrightarrow Q^2 = 9 \Leftrightarrow Q = 3 \text{ ou } Q = -3$

A solução com sentido económico é pois Q=3, o que substituindo em (8.A.1) determina o preço para o consumidor:

$$P = 31 - \frac{7}{2}Q \Leftrightarrow P = 31 - \frac{7}{2}.3 \Leftrightarrow P = 20,5$$

O preço para o monopolista, líquido de imposto, será então:

$$P = 20,5 - t_u = 20,5 - 7 = 13,5$$

c. Com um imposto *ad valorem* de 51,85%, uma forma de resolver este exercício seria calcular o preço líquido para o monopolista:

$$P_p(1+t_{av}) = P_c \Leftrightarrow P_p = \frac{P_c}{1+t_{av}} \Leftrightarrow P_p = \frac{31 - \frac{7}{2}Q}{1+0,5185} \Leftrightarrow P_p = 20,41488 - 2,304906Q$$

e, a partir daqui, determinar a receita total e marginal e igualar esta ao custo marginal e obter a nova quantidade.

Note-se, contudo, que a taxa escolhida t=0,5185 é aproximadamente igual ao rácio entre o preço para o consumidor (P=20,5) e o preço líquido para o monopolista com imposto unitário da alínea anterior (P=13,5). Isto significa que a quantidade de equilíbrio e os preços para o consumidor e o monopolista serão os mesmos da alínea anterior.

d. Uma licença de exploração funciona como um imposto *lump-sum*, não alterando pois as condições marginais de funcionamento do monopolista, pelo que o equilíbrio será o mesmo da alínea a).

Exercícios resolvidos do Capítulo 9

Exercício E.9.1.

a. O produtor de vestuário efectuou as seguintes operações no mês 1:

– Compras de matéria-prima: 150.000 € + 30.000 € (IVA) = 180.000 €
– Vendas de sapatos: 500.000 € + 100.000 € (IVA) = 600.000 €

Determinação do imposto sobre o *"valor acrescentado"* em cada fase da vida económica de um bem ou serviço através do *método indirecto subtractivo*:

IVA a entregar ao Estado = IVA liquidado nas vendas a clientes
Menos
IVA suportado nas compras a fornecedores

Como o imposto a entregar ao Estado se obtém pela diferença entre o imposto liquidado e o imposto suportado, temos:

IVA liquidado/cobrado: 100.000 €
IVA suportado/pago: 30.000 €
IVA a entregar: 70.000 €

Este resultado é idêntico ao valor que se obteria se se calculasse o IVA sobre o *"valor acrescentado"* pelo produtor de calçado através do *método directo subtractivo*:

VAB = Outputs – Inputs
VAB = 500.000 € - 150.000 € = 350.000 €
Imposto = 20%×350.000 € = 70.000 €

b. O impacto da descida do IVA de 20% para 17% dependerá das condições de mercado do vestuário, bem como das elasticidades da oferta e da procura na situação de equilíbrio.

Assumiremos para simplificar que estamos na presença de um mercado concorrencial e que a procura de artigos de vestuário é completamente rígida. Neste caso, a incidência económica da diminuição da taxa de IVA será exclusivamente nos consumidores.

Neste contexto podemos analisar o impacto da descida do IVA ao nível de receitas fiscais para o Estado, incidência económica nos produtores e nos consuidores.

Usando uma análise de equilbrio parcial e dadas as hipóteses acima referidas, a quantidade de equilíbrio não se alterará. Deste modo, a receita fiscal do Estado (colecta de IVA desta empresa) diminuirá para 59.500€ (Q=0,17×(500.000-150.000)); haverá uma redução no volume de vendas aos consumidores de 600.000€ para 585.000€, que beneficiarão desta descida da taxa de IVA; finalmente, um efeito neutro para a empresa que contínua com o mesmo volume e valor de vendas (líquido de IVA), apesar de entregar menos IVA ao Estado.

Exercício E.9.6.

a. Um veículo ligeiro de 1250 cc estava em 2008 no 1º escalão da componente cilindrada pagando 25 euros, ou seja, uma média de 2 cêntimos por centímetro cúbico. Já os veículos de 1500 e 1750 estavam no segundo escalão pagando os seus proprietários nessa componente o mesmo (50 euros), ou seja, respectivamente uma média de 3,33 cêntimos e 2,85 cêntimos por cc.

b. Um veículo ligeiro que emite 120 grama/km de CO_2 estava em 2008 no 1º escalão da componente ambiental pagando o seu proprietário 50 euros, ou seja, uma média de 41,6 cêntimos por grama/km de CO_2 emitido. Já os veículos de 160 e 180 estavam no segundo escalão pagando os seus proprietários nessa componente o mesmo (75 euros), ou seja, respectivamente uma média de 46,8 cêntimos e 41,6 cêntimos por g/km.

c. Dado que quer a componente cilindrada, quer a ambiental são realizadas com taxas fixas em cada escalão, isto gera dois efeitos indesejáveis: primeiro, existe um salto dos valores médios na mudança de escalão; segundo, dentro de cada escalão, os valores médios são decrescentes.(*Nota: ver figura seguinte para a componente cilindrada.*)

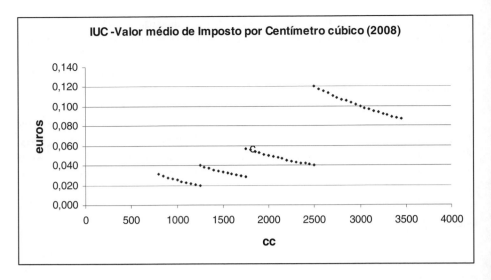

Isto faz com que seja possível que dois veículos que poluem 120 g/km e 180 g/km paguem por unidade de poluente (g/km) exactamente o mesmo (41,6 cêntimos). Permite ainda que um veículo *menos* poluente pague *mais* por unidade de poluente, que um veículo mais poluente. (*Nota: compare por exemplo um veículo com emissões de 121g/km com o de 180 g/km.*) Este último efeito é claramente perverso do ponto de vista dos incentivos para a promoção da eficiência.

d. Do ponto de vista da *eficiência*, um imposto que tributa as emissões de CO2 é um imposto pigouviano que se justifica por estar associado à correcção de uma externalidade negativa. A sua determinação (ver Capítulo 3) depende do que se considera ser os custos marginais externos da poluição. Se se assumir que eles são constante, então o imposto deveria ser um montante fixo por unidade de poluente (ex: 0,5 euros por g/km). (*Nota: Se se assumir que ele é crescente deverá ser uma função crescente por unidade de poluente, o que se consegue utilizando taxas marginais crescentes.*)

Do ponto de vista da *equidade* quer a componente ambiental, quer a cilindrada se podem justificar. Antes do mais convém recordar que a equidade pode remeter quer para o *princípio do benefício* (menos utilizado), quer para o *princípio da capacidade de pagar* (mais utilizado) e que cada um remete para políticas públicas ligeiramente diferentes. De acordo com o *princípio do benefício*, a componente ambiental justifica-se, pois é justo que quem mais polui mais pague (está a usar um recurso vasto, mas escasso, que é a atmosfera). De acordo com este princípio, a cilindrada não deveria ser tributada! A utilização e desgaste das estradas depende mais da tara (peso) dos veículos do que da sua cilindrada, pelo que a tributação da componente cilindrada tem pois a ver exclusivamente com o princípio da capacidade de pagar e a assumpção de que existem correlações positivas entre esta e a cilindrada do veículo e entre a cilindrada e o preço. Mas se este é o pressuposto da análise, também aqui o IUC poderia ser melhorado. Na realidade, como se verifica na figura acima, o valor médio do imposto *diminui* com a cilindrada *dentro de cada escalão*. Uma forma alternativa de desenhar a componente cilindrada era o valor médio do imposto ser uma função crescente da cilindrada, utilizando taxas marginais crescentes.

Nota final: A tributação ambiental é já um progresso significativo em relação ao passado recente em que não se tributavam as emissões de CO2 e Portugal deu importantes passos numa via correcta. O que este exercício ilustra é que é possível ir mais longe sobretudo quando se suprimiu o "selo do carro", pelo que o imposto a pagar pode agora ser calculado para cada veículo de forma individualizada.

Exercícios resolvidos do capitulo 11

Exercício E.11.3.

a.

i) Estimativa das Administrações Públicas - 2005
   (Óptica da Contabilidade Publica)
      Unidade: milhões de euros

	Estado	FSA	ARL	SS	TOTAL
1. RECEITAS CORRENTES	32563,3	21081,4	6533,0	17972,2	**59695,1**
1.1. Impostos directos	11519,2	6,6	2414,2	0	13940,0
1.2. Impostos indirectos	18916,5	262,4	1021,1	592	20792,0
1.3 Contribuições p/ Seg. Social	99,4	5873,6	6,6	11037,3	17016,9
1.4. Outras receitas correntes	2028,2	14938,8	3091,1	6342,9	7946,2
(das quais:transf. de outr. subsectores)	608,3	11091,1	1783,6	4971,8	
2 DESPESAS CORRENTES	38625,6	20642,9	5713,3	17640,6	**64167,5**
2.1. Consumo Publico	15141,6	11208,9	5065	492,3	31907,8
2.2. Subsídios	652,4	1622,6	146,4	505,1	2926,5
2.3. Encargos correntes da divida	3968,5	50,7	129,4	6	4154,6
2.4. Transferências Correntes	18863,1	7760,7	372,5	16637,2	**25178,6**
(das quais:transf. p/ outr. subsectores)	16574,5	772,6	34,2	1073,6	
3. SALDO CORRENTE	-6062,3	438,5	819,7	**331,6**	**-4472,5**
4.RECEITAS DE CAPITAL	368,3	2528,8	2502,9	33,4	3314,8
(das quais:transf. de outr. subsectores)	33,3	522,5	1546,6	16,2	
5. DESPESAS DE CAPITAL	3450,7	1588,9	3357,2	67,2	6345,4
5.1. Investimentos	652,6	600,5	2957,2	31,8	4242,1
5.2. Transferências de Capital	2775,7	981,3	375,7	35,4	2049,5
(das quais:transf. p/ outr. subsectores)	1921,9	176,5	11,8	8,4	
5.3. Outras despesas de capital	22,4	7,1	24,3	0	53,8
6.SALDO GLOBAL	-9144,7	1378,4	-34,6	297,8	**-7503,0**
(em percentagem do PIB)	-3,3	0,4	0	0,5	-2,4
7. SALDO PRIMARIO	-5176,2	1429,1	94,8	303,8	-3348,4
(em percentagem do PIB)	-0,10%	0,40%	0,10%	0,50%	-0,90%

Fonte: Relatório do OE2005

EXERCÍCIOS RESOLVIDOS

ii) a. Dado que o saldo do subsector da dministração local e regional é praticamente nulo, e os saldos da Segurança Social e dos Fundos e Serviços Autónomos da Administração Central são superavitários, o défice orçamental deve-se exclusivamente ao défice do subsector Estado.

Estrutura das receitas e peso de cada sector nas receitas consolidadas

	Estado	%	FSA	%	ARL	%	SS	%	TOTAL	%
1. RECEITAS CORRENTES	32563,3	98,9	21081,4	89,3	6533,0	72,3	17972,2	99,8	59695,1	94,7
1.1. Impostos directos	11519,2	35,0	6,6	0,0	2414,2	26,7	0	0,0	13940,6	22,1
1.2. Impostos indirectos	18916,5	57,4	262,4	1,1	1021,1	11,3	592	3,3	20792,7	33,0
1.3 Contribuições p/ Seg. Social	99,4	0,3	5873,6	24,9	6,6	0,1	11037,3	61,3	17017,2	27,0
1.4. Outras receitas correntes	2028,2	6,2	14939	63,3	3091,1	34,2	6342,9	35,2	7946,6	12,6
(das quais:transf. de outr. subsectores)	608,3	1,8	11091	47,0	1783,6	19,7	4971,8	27,6		
4.RECEITAS DE CAPITAL	368,3	1,1	2528,8	10,7	2502,9	27,7	33,4	0,2	3314,8	5,3
(das quais:transf. de outr. subsectores)	33,3	0,1	522,5	2,2	1546,6	17,1	16,2	0,1		
RECEITAS TOTAIS (sem activos)	32931,6	100	23610,2	100	9035,9	100	18005,6	100	63009,9	100

	Estado	%	FSA	%	ARL	%	SS	%	TOTAL	%
Receitas correntes consolidadas	31955,0	53,5	9990,3	16,7	4749,4	8,0	13000,4	21,8	59695,1	100,0

Estrutura das despesas e peso de cada sector nas despesas consolidadas

	Estado	%	FSA	%	ARL	%	SS	%	TOTAL	%
2 DESPESAS CORRENTES	38625,6	91,8	20642,9	92,9	5713,3	63,0	17640,6	99,6	64167,5	91,0
2.1. Consumo Publico	15141,6	36,0	11208,9	50,4	5065	55,8	492,3	2,8	31909,2	45,3
2.2. Subsidios	652,4	1,6	1622,6	7,3	146,4	1,6	505,1	2,9	2926,6	4,2
2.3. Encargos correntes da divida	3968,5	9,4	50,7	0,2	129,4	1,4	6	0,0	4154,7	5,9
2.4. Transferencias Correntes	18863,1	44,8	7760,7	34,9	372,5	4,1	16637	94,0	25179,0	35,7
(das quais:transf. p/ outros subsectores)	16574,5	39,4	772,6	3,5	34,2	0,4	1073,6	6,1		
5. DESPESAS DE CAPITAL	3450,7	8,2	1588,9	7,1	3357,2	37,0	67,2	0,4	6345,9	9,0
5.1. Investimentos	652,6	1,6	600,5	2,7	2957	32,6	31,8	0,2	4242,5	6,0
5.2. Transferencias de Capital	2775,7	6,6	981,3	4,4	375,7	4,1	35,4	0,2	2049,6	2,9
(das quais:transf. p/ outros subsectores)	1921,9	4,6	176,5	0,8	11,8	0,1	8,4	0,0		
5.3. Outras despesas de capital	22,4	0,1	7,1	0,0	24,3	0,3	0	0,0	53,8	0,1
DESPESAS TOTAIS	42076,3	100	22231,8	100	9070,5	100	17707,8	100	70513,4	100

	Estado	%	FSA	%	ARL	%	SS	%	TOTAL	%
Despesas correntes consolidadas	22051,1	34,4	19870,3	31,0	5679,1	8,9	16567,0	25,8	64167,5	100,0

Da comparação resulta que o Estado detém uma maior proporção de receitas (correntes consolidadas) do que tem de despesas e isto está associado ao facto de muitos impostos serem receitas do Estado. Posteriormente parte dessas receitas é canalizada para outros sub-sectores através de transferências.

c. O subsector Estado inclui os serviços integrados dos diferentes ministérios, sendo o Estado o principal emissor da dívida pública bem como o subsector que assegura as transferências para os outros subsectores ao abrigo das Leis das Finanças Regionais, Locais e Segurança Social. Por seu turno, os Fundos e Serviços autónomos da Administração Central incluem todas as Universidades Públicas, os Hospitais do Serviço Nacional de Saúde, Institutos Públicos e outros. Isto explica que, comparativamente, o Estado tenha um peso muito superior dos encargos da dívida e com transferências para outros subsectores (9,4% e 38,4% respectivamente) e os FSA maior despesa em consumo público (ex. salários).

Estimativa das Administrações Públicas 2005

(Óptica da Contabilidade Publica)

Unidade: milhões de euros

	Administração Central		Administ. Regional e Local	Segurança Social	TOTAL
	Estado	FSA			
1. RECEITAS CORRENTES	32713,3	21081,4	6583	17972,2	59895,1
1.1. Impostos directos	11519,2	6,6	**2464,2**	0	13990
1.2. Impostos indirectos	**19066,5**	262,4	1021,1	592	20942
1.3 Contrib. Seg. Social	99,4	5873,6	6,6	11037,3	17016,9
1.4. Outras receitas correntes	2028,2	14938,8	3091,1	6342,9	7946,2
(das quais:transf. de outros subsectores)	608,3	11091,1	1783,6	4971,8	
2. DESPESAS CORRENTES	38824,025	20645,435	5719,77	17990,9	64725,3
2.1. Consumo Publico	15141,6	11208,9	5065	492,3	31907,8
2.2. Subsidios	652,4	1622,6	146,4	505,1	2926,5
2.3. Encargos correntes da divida	**4166,925**	53,235	135,87	6,3	4362,4
2.4. Transferências Correntes	18863,1	7760,7	372,5	**16987,2**	25528,6
(das quais: transf. p/ outros subsectores)	16574,5	772,6	34,2	1073,6	
3. SALDO CORRENTE	-6110,725	435,965	863,23	-18,7	-4830,2
4. RECEITAS DE CAPITAL	368,3	2528,8	2502,9	33,4	3314,8
(das quais: transf. de outros subsectores)	33,3	522,5	1546,6	16,2	
5. DESPESAS DE CAPITAL	3450,7	1738,9	3357,2	67,2	6495,4
5.1. Investimentos	652,6	**750,5**	2957,2	31,8	4392,1
5.2. Transferências de Capital	2775,7	981,3	375,7	35,4	2049,5
(das quais: transf. p/ outros subsectores)	1921,9	176,5	11,8	8,4	
5.3. Outras despesas de capital	22,4	7,1	24,3	0	53,8
6. SALDO GLOBAL	-9193,125	1225,865	8,93	-52,5	**-8010,8**
7. SALDO PRIMARIO	-5026,2	1279,1	144,8	-46,2	-3648,4

A este acréscimo potencial do saldo global o governo pode tomar medidas para que não se verifique. Aquela mais usada, porque em geral tem custos políticos mais baixos, é cativar as despesas de investimento público nesse montante. O governo poderá também tentar que os serviços cortem as despesas correntes que não as de pessoal.

Exercícios Resolvidos do Capítulo 12

Exercício E.12.1.

a.
a.1. A estrutura da despesa do Estado em 2005 é dada pelo quadro seguinte. Antes de interpretar, convém realçar que os valores de 2005 referem-se a despesa efectivamente liquidada, enquanto que os de 2007 são apenas uma previsão de despesas. Numa primeira leitura vê-se que o peso das despesas correntes sobe ligeiramente (92 para 93%), acompanhado por ligeira diminuição das de capital. Há, contudo, uma ligeira alteração na estrutura das despesas correntes, com a diminuição das despesas de pessoal e subida quer dos encargos com a divida (juros), quer das transferências correntes.

Designação	2005 (execução)	%	2007 (orçamento)	%
Despesa Corrente	38.625,7	92%	41.267,30	93%
Despesas com pessoal	13.668,3	32,48%	13.418,0	30,19%
Aquisição bens e serviços	1.209,0	2,87%	1.286,2	2,89%
Juros e outros encargos	3.968,5	9,43%	4.755,7	10,70%
Transferências correntes	18.863,2	44,83%	20.681,8	46,53%
Subsídios	652,4	1,55%	690,9	1,55%
Outras desp. correntes	264,3	0,63%	434,7	0,98%
Despesa de capital	3.450,7	8,20%	3.179,7	7,15%
Aquisição bens de capital	652,6	1,55%	561,6	1,26%
Transferências capital	2.775,7	6,60%	2.550,9	5,74%
Outras desp. capital	22,4	0,05%	67,2	0,15%
Despesa efectiva (sem activos financeiros)	42.076,4	100,00%	44.447,0	100,00%

EXERCÍCIOS RESOLVIDOS

a.2. A despesa total efectiva é a despesa total sem activos e passivos financeiros, enquanto que a despesa primária, convém recordá-lo, é a despesa total efectiva subtraída dos encargos correntes com a dívida. Duas maneiras de dizer a mesma coisa é dizer que o peso dos juros na despesa efectiva total aumentou, ou que, como ilustrado no quadro, o peso da despesa primária no total diminuiu.

	2005 (ex.)	%	2007 (or.)	%
Despesa primária	38.107,9	90,57%	39.691,3	89,30%
Despesa total efectiva	42.076,4	100,00%	44.447,0	100,00%

b. O quadro seguinte apresenta a estrutura da despesa do Estado na óptica da classificação funcional da despesa.

Funções/Subfunções	2005 (execução)	%	2007 (orçamento)	%
Funções Gerais de Soberania	6.052,30	14,4	6.245,60	14,0%
Serviços gerais da A.P.	1.793,60	4,3	1.851,00	4,1%
Defesa Nacional	1.786,80	4,2	1.715,40	3,8%
Segurança e ordem públicas	2.471,90	5,9	2.679,10	6,0%
Funções Sociais	25.731,60	61,2	26.803,40	60,0%
Educação	7.316,10	17,4	7020,1	15,7%
Saúde	8.998,00	21,4	8.876,00	19,9%
Segurança e acção sociais	8.413,10	20,0	9.986,30	22,3%
Habitação e serviços colectivos	568,4	1,4	514,5	1,2%
Serviços culturais e outros	436	1,0	406,5	0,9%
Funções Económicas	1.933,80	4,6	1.754,70	3,9%
Agricultura e pecuária e pesca	576,2	1,4	534,6	1,2%
Industria e energia	2,5	0,0	6	0,0%
Transportes e comunicações	1.091,00	2,6	973,7	2,2%
Comércio e turismo	33,1	0,1	28,5	0,1%
Outras funções económicas	230,9	0,5	211,9	0,5%
Outras Funções	8.358,70	19,8	9.896,40	22,1%
Operações da dívida pública	3.967,50	9,4	4.755,00	10,6%
Outras	4.391,30	10,4	5.141,40	11,5%
Despesa efectiva	42.076,40	100,0	44.700,10	100,0%

As alterações verificadas nesta estrutura reflectem quer prioridades políticas do governo, quer alterações socio-económicas (nomeadamente demográficas), quer de variáveis económicas que não estão sob controle do governo (por exemplo, taxa de juro). Assim é que a subida nos encargos correntes da dívida (nas outras funções) é alheia às prioridades do governo. Em termos de grandes agrupamentos (funções gerais de soberania, sociais, económicas e outras) não houve grandes alterações. Contudo, dentro das funções sociais parece haver alguma prioridade dada à segurança e acção social e tentativa de redução da despesa na saúde e educação.

c. As despesas designadas por dotações específicas são na sua quase totalidade independentes das opções de política orçamental. Assim é que, por exemplo, as transferências para as regiões autónomas ou as autarquias locais são realizadas ao abrigo de leis da assembleia da república de finanças regionais e locais respectivamente. A contribuição financeira para a UE é também independente da PO, bem como as transferências para a Segurança Social.

Designação	2005		2007		2005-07
	(execução)	%	(orçamento)	%	var. %
1. Investimentos do Plano	2.083,90	4,95%	1.880,20	4,21%	-0,75%
2. Dotações Específicas	28.606,30	67,99%	30.575,90	68,40%	0,42%
Lei da Programação Militar	203,8	0,48%	311,6	0,70%	0,21%
Transf. Serviço Nacional de Saúde	7.634,00	18,14%	7.674,80	17,17%	-0,97%
Transf. Segurança Social	4.719,10	11,22%	5.402,70	12,09%	0,87%
Transf. Regiões Autónomas	415	0,99%	548,8	1,23%	0,24%
Transf. Administração Local	2.550,40	6,06%	2.529,80	5,66%	-0,40%
Contribuição financeira UE	1.280,00	3,04%	1.430,80	3,20%	0,16%
Outras transferências	665,8	1,58%	630,8	1,41%	-0,17%
Educação pré-escolar	480,9	1,14%	461,8	1,03%	-0,11%
Ensino superior e serviços de apoio	1.208,50	2,87%	1.118,40	2,50%	-0,37%
Juros e outros encargos da dívida	3.967,50	9,43%	4.755,00	10,64%	1,21%
Enc. c/ pensões (CGA) e saúde (ADSE e o.)	4.470,40	10,62%	4.192,50	9,38%	-1,25%
Outras dotações especificas	1.010,90	2,40%	1.518,90	3,40%	1,00%
3. Funcionamento em sentido estrito	9.674,10	22,99%	9.190,20	20,56%	-2,43%
4. Despesas com compens. em receita	1.712,00	4,07%	3.053,80	6,83%	2,76%
Despesa sem activos	42.076,40	100,00%	44.700,10	100,00%	0,00%

Aquilo que é claro a partir deste quadro é a redução absoluta e relativa do peso do investimento público. Aquilo que não é tão claro é se, como diz o Relatório do Orçamento do Estado, existe uma compressão da despesa corrente primária ou não. Relativamente às despesas de funcionamento em sentido estrito, de facto, prevê-se que diminuam o seu peso de 22,99% para 20,56%. Mas em contrapartida, prevê-se um aumento das despesas com compensação de receita.

No quadro das dotações específicas antecipa-se alguma diminuição nas transferências para o SNS e também para o pré-escolar e para a Administração Local. Em contrapartida, estima-se um aumento com os encargos com juros e outros encargos com a dívida, bem como com as transferências para a segurança social (o que confirma o já analisado anteriormente).

Exercício Resolvido do Capítulo 14

Exercício E.14.1.

a. Conforme deriva dos desenvolvimentos analíticos do Capítulo 14 (ver Livro *Economia e Finanças Públicas* (Escolar Editora, 2012) equação 14.39, p.530) e resumo do mesmo Capítulo neste livro, a sustentabilidade do racio dívida pública-produto (b) verifica-se aproximadamente quando $nb = -so$, sendo n a taxa de crescimento nominal do produto e so o rácio do saldo global (efectivo) no produto

Assim dada a taxa de crescimento real do PIB de 2,2% e a taxa de inflação de 2,3%, temos uma taxa de crescimento nominal do PIB de 4,5%. Como se pretende o rácio sustentado a 65% do PIB então b=0,65 e o rácio do défice orçamental que sustentará a manutenção desse rácio da dívida - $so=nb$=0,045×0,65=0,02925. Logo, a manter-se um défice de 2,925 do PIB será possível manter estável o rácio dívida-produto nos 65%.
(Nota: *qualquer défice inferior fará diminuir aquele rácio - ver alínea seguinte*).

b. Caso o objectivo seja reduzir assimptoticamente no longo prazo o rácio dívida-produto para 55% do PIB, então o défice deverá ser o que assegura a estabilidade do rácio aos 55%. Usando a mesma equação utilizada anteriormente, tem-se que $d=nb$=0,045×0,55=0,02475.
Com um défice a 2,475%, e *mantendo-se a taxa de crescimento nominal do produto nos anos seguintes*, o rácio dívida-produto convergirá assimptoticamente para 55%.

c. Convém recordar que aritmeticamente a relação entre saldo primário, global e juros (aqui em % do PIB) é dada por: $sp=so+j$. Por outro lado, os juros são dados pelo produto da taxa de juro implícita na dívida (i) pelo stock da dívida (b). Assim $j=0,04759\times0,65=0,03093$. Logo, $sp=-0,02475+0,03093=0,006183$, ou seja, o saldo primário será $sp=0,6183$% do PIB.

Como é um dado que as despesas primárias representam 42,2% do PIB e o saldo primário são as receitas efectivas (re) menos as despesas primárias (dp), tem-se que $0,006183=re-0,422$, logo as receitas efectivas serão $re=0,42818$ ou 42,8% do PIB.

d. Nesta alínea pretende-se comparar um *cenário hipotético* de se pretender um saldo global de 2,475% do PIB (resultado da alínea *b*), assumindo como hipótese que os saldos de três sub-sectores estão equilibrados (FSA, ARL e SS), com o *cenário do OE2008* em que se previa um saldo global de 2,7% do PIB.

A determinação das receitas efectivas do subsector Estado no cenário hipotético deriva em primeiro lugar de que o saldo global das administrações públicas é igual à *soma* dos saldos globais dos quatro subsectores. Ora assumindo que todos estão equilibrados à excepção do Estado, então SO_estado=SO, logo SO_estado=2,475% do PIB - o que com o PIB a 169.643 milhões de euros significa que SO_Estado=169643×0,02475=4198,7 - ; em segundo lugar assume-se que as despesas do Estado no cenário hipotético igualam as do OE2008, logo elas igualam 46.437,3 (= 43.535,6 + 2.901,7) milhões, pelo que as receitas efectivas no *cenário hipotético* deverão ser 42.238,6 (= 46.437,3 - 4.198,7).

A *diferença* entre as receitas efectivas no cenário hipotético e no orçamento de Estado é de 1444 milhões, isto é, o Estado teria que arrecadar esta receita adicional. Dois factores explicam esta diferença: por um lado, os três subsectores (FSA, ARL e SS) no OE2008 apresentam um *superavit* de 1.036,7 milhões - é claro que o mesmo objectivo para o défice das Administrações Públicas pode ser alcançado com mais facilidade para o subsector Estado, se os outros subsectores apresentarem excedentes orçamentais; por outro lado, o valor remanescente de 407,3 milhões (1.444-1.036,7) é o esforço adicional que o Estado deveria fazer para reduzir o défice de 2,7% do PIB (OE2008) para 2,475% do PIB. (407,4=(0,027152-0,02475)×169643)).

Exercício Resolvido do Capítulo 15

Exercício 15.1.

a. Assumindo que a única fonte de financiamento do défice é emissão de dívida pública, excluindo portanto operações sobre activos financeiros (como seja receitas de privatizações para amortizar a dívida), a dívida no ano t será igual ao *stock* da dívida em *t-1 mais* o défice orçamental (ou *menos* o saldo orçamental). Assim, a dívida bruta das Administrações Públicas (% do PIB) será de 59,40 em 2004, 61,40 em 2005, 63,65 em 2006, 65,65 em 2007, 67,15 em 2008, 68,65 em 2009, 70,90 em 2010 e 73,90 em 2011.

À luz do critério do *défice* orçamental em 2004 cumpriu (2% < 3%), mas em 2011 não se espera que cumpra (3,75% > 3%). De acordo com o critério da *dívida* pública em 2004 cumpriu (59,40% < 60%), mas em 2011 não se espera que cumpra (73,90% > 60,00%). O incumprimento do critério do défice é mais grave à luz do Tratado e do PEC, dado o *procedimento dos défices excessivos* que sanciona o ultrapassar do valor de referência de 3% para o défice, mas não sanciona a dívida em excesso do valor de referência.[3]

b. O saldo global ajustado do ciclo é igual ao saldo global *menos* a componente cíclica do saldo orçamental, isto é:

$$SO^e = SO - SO^c$$

Por seu turno, o valor dos Juros pode ser calculado de duas maneiras: uma mais imprecisa e outra mais exacta.

A maneira mais imprecisa é considerar que os Juros são aproximadamente iguais ao produto da taxa de juro implícita na dívida pública (*i*) pelo *stock* da dívida. Assim:

$$J \cong i.B$$

Neste exercício não dispomos do valor da taxa de juro implícita na dívida pública, mas tem-se uma forma alternativa de obter os juros.

---

[3] Contudo, pode ser argumentado e a nosso ver com fundamento, que o critério deveria ser ponderado a par do do défice. Foi nesse sentido a revisão do PEC.

É possível obter os encargos correntes com a dívida (juros) através da relação entre o saldo primário e o saldo primário ajustado do ciclo. Esta relação é dada por:

$$SO_p^e = SO^e + J$$

Ou seja, o saldo primário ajustado do ciclo é o saldo ajustado do ciclo *mais* juros. Desta equação obtem-se os juros e a partir desse valor e do saldo global obtém-se o saldo primário:

$$SO_p = SO + J$$

Isto porque o saldo orçamental primário é o saldo orçamental global *mais* os juros.
Finalmente, a partir da despesa efectiva global e do saldo global obtém-se a receita efectiva global. A tabela a seguir resume os resultados.

	2004	2005	2006	2007	2008	2009	2010	2011
Saldo global ajust. do ciclo (% do PIB)	-3,00	-3,00	-2,50	-2,00	-1,50	-2,00	-2,50	-3,00
Juros (% do PIB)	1,78	1,84	1,91	1,97	2,18	2,40	2,66	2,96
Saldo primário (% do PIB)	-0,22	-0,41	-0,09	0,47	0,68	0,15	-0,34	-0,79
Receita efectiva total (% do PIB)	44,50	45,15	45,00	44,60	43,60	43,75	44,00	44,25

c. O indicador essencial para monitorar a natureza da política orçamental discricionária é o saldo primário ajustado do ciclo.

	2004	2005	2006	2007	2008	2009	2010	2011
SO primário ajustado do ciclo (% do PIB)	-1,22	-1,16	-0,59	-0,03	0,68	0,40	0,16	-0,04
PIB (taxa de variação real (%))	2,50	2,00	1,50	1,00	1,00	1,50	1,75	2,00

As variações do saldo não são muito significativas, pelo que não há uma clara política discricionária expansionista ou contracionista. De qualquer modo, a interpretar o sentido qualitativo das variações, é possível afirmar que de
2004-2008 a PO é tendencialmente contracionista (pois o saldo melhora) e pró-cíclica (pois essa melhoria do saldo verifica-se a par de uma desaceleração da economia). De 2008-2011 a PO espera-se que seja ligeiramente expansionista (pois o saldo deteriora-se) e também pró-cíclica (pois neste caso a economia está em processo de aceleração do crescimento).

ANEXOS ESTATÍSTICOS

Contas e Estimativas das Administrações Públicas

Quadro A.1 Estimativa das Administrações Públicas em C.P. (2009)
(Óptica da Contabilidade Pública)
Milhões de euros

	Estado	FSA's	Admin. Loc&Reg	Seg Social	AP's
1. RECEITAS CORRENTES	40.604,7	23.341,1	7.889,2	23.640,3	70.968,2
Impostos directos	15.273,6	23,0	3.329,3	0,0	18.625,9
Impostos indirectos	21.850,4	440,6	988,3	713,1	23.992,3
Contribuições de Segurança Social	202,7	3.826,6	11,3	13.865,9	17.906,4
Outras receitas correntes	3.278,0	19.050,9	3.560,4	9.061,3	10.443,6
(das quais:transf. de outr. subsectores)	777,8	14.727,6	1.992,8	7.008,9	(-)
2. DESPESAS CORRENTES	44.496,1	22.660,8	7.280,9	22.039,1	71.969,9
Consumo Público	12.864,5	11.765,5	6.137,5	508,7	31.276,2
Subsídios	692,4	1.249,4	199,9	1.168,0	3.309,7
Juros e Outros Encargos	5.700,8	19,7	294,5	10,0	6.025,0
Transferências Correntes	25.238,4	9.626,1	649,0	20.352,5	31.359,0
(das quais: transf. p/ outr. subsectores)	22.633,8	868,1	21,1	984,0	(-)
3. SALDO CORRENTE	-3.891,5	680,3	608,3	1.601,2	-1.001,7
4. RECEITAS DE CAPITAL	819,3	2.801,2	2.395,2	67,0	3.806,5
(das quais: transf. de outr. subsectores)	70,1	631,7	1.563,9	10,7	(-)
5. DESPESAS DE CAPITAL	3.245,2	2.457,1	3.511,8	113,5	7.051,1
Investimentos	780,9	676,8	2.982,2	47,6	4.487,5
Transferências de Capital	2.218,6	1.560,3	463,4	65,8	2.031,7
(das quais: transf. p/ outr. subsectores)	2.003,0	265,2	8,0	0,2	(-)
Outras despesas de capital	245,7	219,9	66,3	0,0	531,9
6. SALDO GLOBAL	-6.317,3	1.024,5	-508,3	1.554,8	-4.246,3
(em percentagem do PIB)	-3,6	0,6	-0,3	0,9	-2,4
7. SALDO PRIMÁRIO	-616,5	1.044,2	-213,8	1.564,7	1.778,6
(em percentagem do PIB)	-0,4	0,6	-0,1	0,9	1,0
8. ACTIV. FIN. LIQ. DE REEMBOLSOS	21.576,8	881,1	36,6	1.796,0	24.290,6
9. SALDO GLOBAL INCLUINDO ACT. FIN.	-27.894,1	143,4	-544,9	-241,3	-28.536,9
(em percentagem do PIB)	-16,1	0,1	-0,3	-0,1	-16,4
10. RECEITA s/ transf. intersectoriais	40.576,1	10.783,0	6.727,8	16.687,8	74.774,6
(em percentagem do PIB)	23,4	6,2	3,9	9,6	43,1
11. DESPESA s/ transf. intersectoriais	23.104,4	23.984,6	10.763,6	21.168,4	79.021,0
(em percentagem do PIB)	13,3	13,8	6,2	12,2	45,5
12. SALDO s/ transf. intersectoriais	17.471,6	-13.201,6	-4.035,8	-4.480,7	-4.246,3
(em percentagem do PIB)	10,1	-7,6	-2,3	-2,6	-2,4

Fonte: Ministério das Finanças e da Administração Pública: Relatório do Orçamento do Estado 2009, p.343

Quadro A.2 Estimativa das Administrações Públicas em C.P. (2011)
(Óptica da Contabilidade Pública)
Milhões de euros

	Estado	FSA's	ALR	SS	AP's
RECEITAS CORRENTES	37 871,6	23 161,5	7 707,0	24 023,0	67 542,0
Impostos Directos	14 193,2	20,8	3 084,1	0,0	17 298,1
Impostos Indirectos	19 832,8	401,2	887,0	731,8	21 852.8
Contribuições de Segurança Social	585.1	4 179.7	11.3	14 111,8	18 887.9
Outras receitas correntes	3 260.5	18 559,8	3 724,7	9 179,4	9 503,4
(das quais: transf. de outros subsectores)	1 067,7	15 253,8	2 012,2	6 887,3	
DESPESAS CORRENTES	45 156,6	22 376,3	7 407,4	23 426,9	73 146,1
Consumo Público	12 439,6	11 215,5	6 301,4	478,8	30 435,2
Subsídios	682,8	656,7	230,9	872,2	2 442,6
Juros e Outros Encargos	6 300,5	15,2	217,1	7,4	6 540,2
Transferências Correntes	25 733,7	10 488,9	658,0	22 068,6	33 728,1
(das quais: transf. p/ outros subsectores)	22 844,1	888,2	67,6	1 421,1	
SALDO CORRENTE	-7 285,0	785,2	299,6	596,1	-5 604,1
RECEITAS DE CAPITAL	1 009,6	1 578,1	2 303,8	42,4	2 981,1
(das quais: transf. de outros subsectores)	12,4	434,4	1 499,2	6,6	
DESPESAS DE CAPITAL	4 239,7	1 439,3	2 678,9	103,3	6 508,5
Investimentos	653,3	539,9	2 296,8	36,1	3 526,0
Transferências de Capital	3 520,1	891,4	292,3	67,2	2 818,4
(das quais: transf. p/ outros subsectores)	1 814,6	129,3	8,8	0,0	
Outras despesas de capital	66,3	8,0	89,8	0,0	164,1
SALDO GLOBAL	-10 515,1	924,0	-75,5	535,1	-9 131,5
(em percentagem do PIB)	-6,0	0,5	0,0	0,3	-5,2
SALDO PRIMARIO	-4 214,5	939,2	141,6	542,5	-2 591,3
(em percentagem do PIB)	-2,4	0,5	0,1	0,3	-1,5
ACTIV. FIN. LIQ. DE REEMBOLSOS	11 034,2	669,3	31,2	888,0	12 622,79
SALDO GLOBAL INCLUINDO ACT. FIN.	-21 549,3	254,7	-106,8	-352,9	-21 754,2
(em percentagem do PIB)	-12,2	0.1	-0.1	-0,2	-12,4
RECEITA s/ transf. intersectoriais	37 801,1	9 051,3	6 499,4	17 171,4	70 523,1
(em percentagem do PIB)	21,5	5,1	3,7	9,8	40,1
DESPESA s/ transf. intersectoriais	24 737,6	22 798,0	10 009,9	22 109,2	79 654,6
(em percentagem do PIB)	14,1	13,0	5,7	12,6	45,3
SALDO s/ transf. Intersectoriais	13 063,5	-13 746,8	-3 510,5	-4 937,8	-9 131,5
(em percentagem do PIB)	7,4	-7,8	-2,0	-2,8	-5,2

Fonte: Ministério das Finanças e da Administração Pública: Relatório do Orçamento do Estado 2011, p. 296

Quadro A.3 Estimativa das Administrações Públicas em C.N. (2009)
(Óptica da Contabilidade Pública)
Milhões de euros

	Adm. Central	Adm. Regional e Local	Seg. Social	Adm. Públicas
1. Impostos sobre a Produção e Importação	22.779,1	2.771,0	895,2	26.445,2
2. Impostos correntes sobre Rendimento e Património	15.556,7	1.324,2	0,0	16.880,8
3. Contribuições para Fundos da Segurança Social	1.690,7	138,9	17.826,3	19.655,8
Das quais: Contribuições Sociais Efectivas	206,7	11,3	17.817,1	18.035,1
4. Outras Receitas Correntes (Inclui Vendas)	6.173,5	4.179,1	12.249,5	9.490,1
5. Total das Receitas Correntes (1+2+3+4)	46.200,0	8.413,1	30.970,9	72.472,0
6. Consumo Intermédio	4.777,0	2.701,4	228,3	7.706,7
7. Despesas com pessoal	14.939,1	3.206,5	572,3	18.717,9
8. Prestações Sociais	9.164,9	459,7	25.372,6	34.997,1
9. Juros	5.747,2	295,3	10,0	5.776,0
10. Subsídios	1.275,7	206,8	1.141,0	2.623,6
11. Outras Despesas Correntes	14.052,4	640,2	2.052,0	3.909,0
12. Total Despesa Corrente (5+6+7+8+9+10+11)	49.956,4	7.509,8	29.376,2	73.730,3
13. Poupança Bruta (5-12)	-3.756,4	903,3	1.594,8	-1.258,3
14. Receitas de Capital	2.769,8	2.291,2	27,0	3.528,2
15. Total Receitas (5+14)	48.969,8	10.704,3	30.998,0	76.000,2
16. Formação Bruta Capital Fixo	1.606,8	2.710,0	33,7	4.350,5
17. Outra Despesas Capital	2.824,7	442,9	65,8	1.773,7
18. Total Despesa Capital (16+17)	4.431,6	3.152,9	99,5	6.124,2
19. Total Despesa (12+18)	54.387,9	10.662,7	29.475,7	79.854,5
20. Capacid. (+)/Nec. (-) Financ. Líquido (15-19)	-5.418,1	41,6	1.522,2	-3.854,3

Fonte: Ministério das Finanças e da Administração Pública: Relatório do Orçamento do Estado 2011, p. 341

Quadro A.4 Estimativa das Administrações Públicas em C.N. (2011)
(Óptica da Contabilidade Pública)
Milhões de euros

	Adm. Central	Adm. Reg. e Local	Seg. Social	Adm. Públicas
1. Impostos sobre a Produção e Importação	21 096,0	2 566,2	969,5	24 631,7
2. Impostos correntes sobre Rendimento e Património	14 599,7	1 260,7	0,0	15 860,5
3. Contribuições para Fundos da Segurança Social	6 332,1	756,9	14 209,1	21 298,1
Das quais: Contribuições Sociais Efectivas	1 857,2	11,3	14 206,6	16 075,1
4. Outras Receitas Correntes	6 562,8	4 584,3	7 569,7	8 042,2
5. Total das Receitas Correntes (1+2+3+4)	48 590,6	9 168,2	22 748,3	69 832,4
6. Consumo Intermédio	5 627,6	2 796,9	213,2	8 637,6
7. Despesas com pessoal	14 913,4	3 847,9	509,4	19 270,7
8. Prestações Sociais	17 360,3	1 127,3	19 332,6	37 820,2
9. Juros	6 295,7	246,7	7,4	6 326,3
10. Subsídios	1 059,1	236,0	-495,8	799,3
11. Outras Despesas Correntes	10 214,6	707,8	2 500,1	2 971,4
12. Total Despesa Corrente (5+6+7+8+9+10+11)	55 470,7	8 962,6	22 066,8	75 825,4
13. Poupança Bruta (5-12)	-6 880,0	205,6	681,5	-5 993,0
14. Receitas de Capital	1 255,7	2 264,9	7,4	2 028,7
15. Total Receitas (5+14)	49 846,4	11 433,0	22 755,6	71 861,2
16. Formação Bruta Capital Fixo	1 480,6	2 286,2	27,2	3 794,0
17. Outras Despesas Capital	1 511,6	259,3	67,2	338,6
18. Total Despesa Capital (16+17)	2 992,3	2 545,5	94,4	4 132,6
19. Total Despesa (12+18)	58 462,9	11 508,1	22 161,2	79 958,0
20. Capacid. (+)/Nec. (-) Financ. Líquido (15-19)	-8 616,6	-75,0	594,4	-8 096,9

Fonte: Ministério das Finanças e da Administração Pública: Relatório do Orçamento do Estado 2011, p. 294

Quadro A.5 Conta das Administrações Públicas em C.N. (2009)
Milhões de euros

	Adm. Central	Adm. Reg. e Local	Fundos de Seg.Soc.	Adm. Públicas
1. Impostos sobre a Produção e Importação	18.091,9	2.415,4	858,3	21.365,7
2. Impostos correntes sobre Rendimento e Património	13.771,5	1.226,4	0,0	14.998,0
3. Contribuições para Fundos da Segurança Social	1.877,2	154,3	20.415,0	22.446,5
Das quais: Contribuições Sociais Efectivas	230,8	10,8	20.394,3	20.635,9
4. Vendas	2.229,3	1.758,2	16,2	4.003,6
5. Outra Receita Corrente	3.123,4	2.287,8	8.671,9	3.810,6
6. Total das Receitas Correntes (1+2+3+4+5)	39.093,3	7.842,1	29.961,5	66.624,3
7. Consumo Intermédio	4.526,8	2.862,9	242,5	7.632,2
8. Despesas com Pessoal	18.484,5	3.390,6	549,1	22.424,1
9. Prestações Sociais	9.477,6	717,4	26.241,2	36.436,2
Das quais: em espécie	7.320,5	571,4	277,0	8.169,0
10. Juros	4.672,0	253,0	0,3	4.648,6
11. Subsídios	1.288,5	231,0	817,2	2.336,7
12. Outra Despesa Corrente	11.221,2	536,3	1.810,3	3.572,0
13. Total despesa Corrente (7+8+9+10+11+12)	49.670,6	7.991,2	29.660,6	77.049,9
14. Poupança Bruta (6-13)	-10.577,3	-149,1	300,8	-10.425,6
15. Transferências de Capital Receita	937,9	2.138,0	13,2	1.481,3
16. Total Receitas (6+15)	40.031,2	9.980,1	29.974,7	68.105,7
17. Formação Bruta Capital Fixo	1.345,3	2.592,2	42,3	3.979,8
18. Outra Despesa Capital	3.599,7	429,3	80,3	2.501,6
19. Total Despesa Capital (17+18)	4.945,0	3.021,5	122,6	6.481,4
20. Total Despesa (13+19)	54.615,6	11.012,7	29.783,2	83.531,3
21. Capacid. (+)/Nec. (-) Financ.Líquido (16-20)	-14.584,5	-1.032,6	191,5	-15.425,6
(em percentagem do PIB)	-8,9%	-0,6%	0,1%	-9,4%
Consumo Final das Administrações Públicas	29.154,2	6.914,9	1.095,6	37.164,7
Saldo Primário	-9.912,5	-779,7	191,8	-10.777,0
Carga Fiscal (impostos + PrestEfectivas + Imp Suc e Doaç)	32.105,8	3.652,9	21.252,6	57.011,3

Fonte: INE: Conta Geral do Estado 2009, p.38

Quadro A.6 Conta das Administrações Públicas em C.N. (2010)

Milhões de euros

	Adm. Central	Adm. Reg. e Local	Fundos de Seg.Soc.	Adm. Públicas
1. Impostos sobre a Produção e Importação	19.748,8	2.467,3	848,3	23.064,4
2. Impostos correntes sobre Rendimento e Património	14.037,9	1.266,2	0,0	15.304,1
3. Contribuições para Fundos da Segurança Social	6.913,8	543,8	13.546,1	21.003,7
Das quais: Contribuições Sociais Efectivas	2.039,0	10,6	13.505,7	15.555,4
4. Vendas	2.937,7	1.370,9	29,8	4.338,4
5. Outra Receita Corrente	3.217,0	2.984,6	8.547,6	3.439,9
6. Total das Receitas Correntes (1+2+3+4+5)	46.855,2	8.632,7	22.971,9	67.150,4
7. Consumo Intermédio	5.919,3	2.816,4	122,5	8.858,2
8. Despesas com Pessoal	17.083,3	3.673,0	348,8	21.105,0
9. Prestações Sociais	17.160,3	1.174,3	19.372,5	37.707,1
Das quais: em espécie	7.658,7	638,6	108,9	8.406,1
10. Juros	5.230,6	164,3	0,1	5.195,0
11. Subsídios	875,1	259,2	158,9	1.293,2
12. Outra Despesa Corrente	12.664,4	579,6	2.129,8	4.264,4
13. Total despesa Corrente (7+8+9+10+11+12)	58.932,9	8.666,9	22.132,5	78.422,9
14. Poupança Bruta (6-13)	-12.077,7	-34,2	839,4	-11.272,5
15. Transferências de Capital Receita	3.820,5	2.245,5	4,1	4.513,9
16. Total Receitas (6+15)	50.675,7	10.878,2	22.976,0	71.664,4
17. Formação Bruta Capital Fixo	3.446,5	2.184,9	21,4	5.652,8
18. Outra Despesa Capital	4.472,0	379,8	75,6	3.371,3
19. Total Despesa Capital (17+18)	7.918,5	2.564,7	97,0	9.024,1
20. Total Despesa (13+19)	66.851,3	11.231,6	22.229,5	87.446,9
21. Capacid. (+)/Nec. (-) Financ.Líquido (16-20)	-16.175,7	-353,4	746,5	-15.782,6
(em percentagem do PIB)	-9,4%	-0,2%	0,4%	-9,1%
Consumo Final das Administrações Públicas	28.660,7	7.716,5	597,7	36.974,9
Saldo Primário	-10.945,0	-189,1	746,6	-10.587,6
Carga Fiscal (impostos + PrestEfectivas + Imp Suc e Doaç)	35.910,4	3.744,3	14.354,1	54.008,7

Fonte: INE: Conta Geral do Estado 2010, p.47

ANEXOS ESTATÍSTICOS

Quadro A.7 Conta Consolidada da Administração Central e Segurança Social (2009)

Milhões de euros

	Estado	FSA's	Administração Central	Segurança Social	Adm. Central e S. Social
RECEITAS CORRENTES	34.137,4	23.283,7	42.363,8	22.832,0	56.987,0
Impostos directos	13.489,4	24,3	13.513,7	0,0	13.513,7
Impostos indirectos	17.163,6	357,2	17.520,7	689,1	18.209,8
Contribuições de Segurança Social	230,9	3.797,2	4.028,0	13.131,7	17.159,8
Transferências Correntes	1.133,8	16.401,6	2.478,2	8.363,9	2.633,1
das quais: Outros Subsectores	961,5	15.176,9	1.081,1	7.189,4	61,6
Resto do Mundo - EU	158,7	1.094,2	1.252,9	1.013,8	2.266,7
Outras receitas correntes	2.119,8	2.703,4	4.823,2	647,3	5.470,5
DESPESAS CORRENTES	45.011,9	22.835,3	52.789,9	22.165,8	66.746,8
Despesas em bens e serviços	13.272,6	11.559,5	24.832,1	492,5	25.324,6
Pessoal	11.484,3	3.323,4	14.807,7	366,5	15.174,2
Bens Serv. E Outras Desp.Corr	1.788,3	8.236,1	10.024,4	126,0	10.150,4
Juros e Outros Encargos	5.006,7	11,3	5.018,0	2,9	5.020,9
Transferências Correntes	25.948,3	10.072,8	20.963,8	20.972,2	33.727,1
das quais: Outros Subsectores	23.271,6	945,2	9.159,5	1.094,7	2.045,2
Resto do Mundo - EU	1.801,7	20,2	1.821,9	7,8	1.829,7
Subsídios	784,3	1.191,8	1.976,0	698,2	2.674,2
SALDO CORRENTE	-10.874,5	448,4	-10.426,1	666,2	-9.759,9
RECEITAS DE CAPITAL	570,8	2.432,9	1.589,9	17,1	1.590,5
Transferências de Capital	79,6	2.393,5	1.059,3	13,2	1.056,024
das quais: Outros Subsectores	48,8	1.374,0	9,0	10,6	3,053
Resto do Mundo - EU	29,0	965,7	994,7	2,6	997,296
Outras receitas de Capital	491,2	39,4	530,6	3,9	534,440
DESPESAS DE CAPITAL	3.753,6	2.251,6	4.591,3	103,9	4.678,8
Aquisição de bens de capital	649,6	359,6	1.009,2	27,7	1.036,9
Transferências de capital	3.086,6	1.625,6	3.298,3	76,2	3.358,0
das quais: Outros Subsectores	2.826,9	202,1	1.615,2	6,0	1.604,6
Resto do Mundo - EU	0,1	0,0	0,1	0,0	0,1
Outras despesas de capital	17,4	266,4	283,9	0,0	283,9
SALDO GLOBAL	-14.057,3	629,8	-13.427,5	579,4	-12.848,2
(em percentagem do PIB)	-8,6%	0,4%	-8,2%	0,4%	-7,9%
SALDO PRIMÁRIO	-9.050,6	641,1	-8.409,6	582,3	-7.827,3
(em percentagem do PIB)	-5,5%	0,4%	-5,1%	0,4%	-4,8%
ACTIV. FIN. LIQ. DE REEMBOLSOS	1.716,5	449,8	2.166,3	493,2	2.659,6
SALDO GLOBAL INCLUINDO ACT. FIN.	-15.773,8	180,0	-15.593,9	86,1	-15.507,7
(em percentagem do PIB)	-9,6%	0,1%	-9,5%	0,1%	-9,5%

Fonte: DGO: Conta Geral do Estado 2009, p.45

Subsector Estado

Quadro A.8 Execução Orçamental do Subsector Estado, classificação económica (2010 e 2011)

Milhões de euros

	2010	2011	VH (%)	Contrib. VH
Receita corrente	35.462,2	37.916,4	6,9	6,8
Receitas fiscais	32.289,7	34.242,0	6,0	5,4
Impostos directos	13.569,1	14.981,3	10,4	3,9
Impostos indirectos	18.720,6	19.260,7	2,9	1,5
Outras receitas correntes	3.172,5	3.674,4	15,8	1,4
Receita de capital	824,9	3.620,8	338,9	7,7
Receita efectiva	36.287,1	41.537,2	14,5	
Despesa corrente	46.573,8	45.578,0	-2,1	-2,0
Despesas com o pessoal	11.383,3	10.295,5	-9,6	-2,2
Aquisição de bens e serviços	1.357,0	1.817,6	33,9	0,9
Juros e outros encargos	4.971,7	6.039,2	21,5	2,1
Transferências correntes	27.755,7	26.288,8	-5,3	-2,9
Administrações Públicas	24.715,0	23.489,4	-5,0	-2,4
Outras	3.040,7	2.799,4	-7,9	-0,5
Subsídios	698,8	601,6	-13,9	-0,2
Outras despesas correntes	407,2	535,3	31,4	0,3
Despesa de capital	3.991,6	3.153,8	-21,0	-1,7
Investimento	1.505,7	432,0	-71,3	-2,1
Transferências de capital	2.469,3	2.708,2	9,7	0,5
Administrações Públicas	2.191,2	1.755,1	-19,9	-0,9
Outras	278,2	953,1	242,6	1,3
Outras despesas de capital	16,6	13,5	-18,4	0,0
Despesa efectiva	50.565,4	48.731,7	-3,6	
Saldo global	-14.278,3	-7.194,5		

Fonte: Ministério das Finanças: Síntese de Execução Orçamental – Janeiro de 2012, Execução Orçamental do Estado (Janeiro a Dezembro)

Quadro A.9 Receita do Subsector Estado (2010 e 2011)

	Milhões de euros		Grau de Execução (%)		VH (%)	
	2010	2011	2010	2011	2010	2011
Receita fiscal	32.289,7	34.242,0	104,1	99,6	5,3	6,0
Impostos Directos	13.569,1	14.981,3	101,9	102,5	0,6	10,4
Imposto sobre o Rendimento Pessoas Singulares (IRS)	8.936,7	9.794,9	98,8	94,0	-0,2	9,6
Imposto sobre o Rendimento Pessoas Coletivas (IRC)	4.591,6	5.138,0	109,3	122,9	1,1	11,9
Outros	40,8	48,4	60,5	432,1	-	18,6
Impostos Indirectos	18.720,6	19.260,7	105,7	97,4	9,1	2,9
Imposto sobre os produtos petrolíferos e energéticos (ISP)	2.406,1	2.310,4	97,4	96,5	-1,2	-4,0
Imposto sobre o Valor Acrescentado (IVA)	12.145,9	12.994,9	107,8	97,8	11,6	7,0
Imposto sobre Veículos (ISV)	809,1	626,5	114,0	79,3	16,7	-22,6
Imposto de consumo sobre o tabaco	1.428,7	1.446,7	121,1	107,2	25,3	1,3
Imposto sobre álcool e bebidas alcoólicas (IABA)	182,0	172,7	98,4	89,0	1,1	-5,1
Imposto do selo	1.538,7	1.483,2	90,9	97,6	-6,9	-3,6
Imposto Único de Circulação (IUC)	151,2	173,6	108,0	108,5	17,8	14,8
Outros	58,9	52,7	93,0	69,8	15,0	-10,5
Receita não fiscal	3.997,4	7.295,2	73,9	133,2	-1,6	82,5
Correntes	3.172,5	3.674,4	85,2	86,8	-9,7	15,8
Contribuições para Segurança Social, CGA e ADSE	234,0	465,1	93,1	79,5	1,3	98,8
Comparticipações para a ADSE	215,4	444,8	93,7	79,1	3,1	106,5
Outros	18,6	20,3	86,9	88,6	-15,5	9,1
Taxas, Multas e Outras Penalidades	590,3	669,3	80,1	94,3	1,6	13,4
Taxas	309,7	359,9	76,5	88,8	-2,9	16,2
Juros de mora e compensatórios	111,5	98,6	124,2	90,5	-13,2	-11,6
Multas do Código da Estrada	47,7	85,3	50,2	147,3	-31,4	78,8
Outras multas e penalidades diversas	121,4	125,5	82,2	91,2	89,4	3,4
Rendimentos da Propriedade	473,5	324,5	108,8	80,3	-21,3	-31,5
Juros	13,3	82,1	120,9	202,2	-48,6	517,3
Dividendos e participações nos lucros	458,4	240,3	108,6	66,5	-20,2	-47,6
Outros	1,8	2,1	90,0	105,0	-10,0	16,7
Transferências Correntes	1.009,4	1.219,2	74,1	76,0	-12,3	20,8
Administrações públicas	891,1	1.138,9	77,7	77,9	1,6	27,8
Exterior	104,3	67,4	54,4	56,5	-59,9	-35,4
Outros	14,0	12,9	60,9	59,4	0,7	-7,9
Venda de Bens e Serviços Correntes	416,4	429,6	87,4	108,1	-10,8	3,2
Outras Receitas Correntes	181,1	334,8	83,2	117,5	57,8	84,9
Prémios e taxas por garantias de riscos	83,6	140,4	140,5	237,2	104,4	67,9
Outros	97,5	194,4	61,7	86,1	31,9	99,4
Recursos Próprios Comunitários	177,4	167,6	100,9	94,9	15,3	-5,5
Reposições Não Abatidas nos Pagamentos	90,4	64,3	131,4	88,2	-57,7	-28,9
Capital	824,9	3.620,8	48,9	291,2	50,1	338,9
Venda de Bens de Investimento	169,4	17,3	40,2	4,3	-5,6	-89,8
Transferências de Capital	93,7	3.318,5	34,9	2.517,8	32,9	3.441,6
Administrações públicas	44,9	25,7	138,2	146,0	22,0	-42,8
Exterior	44,6	20,8	18,9	18,2	53,8	-53,4
Outros	4,2	3.272,0	-	-	-10,6	77.804,8
Outras Receitas de Capital	95,0	67,5	16,3	12,6	-	-28,9
Saldo da Gerência Anterior	466,8	217,5	112,6	123,9	43,3	-53,4
Receita efectiva	36.287,1	41.537,2	99,6	104,2	4,5	14,5

Fonte: Ministério das Finanças: Síntese de Execução Orçamental – Janeiro de 2012

Quadro A.10 Despesa do subsector Estado, por classificação económica (2010 e 2011)

	Milhões de euros		Grau de Execução (%)		VH (%)	
	2010	2011	2010	2011	2010	2011
Despesa corrente	46.573,8	45.578,0	97,5	97,6	3,5	-2,1
Despesas com o pessoal	11.383,3	10.295,5	98,3	98,7	-0,9	-9,6
Remunerações Certas e Permanentes	8.445,3	7.825,6	98,6	98,9	1,1	-7,3
Abonos Variáveis ou Eventuais	531,9	436,7	96,6	94,5	-4,1	-17,9
Segurança social	2.406,1	2.033,2	97,7	98,7	-6,6	-15,5
Aquisição de bens e serviços correntes	1.357,0	1.817,6	85,2	87,3	-2,4	33,9
Juros e outros encargos	4.971,7	6.039,2	90,4	94,8	-0,7	21,5
Transferências correntes	27.755,7	26.288,8	99,4	99,3	6,9	-5,3
Administrações Públicas	24.715,0	23.489,4	99,6	99,7	6,2	-5,0
Administração Central	14.981,5	14.835,3	99,5	99,7	4,7	-1,0
Administração Regional	0,0		-	-	-	-
Administração Local	1.974,1	1.889,6	99,6	99,0	2,2	-4,3
Segurança Social	7.759,5	6.764,5	100,0	100,0	10,2	-12,8
Outras transferências correntes	3.040,7	2.799,4	97,6	96,3	13,6	-7,9
Subsídios	698,8	601,6	96,5	97,2	-11,0	-13,9
Outras despesas correntes	407,2	535,3	86,2	75,2	2,5	31,4
Despesa corrente primária	41.602,1	39.538,7	98,4	98,1	4,0	-5,0
Despesa de capital	3.991,6	3.153,8	88,9	90,6	6,3	-21,0
Investimento	1.505,7	432,0	78,5	63,5	131,8	-71,3
Transferências de capital	2.469,3	2.708,2	96,7	97,3	-20,0	9,7
Administrações Públicas	2.191,2	1.755,1	96,7	96,4	-22,5	-19,9
Administração Central	733,8	384,8	92,5	87,0	-46,5	-47,6
Administração Regional	616,7	600,0	100,0	100,0	2,2	-2,7
Administração Local	836,8	767,6	98,8	99,4	-0,6	-8,3
Segurança Social	4,0	2,7	51,5	42,1	-62,7	-31,6
Outras transferências de capital	278,2	953,1	96,0	99,0	7,1	242,6
Outras despesas de capital	16,6	13,5	80,7	77,1	-4,9	-18,4
Despesa efetiva	50.565,4	48.731,7	96,7	97,1	3,7	-3,6
Por memória:						
Activos financeiros	2.188,1	11.388,6				
Passivos financeiros	113.927,1	101.585,2				
Transf. para o Fundo de Regularização da Dívida Pública	2.230,8					

Fonte: Ministério das Finanças: Síntese de Execução Orçamental – Janeiro de 2012

Quadro A.11 Despesa do Subsector Estado, Classificação Orgânica (2010 e 2011)

(Milhões de euros)

Ministérios	2010	2011	Taxa de Variação (%)
Encargos Gerais do Estado	3.179,3	3.019,9	-5,0
Presidência do Conselho de Ministros	191,5	228,4	19,3
Negócios Estrangeiros	390,3	352,9	-9,6
Finanças e Administração Pública	13.761,0	16.532,2	20,1
Defesa Nacional	2.286,5	2.015,3	-11,9
Administração Interna	1.948,9	1.768,8	-9,2
Justiça	1.447,0	1.301,7	-10,0
Economia, Inovação e Desenvolvimento	140,6	142,9	1,6
Agricultura, Desenvolvimento Rural e Pescas	507,9	489,1	-3,7
Obras Públicas, Transportes e Comunicações	129,3	133,7	3,4
Ambiente, Ordenamento Território e Desenvolvimento	198,8	202,0	1,6
Trabalho e Solidariedade Social	7.816,9	6.833,7	-12,6
Saúde	9.026,4	8.238,2	-8,7
Educação	7.174,9	6.376,8	-11,1
Ciência, Tecnologia e Ensino Superior	1.669,5	1.624,7	-2,7
Cultura	146,9	145,5	-1,0
Despesa Efectiva Total	50.015,9	49.406,0	-1,2
Activos Financeiros	11.431,6	11.060,1	
Despesa com Activos	61.447,6	60.466,1	

Nota: Não inclui passivos financeiros, nem a transferência para o FRDP.
Fonte: Ministério das Finanças e da Administração Pública (2010 estimativa; 2011 OE): Relatório do orçamento de Estado 2011, p.117

Quadro A.12 Despesa do subsector Estado segundo classificação funcional (2010 e 2011)

	Milhões de euros		Variação do PIB (%)	
	2010	2011	2010	2011
Funções Gerais de Soberania	**7.222,8**	**7.673,1**	**4,2**	**4,4**
Serviços Gerais da Administração Pública	1.869,7	1.829,6	1,1	1,1
Defesa Nacional	2.098,8	2.847,9	1,2	1,6
Segurança e ordem públicas	3.254,2	2.995,6	1,9	1,7
Funções Sociais	**31.003,7**	**28.599,5**	**18,2**	**16,4**
Educação	8.591,7	7.710,8	5,0	4,4
Saúde	9.801,2	9.035,3	5,8	5,2
Segurança e acção sociais	11.816,2	11.097,6	6,9	6,4
Habitação e serviços colectivos	407,2	405,8	0,2	0,2
Serviços culturais, recreativos e religiosos	387,5	349,9	0,2	0,2
Funções Económicas	**1.638,0**	**1.772,1**	**1,0**	**1,0**
Agricultura e pecuária, silvic., caça e pesca	505,0	487,5	0,3	0,3
Indústria e energia	64,8	0,0	0,0	0,0
Transportes e comunicações	597,8	1.038,6	0,4	0,6
Comércio e turismo	0,0	0,0	0,0	0,0
Outras funções económicas	470,4	246,0	0,3	0,1
Outras Funções	**10.151,4**	**11.361,3**	**6,0**	**6,5**
Operações da dívida pública	5.250,0	6.300,0	3,1	3,6
Transferências entre administrações	4.901,4	4.661,3	2,9	2,7
Diversas não especificadas	0,0	400,0	0,0	0,2
Despesa Efectiva	**50.015,9**	**49.406,0**	**29,4**	**28,4**
Activos financeiros	11.431,6	11.060,1		
Despesa com activos	**61.447,6**	**60.466,1**		

Nota: Não inclui passivos financeiros nem a transferência para o FRDP.
Fonte: Ministério das Finanças e da Administração Pública. (2010 estimativa; 2011 OE): Relatório do Orçamento de Estado 2011, p. 116

Subsector Fundos e Serviços Autónomos
(da Adm. Central)

Quadro A.13 Execução Orçamental do Subsector dos FSA (2010 e 2011)

	Milhões de euros		Grau de Execução (%)		VH (%)	
	2010	2011	2010	2011	2010	2011
Receita corrente	23.115,4	22.710,3	94,6	95,1	0,0	-1,8
Impostos directos	20,5	19,6	99,4	94,3	-15,9	-4,1
Impostos indirectos	348,1	342,3	87,0	87,2	-2,6	-1,7
Contribuições para Segurança Social, CGA e ADSE	4.180,8	3.933,7	97,4	94,8	10,1	-5,9
Taxas, Multas e Outras Penalidades	1.328,6	1.240,3	78,1	83,7	-4,8	-6,6
Transferências Correntes	16.374,3	16.149,1	97,2	97,7	0,8	-1,4
Outros subsectores das Administrações Públicas	15.809,5	15.523,1	97,9	97,6	5,6	-1,8
União Europeia	382,5	455,3	76,7	99,2	-65,0	19,0
Outras transferências	182,3	170,6	96,3	105,7	2,6	-6,4
Outras Receitas Correntes	863,1	1.025,2	72,8	78,9	-34,0	18,8
Receita de capital	3.410,8	1.719,6	88,6	64,6	35,3	-49,6
Transferências de capital	3.317,0	1.700,1	90,7	65,7	33,6	-48,7
Outros subsectores das Administrações Públicas	741,5	399,8	74,8	82,4	-49,5	-46,1
União Europeia	669,1	666,0	90,4	85,4	-30,7	-0,5
Outras transferências	1.906,4	634,2	99,0	28,9	3.756,2	-66,7
Receita efectiva	26.526,2	24.429,8	93,8	92,8	3,4	-7,9
Despesa corrente	23.173,6	22.210,6	93,8	94,2	1,8	-4,2
Despesas com o pessoal	3.097,2	2.795,7	90,2	87,1	-5,5	-9,7
Aquisição de bens e serviços	9.042,9	8.254,8	99,7	97,1	10,8	-8,7
Juros e outros encargos	13,9	30,4	72,1	93,2	23,3	118,7
Transferências correntes	10.369,0	10.609,3	94,8	96,3	3,2	2,3
Outros subsectores das Administrações Públicas	802,7	883,1	78,2	75,9	-12,7	10,0
Outras transferências	9.566,3	9.726,2	96,5	98,7	4,8	1,7
Subsídios	585,2	471,5	74,8	69,2	-51,9	-19,4
Outras despesas correntes	65,4	48,9	14,3	36,7	12,2	-25,3
Despesa de capital	1.257,9	1.316,7	61,2	66,7	-44,0	4,7
Investimento	322,5	313,0	39,2	41,8	-8,8	-3,0
Transferências de capital	863,5	974,8	75,2	82,5	-46,9	12,9
Outros subsectores das Administrações Públicas	130,3	71,1	92,7	60,5	-35,5	-45,4
Outras transferências	733,2	903,7	72,8	84,9	-48,5	23,3
Outras despesas de capital	71,9	28,9	86,3	97,7	-73,0	-59,8
Despesa efectiva	24.431,5	23.527,3	91,3	92,1	-2,3	-3,7
Saldo global	2.094,7	902,5				

Fonte: Ministério das Finanças: Síntese de Execução Orçamental – Janeiro de 2012

Subsector da Segurança Social

Quadro A.14 Execução Orçamental da Segurança Social (2010 e 2011)

	Milhões de euros		Grau de Execução (%)		VH (%)	
	2010	2011	2010	2011	2010	2011
Receita corrente	23.829,4	23.530,9	99,9	98,0	4,4	-1,3
Contribuições e quotizações	13.483,3	13.739,8	99,9	97,5	2,7	1,9
IVA Social	697,8	715,2	100,0	100,0	1,3	2,5
Transferências correntes da Administração Central	7.904,0	6.973,6	100,0	100,4	10,0	-11,8
Financiamento da Lei de Bases da Segurança Social	7.726,9	6.721,3	100,0	100,0	10,1	-13,0
Transferências do Fundo Social Europeu	910,2	1.150,7	100,0	85,5	-10,2	26,4
Outras receitas correntes	834,1	951,5	99,2	106,0	2,6	14,1
Receita de capital	28,0	6,7	99,3	15,8	63,9	-76,0
Transferências do Orçamento de Estado	4,0	2,7	100,0	36,8	-62,7	-31,6
Outras receitas de capital	24,1	4,0	99,2	11,4	269,8	-83,3
Receita Efectiva	23.857,4	23.537,6	99,9	97,9	4,4	-1,3
Despesa Corrente	23.135,2	23.078,2	90,5	97,7	4,1	-0,2
Pensões	14.011,9	14.449,3	100,0	99,5	4,1	3,1
Sobrevivência	2.027,7	1.955,3	100,0	99,3	3,6	-3,6
Invalidez	1.407,7	1.395,6	100,0	99,0	-1,0	-0,9
Velhice	10.547,3	11.064,2	100,0	99,6	4,6	4,9
Beneficiários dos antigos combatentes	29,2	34,3	-	-	-	17,4
Subsídio familiar a crianças e jovens	968,2	674,9	100,0	99,0	-3,2	-30,3
Subsídio por doença	446,9	450,2	100,0	99,2	-0,9	0,7
Subsídio desemprego e apoio ao emprego	2.221,1	2.103,9	100,0	99,1	8,6	-5,3
Complemento Solidário para Idosos	265,2	272,8	100,0	98,6	16,7	2,8
Outras prestações	808,2	838,5	99,9	98,0	5,5	3,7
Acção social	1.611,4	1.553,3	100,5	93,4	-0,3	-3,6
Rendimento Social de Inserção	519,9	414,6	100,0	98,7	2,4	-20,2
Administração	375,7	337,6	102,4	89,2	-4,6	-10,1
Outras despesas correntes	698,9	596,1	100,0	92,6	-5,6	-14,7
dos quais:						
Transferências e subsídios correntes	698,9	596,1	100,0	92,6	-5,6	-14,7
Acções de Formação Profissional	1.207,6	1.387,0	100,0	86,8	19,3	14,9
dos quais:						
Com suporte no Fundo Social Europeu	982,4	1.159,5	100,0	84,8	24,3	18,0
Despesa de Capital	33,1	30,1	99,9	57,1	-25,5	-9,1
PIDDAC	3,2	2,6	100,0	35,6	-84,7	-18,0
Outras	29,9	27,5	99,8	59,8	26,6	-8,1
Despesa efectiva	23.168,3	23.108,3	100,1	97,6	4,0	-0,3
Saldo global	689,1	429,3				

Fonte: Ministério das Finanças: Síntese de Execução Orçamental – Janeiro de 2012

Subsector da Administração Regional e Local

Quadro A.15 Estimativa das Receitas e Despesas da Administração Regional e Local

Quadro A.15.A. Estimativa das Receitas e Despesas da Administração Local

	Milhões de euros			% do PIB		
	2010	2011	2012	2010	2011	2012
Receita Total	7.730	7.639	7.550	4,5	4,4	4,5
Receita Fiscal Municipal	2.345	2.576	2.619	1,4	1,5	1,5
da qual: Receita de IRS	391	377	391	0,2	0,2	0,2
Transferências	3.499	3.529	3.396	2,0	2,1	2,0
OE - Lei Finanças Locais	2.444	2.227	2.089	1,4	1,3	1,2
Outras Transf. das Adm. Públicas	442	595	635	0,3	0,3	0,4
Resto do Mundo	487	559	547	0,3	0,3	0,3
Outra Receita	1.885	1.534	1.535	1,1	0,9	0,9
Despesa Total	7.651	7.545	7.159	4,4	4,4	4,2
Despesa Corrente	5.320	5.224	4.915	3,1	3,0	2,9
Despesas com Pessoal	2.665	2.535	2.245	1,5	1,5	1,3
Outra Despesa Corrente	2.655	2.689	2.670	1,5	1,6	1,6
Despesa de Capital	2.330	2.321	2.245	1,3	1,3	1,3
Saldo global	79	94	391	0,0	0,1	0,2
Saldo Primário	185	221	517	0,1	0,1	0,3

Fonte: Ministério das Finanças: Relatório do Orçamento de Estado 2012, p.88

Quadro A.15.B. Estimativa das Receitas e Despesas da Administração Regional *

	Milhões de euros			% do PIB		
	2010	2011	2012	2010	2011	2012
Receita Total	2.145	2.119	2.090	1,2	1,2	1,2
Receita Fiscal e de Contribuições	1.168	1.172	1.172	0,7	0,7	0,7
Transferências	852	840	811	0,5	0,5	0,5
OE - Lei Finanças Regionais	617	600	566	0,4	0,4	0,3
Outras Transf. das Adm. Públicas	32	26	32	0,0	0,0	0,0
Resto do Mundo	180	212	212	0,1	0,1	0,1
Outra Receita	125	107	107	0,1	0,1	0,1
Despesa Total	2.276	2.357	1.848	1,3	1,4	1,1
Despesa Corrente	1.866	1.920	1.471	1,1	1,1	0,9
Despesa com Pessoal e Bens e Serviços	1.174	1.223	995	0,7	0,7	0,6
Outra Despesa Corrente	691	697	476	0,4	0,4	0,3
Despesa de Capital	411	437	377	0,2	0,3	0,2
Saldo Global	-131	-238	242	-0,1	-0,1	0,1
Saldo Primário	-80	-163	317	0,0	-0,1	0,2

Fonte: Ministério das Finanças: Relatório do Orçamento de Estado 2012, p.90
*Note-se que o valor da despesa efectiva de 2010 é significativamente inferior ao que pode ser apurado através das contas da RAA e RAM, que são respectivamente 1039,1 milhões e 2142,4 milhões.

Quadro A.16 Estrutura das Receitas Efectivas dos Municípios Portugueses
(2001, 2004, 2007 e 2010)
Milhões de euros

RECEITAS CORRENTES	2001	2004*	2007	2010	%	TMCA 01-04	TMCA 04-07	TMCA 07-10
IMPOSTOS DIRECTOS	28,6%	29,0%	33,7%	2177,4	29,7%	4,2%	9,5%	-3,2%
IMI/CONTRIB. AUTÁRQUICA	9,5%	12,0%	14,0%	1110,7	15,2%	12,1%	9,5%	3,8%
IMT/ IMP. MUNICIPAL de SISA (1)	11,7%	9,2%	13,5%	626,9	8,6%	-4,2%	18,3%	-13,2%
IUC / IMP. MUNICIPAL S/ VEICULOS	1,6%	1,8%	1,9%	170,2	2,3%	8,9%	6,1%	7,6%
DERRAMA	5,9%	6,0%	4,3%	267,9	3,7%	4,4%	-6,7%	-4,4%
OUTROS IMPOSTOS DIRECTOS	0,0%	0,0%	0,0%	1,7	0,0%			-12,9%
IMPOSTOS INDIRECTOS	3,4%	2,7%	3,3%	158,4	2,2%	-3,6%	11,7%	-12,6%
TAXAS,MULTAS,OUTR. PENAL	3,1%	3,4%	3,3%	224,5	3,1%	6,5%	3,5%	-1,9%
RENDIMENTOS DE PROP.	1,5%	1,9%	2,6%	258,4	3,5%	12,4%	14,9%	12,5%
VENDA BENS E SERV. CORR.	7,0%	9,6%	9,6%	710,3	9,7%	15,1%	4,1%	1,4%
TRANSF. CORRENTES	21,9%	23,8%	25,5%	2228,5	30,4%	6,7%	6,4%	7,2%
FGM + FCM (2001), FGM+FCM+FBM (2004); FEF+FSM+IRS (2007 e 2010)	19,8%	21,4%	20,6%	1741,0	23,8%	6,6%	2,8%	5,9%
OUTRAS TRANSF, ADM. PÚBL.	1,5%	2,0%	4,3%	443,6	6,1%	16,4%	33,0%	13,5%
FUNDOS COMUNITÁRIOS	0,1%	0,2%	0,2%	14,8	0,2%	49,4%	13,2%	-5,2%
OUTRAS TRANSF. CORRENTES	0,7%	0,2%	0,3%	29,1	0,4%	-29,8%	19,8%	9,5%
OUTRAS RECEIT. CORRENTES	1,1%	0,9%	1,0%	66,9	0,9%	-4,2%	10,5%	-3,4%
TOTAL RECEIT. CORRENTES	66,7%	71,3%	79,1%	5824,5	79,5%	6,1%	7,7%	1,2%
RECEITAS DE CAPITAL								
VENDA BENS DE INVEST.	2,8%	2,7%	2,3%	117,1	1,6%	2,2%	-2,0%	-10,0%
TRANSF. DE CAPITAL	29,7%	25,5%	18,1%	1360,0	18,6%	-1,4%	-7,2%	1,8%
FGM + FCM (2001), FGM+FCM+ FBM (2004), FEF (2007)	13,2%	14,3%	9,5%	776,6	10,6%	6,5%	-9,1%	4,7%
OUTRAS TRANSF, ADM. PÚBL.,	4,3%	4,4%	3,1%	118,2	1,6%	4,7%	-7,0%	-19,1%
FUNDOS COMUNITÁRIOS	9,6%	5,7%	4,9%	421,4	5,8%	-12,7%	-1,1%	6,4%
OUTRAS TRANSF. DE CAPITAL	2,6%	1,1%	0,5%	43,9	0,6%	-22,1%	-18,3%	4,6%
OUTRAS RECEIT. DE CAPITAL	0,7%	0,5%	0,5%	21,5	0,3%	-8,7%	6,1%	-16,9%
TOTAL RECEIT. DE CAPITAL*	33,3%	28,7%	20,9%	1498,6	20,5%	-1,2%	-6,4%	0,3%
RECEITA EF. TOTAL**	5644	6305	7104	7323,0	100,0%	3,8%	4,1%	1,0%

Fonte: DGAL/SIIAL (controlo orçamental receita: receita líquida cobrada; dados provisórios relativos aos 308 municípios portugueses; 18-11-2011) e cálculos próprios.
* Sem Activos e Passivos Financeiros (APF) ** Excluindo APF, reposições não abatidas em pagamentos, saldo da gerência anterior e contas de ordem.

Quadro A.17 Estrutura das Despesas Efectivas dos Municípios Portugueses (2001, 2004, 2007 e 2010)

Milhões de euros

DESPESAS CORRENTES	2001	2004*	2007	2010	%	TMCA 01-04	TMCA 04-07	TMCA 07-10
PESSOAL	24,7%	29,2%	30,3%	2451,0	33,7%	6,3%	4,9%	4,9%
AQUISIÇÃO DE BENS	3,5%	5,0%	5,3%	367,2	5,1%	12,9%	5,7%	-0,5%
AQUIS. DE SERVIÇOS	13,8%	15,2%	17,5%	1363,9	18,8%	3,7%	8,5%	3,7%
TRANSF.CORR.	6,0%	6,3%	6,8%	649,0	8,9%	2,0%	6,1%	11,1%
ENCARGOS FINANC.	1,4%	1,6%	2,6%	104,7	1,4%	5,4%	21,0%	-16,4%
OUTRAS DESP. CORR	1,1%	2,2%	3,3%	101,2	1,4%	27,4%	18,0%	-23,8%
TOTAL DAS DESP. CORRENTES	50,5%	59,5%	65,7%	5037,0	69,3%	6,1%	7,0%	3,1%
INVESTIMENTO	42,7%	28,3%	22,5%	1436,7	19,8%	-12,4%	-4,1%	-3,0%
TERRENOS	2,0%	1,4%	1,2%	87,3	1,2%	-11,2%	-2,7%	2,4%
HABITAÇÃO	6,0%	2,4%	2,2%	36,0	0,5%	-26,0%	0,4%	-38,2%
OUTROS EDIFÍCIOS	8,0%	7,1%	5,8%	597,7	8,2%	-3,6%	-3,3%	14,0%
Instalações recreativas, desportivas e escolas	2,3%	3,0%	2,8%	438,7	6,0%	10,0%	1,3%	30,3%
Equip. Social : creches e lares	1,2%	0,2%	0,2%	14,8	0,2%	-42,8%	1,7%	0,6%
Outros	4,5%	3,8%	2,7%	144,1	2,0%	-4,9%	-7,7%	-8,9%
CONSTRUÇÕES DIVERSAS	22,7%	14,1%	10,3%	511,1	7,0%	-14,2%	-6,9%	-10,7%
Viadutos, arruamentose obras com	7,1%	4,1%	3,2%	169,6	2,3%	-16,0%	-5,0%	-8,8%
Águas residuais (esgotos)	2,3%	1,4%	1,0%	43,8	0,6%	-16,4%	-5,8%	-15,1%
Captação, trat. e distribuição de água	1,5%	0,9%	0,6%	26,3	0,4%	-13,7%	-8,3%	-16,5%
Viação rural	4,7%	2,8%	1,9%	79,3	1,1%	-15,6%	-9,5%	-15,2%
Infraest. Tratam. resíduos sólidos	0,1%	0,0%	0,0%	0,8	0,0%	-17,3%	-30,0%	-8,0%
Construção instalações desp. e recre.	1,9%	1,5%	1,0%	60,2	0,8%	-5,7%	-9,4%	-6,0%
Outras	5,1%	3,3%	2,5%	131,0	1,8%	-13,2%	-5,9%	-9,0%
MATERIAL DE TRANSPORTE	0,8%	0,5%	0,4%	19,7	0,3%	-14,3%	-0,3%	-13,5%
MAQUINARIA E EQUIPAMENTO	2,4%	2,3%	2,1%	94,1	1,3%	-1,0%	0,0%	-13,7%
OUTROS INVEST.	0,8%	0,5%	0,6%	90,8	1,3%	-11,5%	8,3%	27,5%
LOCAÇÃO FINANCEIRA		0,2%	0,3%	16,5	0,2%		7,2%	-5,0%
BENS DOMÍNIO PÚBLICO		5,0%	5,4%	329,1	4,5%		6,0%	-4,3%
TRANSF. DE CAPITAL	6,7%	7,0%	5,5%	377,1	5,2%	1,8%	-4,6%	-0,4%
ADMIN. LOCAL	2,5%	3,3%	2,3%	151,6	2,1%	9,2%	-7,4%	-2,4%
SERVI. AUTÓNOMOS DA ADMIN. LOCAL	0,6%	0,1%	0,2%	8,2	0,1%	-56,2%	61,0%	-16,7%
OUTRAS	3,5%	3,7%	2,9%	217,3	3,0%	1,7%	-3,9%	2,1%
das quais empresas		2,0%	1,7%	117,1	1,6%		-1,7%	-0,5%
OUT.DESP. CAPITAL	0,1%		0,7%	67,9	0,9%			11,2%
TOTAL DESP. DE CAPITAL**	49,5%	40,5%	34,3%	2227,3	30,7%	-6,0%	-2,0%	-2,5%
DESP. EFECT. TOT**	6221	6308	7003,1	7264,3	100,0%	0,5%	3,5%	1,2%

Fonte: DGAL/SIIAL (controlo orçamental receita: receita cobrada líquida; dados provisórios relativos aos 308 municípios portugueses; 18-11-2011). Amadora: a partir conta gerência suporte papel. Cálculos próprios.

Outros dados sobre Portugal

Quadro A.18 Composição do ajustamento estrutural (PEC)
Percentagem do PIB

	2005	2006	2007	2008	2009	2010	2011	Var 05-11
Receita	41,7	42,5	42,4	42,7	42,8	43,1	43,1	1,5
Da qual Receita fiscal e contributiva	34,9	35,7	36,2	36,4	36,4	36,4	36,4	1,5
Medidas temporárias	0,0	0,0	0,1	0,0	0,0	0,0	0,0	
Despesa	47,8	46,4	45,4	45,1	44,4	43,5	43,3	-4,5
Da qual Despesa primária	45,2	43,6	42,4	42,2	41,5	40,9	40,6	-4,5
Despesa corrente primária	40,8	40,2	39,1	38,8	38,1	37,4	37,1	-3,8
FBCF	3,0	2,3	2,2	2,2	2,2	2,4	2,6	-0,4
Juros	2,6	2,8	2,9	2,9	2,8	2,7	2,7	0,0
Saldo global	-6,1	-3,9	-3,0	-2,4	-1,5	-0,4	-0,2	6,0
Saldo primário	-3,5	-1,1	-0,1	0,5	1,3	2,2	2,5	6,0
Saldo estrutural	-5,1	-2,8	-2,1	-1,6	-1,1	-0,4	-0,4	4,7

Fonte: Ministério das Finanças e da Administração Pública (Programa de Estabilidade e Crescimento 2007-2011 Q.15).

Quadro A.19 Distribuição individual do Rendimento Disponível

Decil	1989	1995	2000
1	2149.6	2338.6	2726.3
2	3189.1	3473.3	3943.1
3	3908.2	4335.2	4887.2
4	4622.0	5074.0	5784.0
5	5330.3	5862.3	6720.6
6	6031.9	6770.8	7692.1
7	6932.0	7868.1	8798.9
8	8096.2	9346.7	10488.2
9	10123.2	12037.5	13452.7
10	16718.6	21524.7	24902.7
Total	6708.8	7860.4	8937.4

Notas: Valores em Euros a preços de 2000.
Fonte: Rodrigues, C. F. (2007), *Distribuição do Rendimento, Desigualdade e Pobreza: Portugal nos anos 90*, Edições Almedina, Coimbra, com base nos IOF 89/90, 94/95 e 2000, valores em euros a preços de 2000.

Quadro A.20 Distribuição individual do Rendimento Disponível por adulto equivalente. Taxas anuais de crescimento real por decis

Decil	Taxa de Crescimento		
	95-89	00-95	00-89
1	1.41	3.12	2.18
2	1.43	2.57	1.95
3	1.74	2.43	2.05
4	1.57	2.65	2.06
5	1.60	2.77	2.13
6	1.94	2.58	2.23
7	2.13	2.26	2.19
8	2.42	2.33	2.38
9	2.93	2.25	2.62
10	4.30	2.96	3.69
Total	2.68	2.60	2.64

Fonte: Rodrigues, C. F. (2007), *Distribuição do Rendimento, Desigualdade e Pobreza: Portugal nos anos 90*, Edições Almedina, Coimbra, com base nos IOF 89/90, 94/95 e 2000, valores em euros a preços de 2000.

Quadro A.21 Distribuição individual do Rendimento Disponível por adulto equivalente, em percentagem da média e da mediana

Decil	% da Média			% da Mediana		
	1989	1995	2000	1989	1995	2000
1	32.0	29.8	30.5	38.0	37.2	37.6
2	47.5	44.2	44.1	56.4	55.2	54.3
3	58.3	55.2	54.7	69.1	68.9	67.3
4	68.9	64.6	64.7	81.7	80.6	79.7
5	79.5	74.6	75.2	94.3	93.1	92.6
6	89.9	86.1	86.1	106.7	107.6	106.0
7	103.3	100.1	98.5	122.6	125.0	121.2
8	120.7	118.9	117.4	143.2	148.5	144.5
9	150.9	153.1	150.5	179.0	191.2	185.3
10	249.2	273.8	278.6	295.7	342.0	343.0
Total	(-)	(-)	(-)	118.6	124.9	123.1

*Rendimento médio de cada decil como percentagem da Média e da Mediana
Fonte: Rodrigues, C. F. (2007), *Distribuição do Rendimento, Desigualdade e Pobreza: Portugal nos anos 90*, Edições Almedina, Coimbra, com base nos IOF 89/90, 94/95 e 2000, valores em euros a preços de 2000.

Quadro A.22 Distribuição individual do Rendimento Disponível por adulto equivalente

Decil	1989	1995	2000
1	0.0321	0.0298	0.0305
2	0.0475	0.0442	0.0441
3	0.0583	0.0552	0.0547
4	0.0689	0.0647	0.0647
5	0.0794	0.0744	0.0752
6	0.0900	0.0863	0.0861
7	0.1033	0.1001	0.0989
8	0.1208	0.1189	0.1170
9	0.1508	0.1531	0.1503
10	0.2490	0.2734	0.2785

*Proporções do rendimento auferidas por cada decil.
Fonte: Rodrigues, C. F. (2007), *Distribuição do Rendimento, Desigualdade e Pobreza: Portugal nos anos 90*, Edições Almedina, Coimbra, com base nos IOF 89/90, 94/95 e 2000, valores em euros a preços de 2000.

Quadro A.23 Rendimento Médio por Adulto equivalente por Decis [2000-2006

Decil	Rendim. Médio 2000	Rendim. Médio 2003	Variação 2000-03 (%)	Rendim. Médio 2006	Variação 2003-06 (%)
1	2418	2283	-5.6	2635	15.5
2	3827	3905	2.1	4180	7.0
3	4772	4907	2.8	5245	6.9
4	5673	5910	4.2	6145	4.0
5	6698	6946	3.7	7095	2.1
6	7816	8006	2.4	8182	2.2
7	9141	9386	2.7	9831	4.7
8	10825	11292	4.3	11820	4.7
9	14054	14944	6.3	15612	4.5
10	26644	27986	5.0	28364	1.4
Total	9212	9562	3.8	9918	3.7

Fonte: Carlos Farinha Rodrigues (2009), *"Algumas Reflexões sobre a Evolução Recente da Desigualdade e do Bem-estar Social em Portugal"* in Teixeira, A. et al (2009), *O que sabemos sobre a pobreza em Portugal*, VidaEconómica – Editorial, S.A, Porto. Dados baseados em Eurostat – ECHP 2001 e EU-SILC 2004/2006 – Valores em euros a preços de 2006.

Quadro A.24 Índices de Desigualdade [2000-2006]

	2000	2003	2006
Índice de Gini	0.3690	0.3773	0.3682
Índice de Atkinson (e=0,5)	0.1116	0.1182	0.1103
Índice de Atkinson (e=1.0)	0.2092	0.2245	0.2037
Índice de Atkinson (e=2,0)	0.4436	0.5027	0.3599
S80/S20	6.52	6.93	6.45
S90/S10	10.66	12.27	10.74

Fonte: Carlos Farinha Rodrigues (2009), *"Algumas Reflexões sobre a Evolução Recente da Desigualdade e do Bem-estar Social em Portugal"* in Teixeira, A. et al (2009), *O que sabemos sobre a pobreza em Portugal*, Vida Económica – Editorial, S.A, Porto. Dados baseados em Eurostat – ECHP 2001 e EU-SILC 2004/2006

ANEXOS ESTATÍSTICOS

Quadro A.25 Distribuição Individual do Rendimento Disponível por Adulto Equivalente. Medidas de Pobreza

	1989	1995	2000
Linha de Pobreza (Euros) (60% do Rendimento Mediano)	3392.7	3776.5	4355.8
Incidência da Pobreza - $F(0)$	0.1764	0.1829	0.1910
Intensidade da Pobreza - $F(1)$	0.0433	0.0465	0.0470
Severidade da Pobreza - $F(2)$	0.0163	0.0176	0.0170
Défice de Recursos Médio	146.7	175.5	204.6

Fonte: Rodrigues, C. F. (2007), *Distribuição do Rendimento, Desigualdade e Pobreza: Portugal nos anos 90*, Edições Almedina, Coimbra, com base nos IOF 89/90, 94/95 e 2000, valores em euros a preços de 2000.

Quadro A.26 Indicadores de pobreza monetária [1993/2000/2003/2008

Decil	1993	2000	2003	2008
Incidência da Pobreza (%)	22.5	20.1	20.4	17.9
Intensidade da Pobreza (F1x100)	8.8	5.6	6.2	5.0
Severidade da Pobreza (F2X100)	5.0	2.5	3.0	2.2
Taxa de Pobreza nos idosos (%)	39.9	29.7	28.9	20.1
Taxa de Pobreza nas crianças (%)	23.2	27.4	24.6	22.9

Fonte: Carlos Farinha Rodrigues et al (2011), *Conclusões preliminares do estudo Desigualdades em Portugal*, Fundação Francisco Manuel dos Santos, Lisboa, 2011.
Dados baseados em *Eurostat* – ECHP 1994/2001 e EU-SILC 2004/2009.

Dados de países da União Europeia e OCDE

Quadro A.27 População Total
Milhares

País	2005	2006	2007	2008	2009	2010	2011
U.E (27)	491.134.938	493.210.397	495.291.925	497.686.132	499.705.399	501.125.880	502.519.978
U.E (15)	316.297.818	318.079.852	319.824.773	321.745.242	323.239.115	324.166.671	325.221.150
Z.Euro (17)	323.030.150	324.813.716	326.560.819	328.487.175	329.991.784	330.931.723	331.996.617
Alemanha	82.500.849	82.437.995	82.314.906	82.217.837	82.002.356	81.802.257	81.751.602
Áustria	8.201.359	8.254.298	8.282.984	8.318.592	8.355.260	8.375.290	8.404.252
Bélgica	10.445.852	10.511.382	10.584.534	10.666.866	10.753.080	10.839.905	10.951.665
Bulgária	7.761.049	7.718.750	7.679.290	7.640.238	7.606.551	7.563.710	7.504.868
Chipre	749.175	766.414	778.684	789.269	796.875	803.147	804.435
Dinamarca	5.411.405	5.427.459	5.447.084	5.475.791	5.511.451	5.534.738	5.560.628
Eslováquia	5.384.822	5.389.180	5.393.637	5.400.998	5.412.254	5.424.925	5.435.273
Eslovénia	1.997.590	2.003.358	2.010.377	2.010.269	2.032.362	2.046.976	2.050.189
Espanha	43.038.035	43.758.250	44.474.631	45.283.259	45.828.172	45.989.016	46.152.926
Estónia	1.347.510	1.344.684	1.342.409	1.340.935	1.340.415	1.340.127	1.340.194
Finlândia	5.236.611	5.255.580	5.276.955	5.300.484	5.326.314	5.351.427	5.375.276
França	62.772.870	63.229.635	63.645.065	64.007.193	64.369.050	64.716.213	65.075.373
Grécia	11.082.751	11.125.179	11.171.740	11.213.785	11.260.402	11.305.118	11.325.897
Holanda	16.305.526	16.334.210	16.357.992	16.405.399	16.485.787	16.574.989	16.655.799
Hungria	10.097.549	10.076.581	10.066.158	10.045.401	10.030.975	10.014.324	9.985.722
Irlanda	4.111.672	4.208.156	4.312.526	4.401.335	4.450.030	4.467.854	4.480.858
Itália	58.462.375	58.751.711	59.131.287	59.619.290	60.045.068	60.340.328	60.626.442
Letónia	2.306.434	2.294.590	2.281.305	2.270.894	2.261.294	2.248.374	2.229.641
Lituânia	3.425.324	3.403.284	3.384.879	3.366.357	3.349.872	3.329.039	3.244.601
Luxemburgo	461.230	469.086	476.187	483.799	493.500	502.066	511.840
Malta	402.668	405.006	407.810	410.290	413.609	414.372	417.617
Polónia	38.173.835	38.157.055	38.125.479	38.115.641	38.135.876	38.167.329	38.200.037
Portugal	10.529.255	10.569.592	10.599.095	10.617.575	10.627.250	10.637.713	10.636.979
Reino Unido	60.038.695	60.409.918	60.781.346	61.191.951	61.595.091	62.026.962	62.435.709
República Checa	10.220.577	10.251.079	10.287.189	10.381.130	10.467.542	10.506.813	10.532.770
Roménia	21.658.528	21.610.213	21.565.119	21.528.627	21.498.616	21.462.186	21.413.815
Suécia	9.011.392	9.047.752	9.113.257	9.182.927	9.256.347	9.340.682	9.415.570
Croácia	4.443.901	4.442.884	4.441.238	4.436.401	4.435.056	4.425.747	4.412.137
Islândia	293.577	299.891	307.672	315.459	319.368	317.630	318.452
Liechtenstein	34.600	34.905	35.168	35.356	35.589	35.894	36.149
Noruega	4.606.363	4.640.219	4.681.134	4.737.171	4.799.252	4.858.199	4.920.305
Suiça	7.415.102	7.459.128	7.508.739	7.593.494	7.701.856	7.785.806	7.866.500
Turquia	71.610.009	72.519.974	69.689.256	70.586.256	71.517.100	72.561.312	73.722.988

Fonte: Eurostat (Novembro, 2011). *Portugal 2011 (INE, à data dos Censos 2011; decenal): População Residente = 10.56.614, Continente = 10.047.083; Açores = 246.746, Madeira = 267.785

Quadro A.28 Produto Interno Bruto a preços de Mercado (U.E27)

Milhões de euros (a partir de 1.1.1999) / Milhões de ECU (até 31.12.1998)

País	2007	2008	2009	2010	2011	2012
U.E (27)	12.397.518,8	12.466.921,7	11.752.275,9	12.248.184,9	12.640.847,2	12.949.198,6
U.E (15)	11.523.112,8	11.472.325,2	10.876.005,7	11.304.873,2	11.640.830,3	11.906.769,2
Z.Euro (17)	9.030.197,6	9.244.306,4	8.930.927,2	9.161.695,7	9.418.672,5	9.608.449,9
Alemanha	2.428.500,0	2.473.800,0	2.374.500,0	2.476.800,0	2.567.082,8	2.623.446,6
Áustria	274.019,8	282.746,0	274.818,2	286.197,3	300.891,3	310.133,3
Bélgica	335.610,0	346.130,0	340.398,0	354.378,0	370.436,4	381.779,9
Bulgária	30.772,4	35.430,5	34.932,8	36.033,5	:	:
Chipre	15.901,5	17.157,1	16.853,5	17.333,6	17.928,6	18.409,6
Dinamarca	227.533,9	235.133,0	223.985,3	235.608,7	241.126,4	248.884,0
Eslováquia	54.810,8	64.500,1	62.895,5	65.887,4	69.944,5	71.614,0
Eslovénia	34.562,3	37.279,5	35.310,6	35.415,8	35.811,2	36.573,4
Espanha	1.053.161,0	1.087.749,0	1.047.831,0	1.051.342,0	1.074.940,5	1.094.290,1
Estónia	16.069,4	16.304,2	13.839,6	14.305,3	16.011,6	17.006,0
Finlândia	179.830,0	185.651,0	173.267,0	180.253,0	190.257,4	198.251,5
França	1.886.792,1	1.933.195,0	1.889.231,0	1.932.801,5	1.987.699,4	2.027.969,8
Grécia	222.771,1	232.920,3	231.642,0	227.317,9	217.828,8	212.139,9
Holanda	571.773,0	594.481,0	571.145,0	588.414,0	607.435,2	622.714,8
Hungria	99.430,5	105.545,1	91.402,5	97.094,6	99.160,2	93.867,1
Irlanda	189.932,9	179.989,8	160.595,9	155.992,3	156.109,2	158.864,9
Itália	1.554.198,9	1.575.143,9	1.526.790,4	1.556.028,6	1.586.209,0	1.617.154,7
Letónia	21.026,5	22.889,8	18.521,3	17.974,3	19.598,2	20.583,1
Lituânia	28.738,8	32.461,7	26.620,1	27.535,4	30.367,8	32.342,5
Luxemburgo	37.490,5	39.436,5	37.392,6	40.266,9	41.778,3	42.893,0
Malta	5.434,3	5.814,6	5.812,7	6.154,2	6.440,0	6.690,0
Polónia	311.001,7	363.153,7	310.418,2	354.312,7	369.825,3	358.957,3
Portugal	169.319,2	171.983,1	168.503,6	172.571,2	171.632,4	168.286,4
Reino Unido	2.054.237,7	1.800.710,8	1.564.467,9	1.700.135,6	1.739.005,4	1.826.599,3
República Checa	131.908,6	154.269,7	141.449,8	149.313,2	157.571,4	155.994,5
Roménia	124.728,5	139.765,4	117.457,4	121.942,4	129.228,3	133.098,5
Suécia	337.944,2	333.255,7	291.347,0	346.537,7	385.867,8	390.973,6

Fonte: Eurostat (Dezembro, 2011)

Quadro A.29 Deflacionador do PIBpm (U.E27)
(base 100, ano 2000)

País	2005Q1	2006Q1	2007Q1	2008Q1	2009Q1	2010Q1	2011Q1
U.E (27)	108,4	110,9	114,3	115,0	112,8	114,7	117,7
U.E (15)	107,7	109,9	113,0	112,8	111,1	112,7	115,5
Z. Euro (17)	110,4	112,4	115,1	117,3	119,1	119,5	121,0
Alemanha	105,1	105,2	106,8	107,7	108,5	109,7	110,0
Áustria	108,2	109,9	112,0	113,5	114,5	116,5	119,1
Bélgica	109,7	112,7	115,5	116,8	119,8	120,9	124,2
Bulgária	122,4	129,4	143,7	152,6	165,5	173,3	189,6
Chipre	113,9	119,1	122,6	127,8	128,5	130,9	131,6
Dinamarca	111,0	113,3	115,7	119,3	122,0	126,6	128,7
Eslováquia	138,7	144,0	164,2	177,4	191,1	187,9	189,9
Eslovénia	107,9	110,1	114,4	119,2	125,2	123,4	124,0
Espanha	120,8	126,3	130,7	134,1	135,5	135,2	136,9
Estónia	125,2	135,0	150,3	161,5	163,4	160,3	167,4
Finlândia	103,6	104,4	107,4	109,4	113,1	112,3	116,5
França	109,9	112,0	115,0	118,0	119,7	119,9	121,7
Grécia	113,8	117,8	119,6	126,6	126,1	131,0	133,0
Holanda	114,0	116,6	119,2	121,3	122,8	122,6	124,7
Hungria	138,0	137,2	151,7	158,1	142,5	158,2	159,3
Irlanda	119,8	124,5	127,5	123,7	119,7	115,8	113,8
Itália	112,1	114,5	117,4	120,4	124,7	124,1	126,3
Letónia	99,8	109,5	133,6	155,8	167,0	152,2	158,2
Lituânia	108,9	116,3	126,6	140,8	145,0	142,6	147,2
Luxemburgo	111,8	121,2	125,5	131,3	131,3	134,3	143,2
Malta	103,9	108,3	112,3	115,7	120,0	124,1	127,2
Polónia	112,2	118,4	121,4	137,1	113,4	128,6	135,0
Portugal	113,1	115,6	120,5	122,7	123,9	124,9	126,6
Reino Unido	98,5	102,3	106,9	97,6	83,5	87,9	94,1
República Checa	134,2	141,2	148,9	167,2	160,5	168,2	176,3
Roménia	140,9	162,0	192,9	205,7	196,6	208,6	219,3
Suécia	97,1	95,8	99,8	100,7	88,9	98,7	111,7

Fonte: Eurostat (Dezembro, 2011)

Quadro A.30 Produto Interno Bruto a Preços de Mercado em Paridades de Poder de Compra (PPS)

Unidade 1000 PPS

País	1999	2000	2001	2002	2003	2004	2005	2006	2007	2008	2009*	2010*
Alemanha	21,8	22,6	23,1	23,6	24,2	25,2	26,3	27,4	28,6	29,1	27,3	27,9
Áustria	23,4	25,0	24,7	25,8	26,3	27,4	28,0	29,2	30,8	30,9	29,7	30,1
Bélgica	21,9	24,0	24,4	25,6	25,5	26,1	26,9	28,0	29,4	28,8	28,2	28,5
Bulgária	4,8	5,3	5,8	6,3	6,7	7,3	7,8	8,6	9,3	10,1	9,7	9,9
Chipre	15,6	16,9	18,0	18,3	18,4	19,6	20,4	21,3	22,6	23,8	22,8	23,0
Dinamarca	23,3	25,1	25,3	26,3	25,7	27,2	27,8	29,1	29,9	29,7	28,0	28,6
Eslováquia	9,0	9,5	10,4	11,1	11,5	12,4	13,5	15,0	16,7	18,0	17,1	17,5
Eslovénia	14,4	15,2	15,8	16,8	17,3	18,7	19,6	20,7	22,2	22,5	22,1	22,6
Espanha	17,2	18,5	19,4	20,6	20,9	21,9	22,9	24,6	26,2	26,1	25,0	25,0
Estónia	7,5	8,5	9,1	10,2	11,3	12,4	13,7	15,4	16,9	16,9	14,5	14,7
Finlândia	20,5	22,3	22,9	23,6	23,4	25,2	25,7	27,1	28,8	28,9	27,3	27,8
França	20,4	22,0	22,9	23,7	23,2	23,8	24,9	25,8	27,1	26,9	25,9	26,2
Grécia	14,7	16,0	17,1	18,5	19,1	20,4	20,9	22,2	23,6	23,9	23,7	24,1
Holanda	23,3	25,6	26,4	27,3	26,8	28,0	29,4	30,9	32,7	33,9	31,7	32,0
Hungria	9,5	10,7	11,6	12,6	13,1	13,7	14,2	15,0	15,6	15,8	14,6	14,9
Irlanda	22,5	24,9	26,2	28,2	29,1	30,7	32,4	34,8	37,4	35,0	32,2	31,9
Itália	20,9	22,3	23,3	22,9	22,9	23,1	23,6	24,5	25,4	25,2	23,5	23,8
Letónia	6,4	7,0	7,7	8,4	9,0	9,9	10,9	12,4	14,4	14,0	11,9	11,8
Lituânia	6,9	7,5	8,2	9,0	10,2	10,9	11,9	13,1	14,8	15,4	13,6	13,3
Luxemburgo	42,3	46,4	46,3	49,2	51,3	54,9	57,1	63,1	66,6	63,5	61,4	62,1
Malta	14,4	15,9	15,4	16,3	16,2	16,7	17,6	18,1	19,4	19,2	19,3	19,6
Polónia	8,7	9,2	9,4	9,9	10,1	11,0	11,5	12,4	13,4	14,4	13,7	14,1
Portugal	13,9	14,9	15,3	15,8	15,9	16,2	17,3	18,0	19,0	18,9	18,0	18,2
Reino Unido	21,0	22,7	23,7	24,7	25,2	26,8	27,4	28,5	29,5	29,4	28,1	28,5
República Checa	12,4	13,0	13,9	14,4	15,2	16,3	17,1	18,3	20,0	20,2	19,6	19,9
Roménia	4,7	5,0	5,5	6,0	6,5	7,4	7,9	9,1	10,5	11,5	10,7	10,9
Suécia	22,3	24,1	24,0	24,8	25,4	27,0	27,1	28,7	30,4	30,5	28,6	29,3
Croácia	8,8	9,4	9,9	10,7	11,2	12,1	12,7	13,8	15,2	15,8	15,2	15,7
Estados Unidos	29,0	30,7	31,0	31,6	32,4	34,1	35,8	37,4	38,8	38,7	36,8	37,4
Islândia	24,8	25,1	26,2	26,6	26,0	28,4	29,3	29,3	30,2	29,8	26,0	26,9
Japão	21,0	22,3	22,5	22,9	23,2	24,5	25,4	26,6	27,9	27,8	26,0	26,5
Noruega	25,8	31,4	31,9	31,7	32,4	35,6	39,6	43,4	44,4	47,7	42,8	43,6
Suiça	26,1	27,6	27,8	28,8	28,4	29,3	30,0	32,3	34,6	35,5	33,2	33,6
Turquia	7,0	7,6	7,0	7,0	7,0	8,1	9,1	10,1	11,1	11,4	10,5	10,8

Fonte: Eurostat (2009)

ANEXOS ESTATÍSTICOS

Quadro A.31 Despesa das Administrações Públicas (% PIB) U.E(27)

País	2001	2002	2003	2004	2005	2006	2007	2008	2009	2010
U.E (27)	46,1	46,6	47,2	46,8	46,8	46,3	45,6	47,1	51,0	50,6
U.E (15)	46,3	46,7	47,4	47,0	47,1	46,6	46,0	47,6	51,5	51,2
Z. Euro (17)	47,3	47,6	48,1	47,5	47,4	46,7	46,1	47,1	51,1	50,9
Alemanha	47,6	47,9	48,5	47,1	46,9	45,3	43,5	44,0	48,1	47,9
Áustria	51,3	50,7	51,3	53,8	50,0	49,1	48,6	49,3	52,9	52,5
Bélgica	49,1	49,8	51,0	49,3	52,1	48,6	48,3	49,9	53,8	52,9
Bulgária	40,6	39,6	39,1	38,6	37,3	34,4	39,8	38,3	40,7	38,1
Chipre	38,0	40,0	44,6	42,4	43,1	42,6	41,3	42,1	46,2	46,4
Dinamarca	54,2	54,6	55,1	54,6	52,8	51,6	50,8	51,9	58,4	58,2
Eslováquia	44,5	45,1	40,1	37,7	38,0	36,5	34,2	34,9	41,5	40,0
Eslovénia	47,3	46,2	46,2	45,7	45,3	44,6	42,5	44,2	49,3	50,1
Espanha	38,7	38,9	38,4	38,9	38,4	38,4	39,2	41,5	46,3	45,6
Estónia	34,8	35,8	34,8	34,0	33,6	33,6	34,0	39,5	45,2	40,6
Finlândia	48,0	49,0	50,3	50,2	50,4	49,2	47,4	49,3	55,9	55,3
França	51,7	52,9	53,4	53,3	53,6	53,0	52,6	53,3	56,7	56,6
Grécia	45,3	45,1	44,7	45,5	44,6	45,2	47,6	50,6	53,8	50,2
Holanda	45,4	46,2	47,1	46,1	44,8	45,5	45,3	46,2	51,5	51,2
Hungria	47,8	51,5	49,7	49,1	50,1	52,1	50,6	49,2	51,4	49,5
Irlanda	33,0	33,4	33,1	33,5	33,8	34,3	36,6	42,8	48,9	66,8
Itália	47,7	47,1	48,1	47,5	47,9	48,5	47,6	48,6	51,6	50,3
Letónia	35,0	36,0	34,9	35,9	35,8	38,3	35,9	39,1	44,2	44,4
Lituânia	36,6	34,6	33,0	33,2	33,2	33,5	34,6	37,2	43,8	40,9
Luxemburgo	38,1	41,5	41,8	42,6	41,5	38,6	36,3	37,1	43,0	42,5
Malta	42,4	42,6	46,7	45,2	44,6	44,3	42,7	44,0	43,3	42,9
Polónia	43,8	44,3	44,7	42,6	43,4	43,9	42,2	43,2	44,5	45,4
Portugal	42,5	42,3	43,8	44,7	45,8	44,5	44,4	44,8	49,9	51,3
Reino Unido	40,2	41,1	42,1	43,0	44,1	44,2	43,9	47,9	51,4	50,4
República Checa	43,9	45,6	50,0	43,3	43,0	42,0	41,0	41,1	44,9	44,1
Roménia	36,2	35,0	33,5	33,6	33,6	35,5	38,2	39,3	41,1	40,9
Suécia	54,5	55,6	55,7	54,2	53,9	52,7	51,0	51,7	55,0	52,7

Fonte: Eurostat (Dezembro, 2011)

Quadro A.32 Carga fiscal (incl. contrib. imputadas à Seg. Social) no PIBpm (U.E27)

Países	2005	2006	2007	2008	2009	2010	2011	2012
U.E. (27)	40,3	40,7	40,7	40,5	39,8	39,7	40,2	40,6
Z.Euro (17)	40,8	41,3	41,3	40,9	40,5	40,4	40,9	41,4
Alemanha	39,7	40	40	40,2	40,7	39,5	40,3	40,4
Áustria	43,7	43,1	43,3	44,3	44,3	43,7	43,8	44
Bélgica	46,8	46,4	45,9	46,3	45,5	46,1	46	45,8
Bulgária	31,3	30,7	33,3	32,3	29	27,5	26,9	26,8
Chipre	34,8	35,5	39,9	38,5	35,5	35,9	35,3	35,8
Dinamarca	51,9	50,7	49,9	49,1	49,2	49,3	47,6	47,6
Eslováquia	31,5	29,4	29,5	29,4	29	28,3	28,7	28,8
Eslovénia	39	38,6	38	37,6	38	38,4	38,8	38,8
Espanha	37,1	38	38,4	34,4	32,5	33,8	33,7	33,7
Estónia	30,2	30,8	31,5	31,8	36,1	34,1	32,8	32,4
Finlândia	44,1	43,9	43,1	43	42,7	42,2	43,2	43,4
França	45,7	46	45,4	45,3	44,3	44,7	45,7	46,6
Grécia	34,4	33	34,4	34,2	32,7	33,3	35,1	35,7
Holanda	38,6	39,8	39,5	39,9	39,1	39,5	39,1	39,7
Hungria	37,5	37,4	40,5	40,4	40,2	37,8	36,1	38,7
Irlanda	31,8	33,3	32,7	31,1	29,9	29,7	30,5	30,8
Itália	40,3	42	43	43	43,1	42,6	42,6	43,6
Letónia	29,4	30,8	30,8	29,7	27	27,5	28,1	28,2
Lituânia	28,7	29,6	29,9	30,4	29,9	27,5	27,3	27,2
Luxemburgo	38,5	36,7	36,5	36,3	38,6	38	39,3	40,3
Malta	35,2	35,4	36,1	35,1	35,6	34,6	34,7	34,3
Polónia	33,2	34,2	34,9	34,4	31,9	31,9	33,2	34,2
Portugal	35	35,7	35,9	35,9	34,4	34,8	36	36,7
Reino Unido	37,7	38,3	37,9	39,5	36,6	37,4	37,8	38,1
República Checa	35,7	35,4	35,9	34,5	33,6	33,8	34	34,6
Roménia	28,5	29,1	29,8	28,8	27,7	28,1	28,5	28,9
Suécia	49,3	48,7	47,8	46,9	47,3	46,3	45,9	45,8

Fonte: Ameco (Dezembro 2011)

Quadro A.33 Estrutura fiscal em Portugal e nos países da U.E15 (2000 a 2007)

	2000 EU	2000 PT	2001 EU	2001 PT	2002 EU	2002 PT	2003 EU	2003 PT	2004 EU	2004 PT	2005 EU	2005 PT	2006 EU	2006 PT	2007 EU	2007 PT
Impostos sobre a Produção e Importações	0,32	0,39	0,32	0,39	0,33	0,40	0,33	0,41	0,33	0,41	0,33	0,42	0,33	0,42	0,33	0,40
Impostos sobre produtos	0,27	0,37	0,26	0,37	0,27	0,38	0,27	0,38	0,27	0,39	0,27	0,40	0,27	0,40	0,27	0,38
Imposto sobre Valor Acrescentado	0,16	0,22	0,16	0,22	0,16	0,22	0,16	0,22	0,17	0,23	0,17	0,24	0,16	0,24	0,17	0,23
Impostos sobre importações e direitos, excl. IVA		0,01		0,01		0,01		0,01		0,01		0,01		0,01		0,01
Impostos específicos sobre produtos	0,10	0,15	0,10	0,15	0,10	0,15	0,10	0,15	0,10	0,15	0,10	0,15	0,10	0,15	0,10	0,14
Outros impostos sobre a produção	0,06	0,02	0,06	0,02	0,06	0,03	0,06	0,04	0,06	0,02	0,06	0,02	0,06	0,02	0,06	0,02
Impostos sobre o rendimento, riqueza, etc.	0,34	0,28	0,33	0,27	0,32	0,26	0,31	0,24	0,31	0,24	0,32	0,23	0,33	0,24	0,34	0,26
Impostos sobre i rendimentos	0,32	0,28	0,31	0,26	0,30	0,25	0,29	0,23	0,29	0,24	0,30	0,23	0,31	0,23	0,31	0,25
Outros impostos correntes	0,02	0,01	0,02	0,01	0,02	0,01	0,02	0,01	0,02	0,01	0,02	0,01	0,02	0,01	0,02	0,01
Impostos sobre o capital	0,01	0,00	0,01	0,00	0,01	0,00	0,01	0,00	0,01	0,00	0,01	0,00	0,01	0,00	0,01	0,00
Total de receitas fiscais	0,67	0,68	0,66	0,67	0,66	0,67	0,65	0,66	0,65	0,65	0,66	0,65	0,67	0,66	0,67	0,66
Contribuições Seg. Social	0,33	0,32	0,34	0,33	0,34	0,33	0,35	0,34	0,35	0,35	0,34	0,35	0,33	0,34	0,33	0,34
Total receitas fiscais e contribuições Seg. Social	1,00	1,00	1,00	1,00	1,00	1,00	1,00	1,00	1,00	1,00	1,00	1,00	1,00	1,00	1,00	1,00

Fonte: Eurostat (2009) e cálculos

Quadro A.34 Projecções do rácio dos idosos (+65) relativamente aos activos (15-64) até 2060 (U.E27)

País	2010	2015	2020	2025	2030	2035	2040	2045	2050	2055	2060
EU (27 países)	25,9	28,5	31,4	34,6	38,3	42,3	45,5	48	50,2	51,8	52,6
Alemanha	31,3	32,5	35,8	40,2	47,2	54,2	56,4	56,9	58,1	59,6	59,9
Áustria	26,1	27,8	29,8	33,3	38,8	44,2	46,8	47,4	48,6	49,3	50,7
Bélgica	26	28	30,3	33,2	36,7	39,3	41	41,7	42,5	43,1	43,8
Bulgária	25,4	28,9	32,5	35,8	38,7	41,6	46	51,6	56,1	60,1	60,3
Chipre	18,6	21,6	24,9	28,2	30,8	32	33,3	35,5	39,8	43,8	47,6
Dinamarca	24,9	28,8	31,4	33,9	37	40,1	41,9	42,5	41,8	42	43,5
Eslováquia	16,9	19,1	23,6	28	31,4	33,9	38	44,6	51,4	57,6	61,8
Eslovénia	23,8	25,8	30,4	34,8	38,8	42,7	46,1	50,8	55,1	57,8	57,6
Espanha	24,7	27	28,9	31,6	35,5	40,6	46,7	53,3	56,9	57,3	56,4
Estónia	25,2	27,2	30,1	33,1	35,8	37,6	40,5	43,6	48,3	54,3	55,5
Finlândia	25,6	31,4	36,2	39,8	42,7	44,3	43,5	43,8	44,9	45,7	47,4
França	25,7	29,2	32,7	35,8	39,1	42	44,4	44,8	45,5	46,3	46,6
Grécia	28,4	30,6	32,6	34,9	37,7	42,5	47,8	53,4	57,5	57,7	56,7
Holanda	22,8	27,1	30,8	35,2	40,3	44,8	47,3	46,9	46,5	46,7	47,5
Hungria	24,2	26,2	30	32,8	33,6	35,7	39,5	46	50,2	54,2	57,8
Irlanda	16,8	20	22,8	25,1	27,6	30	33,1	36,3	39,7	38,6	36,7
Itália	30,8	33,1	34,8	37	41,1	46,5	51,7	55,1	56,3	56,6	56,7
Letónia	25,2	26,6	28,8	32,2	36,2	39,2	43,3	47,6	54,3	63,3	68
Lituânia	23,3	24,4	26,6	30,4	35,2	38,8	41,8	43,7	47,3	52,7	56,7
Luxemburgo	20,4	21,3	23,1	26	30	34,1	37,1	39,6	41,9	43,6	45,1
Malta	21,3	27	31,8	36,3	39,2	39,4	40,2	42,9	46,5	51,1	55,6
Polónia	19	21,8	26,9	32,4	35,2	36,9	39,9	45,3	53	60	64,6
Portugal	26,7	29	31,3	34	37,9	41,8	46,7	52	55,6	56,7	57,2
Reino Unido	24,9	27,8	29,6	31,7	34,8	37,7	38,9	38,6	39,4	40,9	42,1
República Checa	21,6	26	30,4	32,8	34,3	35,9	40,1	46,4	50,1	53,3	55
Roménia	21,4	22,6	25,7	29	30,2	35,3	40,7	47,6	53,8	62,3	64,8
Suécia	27,7	31,3	33,5	35,3	37,2	39,3	40,5	40,9	41,7	43,7	46,2

Fonte: Eurostat (Dezembro, 2011)

Quadro A.35 Dívida Bruta das Administrações Públicas em % do PIBpm (U.E27)

País	2001	2002	2003	2004	2005	2006	2007	2008	2009	2010
U.E (27)	61,0	60,4	61,9	62,3	62,8	61,5	59,0	62,5	74,7	80,1
U.E (25)	61,2	60,6	62,1	62,6	63,2	62,0	59,6	63,2	75,4	80,8
Z. Euro (17)	68,1	67,9	69,1	69,5	70,1	68,5	66,3	70,1	79,8	85,3
Alemanha	59,1	60,7	64,4	66,3	68,6	68,1	65,2	66,7	74,4	83,2
Áustria	66,8	66,2	65,3	64,7	64,2	62,3	60,2	63,8	69,5	71,8
Bélgica	106,5	103,4	98,4	94,0	92,0	88,0	84,1	89,3	95,9	96,2
Bulgária	66,0	52,4	44,4	37,0	27,5	21,6	17,2	13,7	14,6	16,3
Chipre	61,2	65,1	69,7	70,9	69,4	64,7	58,8	48,9	58,5	61,5
Dinamarca	49,6	49,5	47,2	45,1	37,8	32,1	27,5	34,5	41,8	43,7
Eslováquia	48,9	43,4	42,4	41,5	34,2	30,5	29,6	27,8	35,5	41,0
Eslovénia	26,5	27,8	27,2	27,3	26,7	26,4	23,1	21,9	35,3	38,8
Espanha	55,6	52,6	48,8	46,3	43,1	39,6	36,2	40,1	53,8	61,0
Estónia	4,8	5,7	5,6	5,0	4,6	4,4	3,7	4,5	7,2	6,7
Finlândia	42,5	41,5	44,5	44,4	41,7	39,6	35,2	33,9	43,3	48,3
França	56,9	58,8	62,9	64,9	66,4	63,7	64,2	68,2	79,0	82,3
Grécia	103,7	101,7	97,4	98,6	100,0	106,1	107,4	113,0	129,3	144,9
Holanda	50,7	50,5	52,0	52,4	51,8	47,4	45,3	58,5	60,8	62,9
Hungria	52,7	55,9	58,6	59,5	61,7	65,9	67,0	72,9	79,7	81,3
Irlanda	35,2	31,9	30,7	29,4	27,2	24,7	24,8	44,2	65,2	92,5
Itália	108,2	105,1	103,9	103,4	105,4	106,1	103,1	105,8	115,5	118,4
Letónia	14,1	13,6	14,7	15,0	12,5	10,7	9,0	19,8	36,7	44,7
Lituânia	23,0	22,2	21,0	19,3	18,3	17,9	16,8	15,5	29,4	38,0
Luxemburgo	6,3	6,3	6,1	6,3	6,1	6,7	6,7	13,7	14,8	19,1
Malta	60,9	59,1	67,6	71,7	69,7	64,1	62,1	62,2	67,8	69,0
Polónia	37,6	42,2	47,1	45,7	47,1	47,7	45,0	47,1	50,9	54,9
Portugal	51,2	53,8	55,9	57,6	62,8	63,9	68,3	71,6	83,0	93,3
Reino Unido	37,7	37,5	39,0	40,9	42,5	43,4	44,4	54,8	69,6	79,9
República Checa	23,9	27,1	28,6	28,9	28,4	28,3	27,9	28,7	34,4	37,6
Roménia	25,7	24,9	21,5	18,7	15,8	12,4	12,8	13,4	23,6	31,0
Suécia	54,7	52,5	51,7	50,3	50,4	45,0	40,2	38,8	42,7	39,7

Fonte: Eurostat (Dezembro, 2011)

Quadro A.36 Saldo global em % do PIBpm (U.E27)

País	2005	2006	2007	2008	2009	2010	2011*	2012*
U.E (27)	-2,5	-1,5	-0,9	-2,4	-6,8	-6,4	-4,7	-3,8
Z. Euro (17)	-2,5	-1,4	-0,7	-2	-6,3	-6	-4,3	-3,5
Alemanha	-3,3	-1,6	0,3	0,1	-3	-3,3	-2	-1,2
Áustria	-1,8	-1,7	-1	-1	-4,1	-4,6	-3,7	-3,3
Bélgica	-2,8	0,1	-0,4	-1,3	-6	-4,2	-3,9	-4,2
Bulgária	1	1,9	1,1	1,7	-4,7	-3,2	-2,7	-1,6
Chipre	-2,4	-1,2	3,4	0,9	-6	-5,3	-5,1	-4,9
Dinamarca	5	5	4,8	3,3	-2,8	-2,9	-4,3	-3,4
Eslováquia	-2,8	-3,2	-1,8	-2,1	-8	-7,9	-5,2	-4,7
Eslovénia	-1,5	-1,4	-0,1	-1,8	-6	-5,6	-5,8	-5
Espanha	1	2	1,9	-4,2	-11,1	-9,2	-6,3	-5,3
Estónia	1,6	2,4	2,5	-2,9	-1,8	0,1	-0,6	-2,4
Finlândia	2,5	3,9	5,2	4,2	-2,9	-2,8	-1,2	-0,8
França	-3	-2,3	-2,7	-3,3	-7,5	-7	-5,8	-5,3
Grécia	-5,3	-6	-6,7	-9,8	-15,6	-10,4	-9,5	-9,3
Holanda	-0,3	0,5	0,2	0,5	-5,5	-5,3	-3,7	-2,4
Hungria	-7,9	-9,4	-5	-3,6	-4,5	-4,3	1,6	-3,4
Irlanda	1,6	2,9	0,1	-7,3	-14,3	-32,4	-10,5	-8,8
Itália	-4,4	-3,3	-1,5	-2,7	-5,3	-4,5	-3,9	-3,1
Letónia	-0,4	-0,5	-0,3	-4,2	-9,6	-7,6	-4,4	-3,8
Lituânia	-0,5	-0,4	-1	-3,3	-9,5	-7,1	-5,4	-4,6
Luxemburgo	0	1,4	3,7	3	-0,9	-1,7	-1	-1,1
Malta	-2,9	-2,8	-2,4	-4,5	-3,7	-3,6	-3	-3
Polónia	-4,1	-3,6	-1,9	-3,7	-7,3	-7,9	-5,8	-3,6
Portugal	-5,9	-4,1	-3,2	-3,6	-10,1	-9,2	-5,9	-4,5
Reino Unido	-3,4	-2,7	-2,7	-5	-11,3	-10,4	-8,5	-7
República Checa	-3,6	-2,6	-0,7	-2,7	-5,8	-4,7	-4,4	-4,1
Roménia	-1,2	-2,2	-2,6	-5,7	-8,5	-6,4	-4,7	-3,6
Suécia	1,9	2,2	3,6	2,2	-0,9	-0,3	0,6	1,7

Fonte: Ameco (Setembro, 2011)
* Previsão

ANEXOS ESTATÍSTICOS

Quadro A.37 Componente cíclica do Saldo Orçamental Global das Adm. Púb. (U.E27)

País	2005	2006	2007	2008	2009	2010	2011	2012
U.E (27)	0,2	0,9	1,7	1,3	-1,3	-1	-0,6	-0,3
Z. Euro (17)	0	0,8	1,6	1,2	-1,3	-0,9	-0,6	-0,2
Alemanha	-0,8	0,4	1,1	1,1	-1,9	-0,7	-0,1	0,3
Áustria	-0,3	0,5	1,4	1,6	-1	-0,8	-0,4	-0,1
Bélgica	0,1	0,6	1,3	1	-1,3	-1	-0,7	-0,4
Bulgária	0,8	1,6	2,5	3,4	0,1	-1	-1	-0,7
Chipre	0	0,4	1,3	1,7	0	-0,5	-0,8	-0,7
Dinamarca	0,5	2	2,5	1,3	-2,6	-1,6	-0,9	-0,3
Eslováquia	-0,4	0,5	2,2	2,6	-0,2	-0,2	-0,4	-0,2
Eslovénia	0	1,3	3,2	3,9	-1,1	-1,3	-1,1	-0,7
Espanha	0,8	1,5	2,2	1,8	-0,4	-1	-1,2	-1,1
Estónia	1,6	3,6	4,8	2,2	-2,8	-2,3	-1,3	-0,4
Finlândia	0,5	1,5	3,1	2,6	-2,6	-2	-1,1	-0,7
França	0,4	0,7	1,2	0,7	-1,1	-0,9	-0,6	-0,2
Grécia	0,6	1,8	3	2,9	1,8	-0,2	-1,5	-0,8
Holanda	-0,7	0,2	1,5	1,8	-1	-0,6	0	0,5
Hungria	1,5	2,2	1,8	1,6	-2	-1,9	-1	-0,2
Irlanda	1,6	2,6	4	1,9	-1,6	-2,2	-2,1	-1,4
Itália	0,3	1,1	1,7	0,9	-1,8	-1,2	-0,8	-0,3
Letónia	1,9	4,1	6	3,7	-2,6	-3,2	-3,1	-2,9
Lituânia	1,2	2,1	3,7	3,5	-1,7	-2,2	-1,7	-1,4
Luxemburgo	0,2	0,9	2,5	1,7	-1,5	-1,1	-0,6	0
Malta	-0,3	-0,4	0,4	1,4	-0,6	0	0	0,1
Polónia	-0,9	-0,2	0,8	1,1	0,2	0,1	0,2	0,1
Portugal	-0,2	0,1	1	1	-0,2	0,5	-0,3	-1
Reino Unido	0,7	1,2	1,7	1,1	-1,4	-1,3	-1	-0,6
República Checa	0,2	1,5	2,5	2,3	-0,3	-0,4	-0,6	-0,5
Roménia	0,4	1,6	2,3	3,6	0,3	-0,8	-1,1	-0,8
Suécia	0,9	2	2,6	1	-3,3	-1,4	-0,2	0

Fonte: Ameco (Setembro, 2011)

Quadro A.38 Saldo das Administrações Públicas Ajustado do Ciclo em % do PIB potencial (U.E27)

País	2005	2006	2007	2008	2009	2010	2011	2012
U.E (27)	-2,6	-2,4	-2,5	-3,6	-5,5	-5,4	-4,1	-3,6
Z.Euro (17)	-2,5	-2,2	-2,2	-3,3	-5	-5,1	-3,7	-3,3
Alemanha	-2,5	-1,9	-0,9	-1	-1,1	-2,5	-1,9	-1,4
Áustria	-1,4	-2,1	-2,3	-2,6	-3,2	-3,9	-3,4	-3,2
Bélgica	-2,8	-0,5	-1,6	-2,3	-4,6	-3,1	-3,1	-3,8
Bulgária	0,2	0,3	-1,3	-1,8	-4,7	-2,3	-1,7	-0,9
Chipre	-2,5	-1,6	2,1	-0,8	-6	-4,8	-4,3	-4,2
Dinamarca	4,7	3,2	2,3	2	-0,2	-1,1	-3,2	-2,8
Eslováquia	-2,4	-3,7	-4	-4,6	-7,7	-7,7	-4,8	-4,3
Eslovénia	-1,5	-2,7	-3,3	-5,8	-4,9	-4,3	-4,7	-4,4
Espanha	0,2	0,5	-0,3	-6	-10,7	-8,2	-5,1	-4,2
Estónia	0	-1,1	-2,2	-5	1,1	2,5	0,7	-2
Finlândia	2,2	2,5	2,1	1,7	0	-0,5	0,1	0
França	-3,3	-3	-3,9	-4	-6,3	-6,1	-5,1	-5
Grécia	-5,8	-7,6	-9,4	-12,7	-17,2	-10,3	-7,9	-8,5
Holanda	0,4	0,3	-1,3	-1,3	-4,5	-4,8	-3,7	-2,8
Hungria	-9,4	-11,5	-6,8	-5,3	-2,5	-2,3	2,7	-3,1
Irlanda	0	0,3	-4	-9,2	-12,7	-30,2	-8,5	-7,4
Itália	-4,6	-4,4	-3,2	-3,6	-3,5	-3,4	-3,2	-2,9
Letónia	-2,3	-4,6	-6,4	-7,9	-7,1	-4,5	-1,4	-0,9
Lituânia	-1,7	-2,5	-4,7	-6,8	-7,8	-4,9	-3,8	-3,4
Luxemburgo	-0,2	0,5	1,2	1,3	0,6	-0,6	-0,4	-1,1
Malta	-2,6	-2,4	-2,7	-6	-3,1	-3,6	-3,1	-3,1
Polónia	-3,2	-3,4	-2,7	-4,8	-7,5	-8	-6	-3,8
Portugal	-5,7	-4,2	-4,2	-4,5	-10	-9,7	-5,5	-3,5
Reino Unido	-4,1	-3,8	-4,4	-6,2	-10	-9,1	-7,6	-6,4
República Checa	-3,8	-4,1	-3,2	-5	-5,5	-4,3	-3,8	-3,5
Roménia	-1,6	-3,8	-5	-9,3	-8,8	-5,6	-3,5	-2,8
Suécia	1,3	0,4	1	1,3	2,6	1,4	1,1	2

Fonte: Ameco (Setembro, 2011)

Quadro A.39 Juros em % da Dívida das Administrações Públicas (U.E27)

País	2001	2002	2003	2004	2005	2006	2007	2008	2009	2010
U.E (27)	5,8	5,4	5,0	4,8	4,6	4,4	4,7	4,7	4,0	3,8
U.E (15)	5,7	5,3	5,0	4,7	4,5	4,4	4,6	4,7	3,9	3,7
Z.Euro (17)	5,7	5,3	5,0	4,7	4,4	4,3	4,6	4,7	3,9	3,6
Alemanha	5,3	5,1	5,0	4,6	4,3	4,3	4,3	4,3	3,9	3,5
Áustria	5,2	4,8	4,5	4,5	4,7	4,5	4,7	4,4	4,2	4,0
Bélgica	6,1	5,5	5,2	5,0	4,6	4,5	4,6	4,6	4,0	3,6
Bulgária	6,5	3,8	4,6	4,8	5,0	5,5	6,3	5,9	5,5	4,3
Chipre	6,1	5,4	5,8	5,1	5,3	5,1	5,2	5,2	5,1	4,0
Dinamarca	6,6	6,3	5,5	5,2	4,4	4,6	5,0	5,4	5,0	4,2
Eslováquia	8,6	7,9	6,4	5,7	4,5	4,8	5,1	4,6	4,9	4,0
Eslovénia	10,0	9,2	7,6	6,7	6,0	5,6	5,3	5,2	5,9	4,7
Espanha	5,5	5,2	4,8	4,5	4,2	4,1	4,3	4,6	4,3	3,6
Estónia	3,2	4,9	4,1	4,5	4,5	4,5	4,5	5,6	3,8	1,7
Finlândia	6,4	5,1	4,3	3,7	3,5	3,6	4,0	4,1	3,1	2,5
França	5,4	5,3	4,9	4,5	4,2	4,0	4,4	4,6	3,5	3,1
Grécia	6,7	5,7	5,3	5,5	4,7	4,7	4,5	4,9	4,6	4,3
Holanda	6,3	5,7	5,2	4,9	4,7	4,4	4,9	5,0	3,6	3,4
Hungria	9,8	8,7	8,1	8,3	7,4	6,8	6,7	6,6	6,2	5,3
Irlanda	4,5	4,4	4,2	4,0	3,9	4,2	4,5	5,2	4,1	4,7
Itália	6,0	5,3	5,0	4,8	4,6	4,6	4,9	5,1	4,2	4,0
Letónia	8,2	5,8	5,7	5,8	4,3	4,4	4,3	7,2	6,2	4,0
Lituânia	6,8	6,1	6,1	4,9	4,8	4,6	4,6	4,4	6,7	6,3
Luxemburgo	5,5	4,4	3,8	2,9	2,7	3,3	3,9	5,1	2,6	3,0
Malta	6,1	6,1	5,8	5,4	5,5	5,4	5,6	5,5	5,0	4,7
Polónia	8,9	8,0	7,4	6,4	6,5	6,1	5,4	5,4	5,9	5,6
Portugal	6,2	5,6	4,9	4,7	4,5	4,4	4,9	4,5	4,0	3,7
Reino Unido	6,0	5,5	5,6	5,3	5,4	5,0	5,4	5,3	3,5	4,4
República Checa	5,9	5,0	4,1	4,2	4,0	4,0	4,2	4,0	4,4	4,1
Roménia	22,2	12,3	8,4	8,6	7,7	6,3	7,0	6,9	11,1	6,8
Suécia	5,4	5,4	4,0	3,2	3,4	3,4	4,1	4,2	2,3	1,8

Fonte: Ameco, Janeiro 2012

Quadro A.40 Classificação Funcional (COFOG) da Despesa das Administrações Públicas (U.E27)
Percentagem do PIB

País	2001	2002	2003	2004	2005	2006	2007	2008	2009	2010
U.E (27)	:	46,6	47,3	46,8	46,9	46,3	45,6	47,0	50,9	:
U.E (15)	46,3	46,8	47,5	47,1	47,2	46,6	45,9	47,4	51,4	:
Z.Euro (17)	47,3	47,7	48,1	47,6	47,5	46,8	46,0	47,0	51,0	:
Alemanha	47,8	48,3	48,9	47,4	47,2	45,6	43,6	43,9	48,0	:
Áustria	51,3	50,7	51,3	53,8	50,0	49,1	48,6	49,3	52,9	52,5
Bélgica	49,2	49,8	51,1	49,4	52,3	48,6	48,4	50,2	54,2	:
Bulgária	40,6	39,6	39,1	38,5	39,7	34,4	39,7	37,6	40,8	:
Chipre	37,7	39,7	44,1	42,0	42,9	42,6	41,2	41,7	45,8	:
Dinamarca	54,2	54,6	55,1	54,6	52,8	51,6	50,8	51,5	58,0	57,8
Eslováquia	44,5	45,1	40,1	37,7	38,0	36,6	34,3	35,0	41,5	:
Eslovénia	47,3	46,2	46,2	45,7	45,2	44,5	42,4	44,2	49,1	:
Espanha	38,6	38,9	38,4	38,9	38,4	38,4	39,2	41,3	45,8	:
Estónia	34,8	35,8	34,8	34,0	33,6	33,6	34,4	39,9	45,2	:
Finlândia	47,8	48,8	50,1	50,0	50,1	49,0	47,2	49,1	55,6	:
França	51,6	52,8	53,5	53,3	53,6	53,0	52,5	53,2	56,5	:
Grécia	45,3	45,1	44,7	45,5	44,0	45,2	46,5	49,2	53,2	:
Holanda	45,4	46,2	47,1	46,1	44,8	45,5	45,3	46,2	51,4	:
Hungria	47,2	51,2	49,4	48,7	50,2	52,0	50,0	48,8	50,5	:
Irlanda	32,9	33,2	33,0	33,3	33,7	34,3	36,7	42,6	48,6	:
Itália	48,0	47,4	48,3	47,7	48,2	48,7	47,9	48,9	51,9	:
Letónia	34,6	35,6	34,8	35,8	35,6	38,1	35,7	38,8	44,2	:
Lituânia	36,8	34,7	33,2	33,3	33,3	33,6	34,8	37,4	43,6	:
Luxemburgo	38,1	41,5	41,8	42,6	41,5	38,6	36,2	36,9	42,2	41,2
Malta	43,1	43,2	47,9	45,3	44,5	44,3	42,5	43,5	43,0	:
Polónia	:	44,3	44,7	42,6	43,4	43,9	42,2	43,2	44,4	:
Portugal	42,5	42,3	43,8	44,7	45,8	44,5	43,6	43,6	48,0	:
Reino Unido	40,1	41,1	42,1	42,9	44,1	44,2	44,0	47,4	51,5	:
República Checa	44,4	46,3	47,3	45,1	45,0	43,7	42,5	42,9	45,9	:
Roménia	36,2	35,0	33,5	33,6	33,6	35,5	38,2	39,3	41,1	:
Suécia	54,5	55,6	55,7	54,2	53,9	52,7	51,0	51,7	55,2	:

Fonte: Eurostat (Dezembro, 2011)

ANEXOS ESTATÍSTICOS

Quadro A.41 Classificação Funcional (COFOG) da Despesa das Administrações Públicas em Saúde, 2009 (U.E27)

Percentagem do PIB

País	Despesa Total em Saúde	Equipamentos e produtos médicos	Serviço Ambulatório	Serviços Hospitalares	Serviços de Saúde Pública	I&D em Saúde	Saúde n.e.c
U.E (27)	7,4	:	:	:	:	:	:
U.E (15)	7,6	:	:	:	:	:	:
Z. Euro (17)	7,4	:	:	:	:	:	:
Alemanha	6,9	1,8	2,2	2,9	0,0	0,1	0,4
Áustria	8,3	1,2	1,6	4,7	0,2	0,2	0,3
Bélgica	8,0	:	:	:	:	:	:
Bulgária	4,4	0,5	1,1	2,6	0,1	:	0,0
Chipre	3,3	0,7	0,1	2,4	0,0	0,0	0,0
Dinamarca	8,7	0,5	:	6,5	:	0,0	0,3
Eslováquia	7,8	:	:	:	:	:	:
Eslovénia	6,9	1,1	2,4	2,8	0,2	0,0	0,3
Espanha	6,7	1,3	:	5,2	0,1	0,1	0,1
Estónia	5,6	0,7	0,5	4,1	0,0	0,1	0,1
Finlândia	7,9	0,7	3,4	3,4	0,0	0,1	0,2
França	8,4	1,5	3,0	3,7	0,1	0,0	0,0
Grécia	6,0	1,9	0,2	3,1	0,0	0,0	0,8
Holanda	6,8	:	:	:	:	:	:
Hungria	5,0	1,5	1,3	1,7	0,2	0,0	0,3
Irlanda	8,8	1,3	3,6	3,4	0,0	0,0	0,5
Itália	7,5	0,8	2,4	4,1	0,1	0,0	0,1
Letónia	4,7	0,5	0,9	3,0	0,1	0,0	0,2
Lituânia	5,6	1,0	1,7	2,5	0,1	0,0	0,3
Luxemburgo	5,0	4,5	0,2	0,0	0,1	0,1	0,2
Malta	5,5	0,9	0,9	3,2	0,1	0,0	0,4
Polónia	5,1	0,1	1,5	3,1	0,3	0,0	0,1
Portugal	7,1	1,3	4,2	1,3	0,0	0,0	0,2
Reino Unido	8,5	0,1	0,5	7,7	0,0	0,1	0,1
República Checa	8,0	1,2	1,7	3,3	1,4	0,0	0,3
Roménia	4,3	:	:	:	:	:	:
Suécia	7,4	0,9	3,2	2,8	0,2	0,1	0,2

Fonte: Eurostat (Dezembro, 2011)

Quadro A.42 Classificação Funcional (COFOG) da Despesa das Administrações Públicas em Protecção Social, 2009 (U.E27)

Percentagem do PIB

Países	Total Protecção Social	Doença e Invalidez	Idosos	Sobrevivência	Familia e Crianças	Desemprego	Habitação	Exclusão Social	I&D Protecção Social	Protecção Social n.e.c
U.E (27)	20,1	:	:	:	:	:	:	:		:
Z. Euro (17)	20,6	:	:	:	:	:	:	:	:	:
Alemanha	21,8	2,7	10,0	2,0	2,4	2,7	0,1	1,0	0,0	1,0
Áustria	21,8	2,0	13,0	1,6	2,6	1,4	0,1	0,9	0,0	0,2
Bélgica	19,5	:	:	:	:	:	:	:	:	:
Bulgária	13,6	0,3	9,9	:	2,5	0,1	0,0	0,0	:	0,8
Chipre	10,9	0,7	4,4	1,1	1,9	0,6	0,0	2,1	0,0	0,1
Dinamarca	25,1	6,0	:	:	5,7	3,0	0,7	1,3	:	:
Eslováquia	12,2	:	:	:	:	:	:	:	:	:
Eslovénia	18,0	2,7	9,3	1,7	2,3	0,7	0,0	0,8	0,0	0,4
Espanha	16,1	2,4	7,1	2,1	0,7	3,1	0,1	0,3	0,0	0,4
Estónia	15,7	2,9	8,2	0,1	2,1	2,1	0,0	0,1	0,0	0,2
Finlândia	23,6	5,5	9,9	0,8	2,8	2,8	0,3	0,8	0,0	0,7
França	23,7	2,6	13,4	1,6	2,6	1,8	0,9	0,6	0,0	0,1
Grécia	19,5	1,4	11,6	1,5	0,8	1,1	0,1	0,0	0,0	3,0
Holanda	18,1	:	:	:	:	:	:	:	:	:
Hungria	18,3	3,9	7,2	1,3	2,6	0,7	0,8	1,4	0,0	0,4
Irlanda	16,4	3,7	3,6	1,1	3,4	3,1	0,5	0,8	0,0	0,1
Itália	20,4	2,0	13,5	2,8	1,2	0,8	0,0	0,1	0,0	0,0
Letónia	14,0	2,8	8,3	0,0	1,0	1,1	0,0	0,4	0,0	0,4
Lituânia	16,7	4,2	7,3	0,6	2,6	1,0	0,1	0,4	0,0	0,6
Luxemburgo	17,9	2,2	9,9	0,0	3,7	1,3	0,0	0,8	0,0	0,1
Malta	14,8	1,7	8,3	1,8	1,3	0,5	0,2	0,4	0,0	0,5
Polónia	16,5	2,2	9,9	1,8	1,3	0,8	0,1	0,3	0,0	0,1
Portugal	17,4	1,5	10,4	1,7	1,5	1,2	0,0	0,4	0,0	0,7
Reino Unido	18,0	3,1	8,6	0,1	2,3	0,5	1,4	1,7	0,0	0,4
República Checa	14,0	3,1	7,5	0,7	1,5	0,5	0,1	0,4	0,1	0,3
Roménia	14,2	:	:	:	:	:	:	:	:	:
Suécia	23,0	5,3	11,5	0,5	2,7	1,5	0,3	1,0	0,0	0,1

Fonte: Eurostat (Dezembro, 2011)

Quadro A.43 Classificação Funcional (COFOG) da Despesa das Administrações Públicas em Educação, 2009 (U.E27)

Percentagem do PIB

Países	Total Educação	Pré-Primária e Primária	Ensino Básico e Secundário	Pós-Secundário e não Superior	Ensino Superior	Educação não definida por nível	Serviços Subsidiários à Educação	I&D Educação	Educação n.e.c
U.E (27)	5,6	:	:	:	:	:	:	:	:
U.E (15)	5,6	:	:	:	:	:	:	:	:
Z. Euro (17)	5,3	:	:	:	:	:	:	:	:
Alemanha	4,4	1,1	1,9	0,1	0,7	0,1	0,2	0,0	0,1
Áustria	5,8	1,5	2,6	0,0	0,8	0,3	0,2	0,0	0,2
Bélgica	6,3	:	:	:	:	:	:	:	:
Bulgária	4,4	0,8	2,0	:	1,0	0,0	0,1	0,0	0,4
Chipre	7,1	2,1	2,5	0,0	1,1	0,7	0,5	0,0	0,2
Dinamarca	8,0	4,0	:	:	1,4	0,6	:	:	:
Eslováquia	4,3	:	:	:	:	:	:	:	:
Eslovénia	6,7	2,4	2,5	0,0	1,2	0,2	0,3	0,0	0,2
Espanha	5,0	1,9	1,8	0,0	0,9	0,1	0,1	0,0	0,2
Estónia	7,0	2,6	2,2	0,2	1,4	0,0	0,2	0,1	0,3
Finlândia	6,6	1,3	3,0	0,0	1,8	0,2	0,0	0,0	0,2
França	6,2	:	:	:	:	:	:	:	:
Grécia	4,5	1,5	1,8	0,0	0,8	0,0	0,0	0,0	0,4
Holanda	6,0	:	:	:	:	:	:	:	:
Hungria	5,3	2,0	1,2	0,0	0,9	0,2	0,8	0,0	0,2
Irlanda	5,6	2,2	2,0	0,2	0,9	0,1	0,1	0,0	0,1
Itália	4,8	1,9	1,9	0,1	0,5	0,1	0,3	0,0	0,0
Letónia	6,6	2,4	2,2	0,0	1,0	0,5	0,0	0,0	0,5
Lituânia	6,8	1,3	3,2	0,1	1,3	0,4	0,1	0,2	0,3
Luxemburgo	5,0	1,8	1,8	0,1	0,3	0,3	0,5	0,1	0,1
Malta	5,5	1,4	2,4	0,0	0,8	0,0	0,1	0,2	0,6
Polónia	5,6	1,9	1,6	0,0	1,5	0,3	0,3	0,0	0,1
Portugal	6,7	1,8	2,5	0,0	1,2	0,3	0,3	0,1	0,4
Reino Unido	6,9	2,1	2,1	0,8	0,9	0,5	0,1	0,0	0,5
República Checa	5,0	0,5	2,8	0,0	1,0	0,1	0,3	0,0	0,1
Roménia	4,1	1,1	1,4	0,0	1,1	0,2	0,1	0,0	0,2
Suécia	7,3	4,2	1,4	0,0	1,4	0,2	0,0	0,0	0,1

Fonte: Eurostat (Dezembro, 2011)

LEGISLAÇÃO

– Regulamentação comunitária
Regulamento (CE) nº 2223/96 do Conselho de 25 de Junho de 1996.
Regulamento (CE) nº 1500/00 da Comissão de 10 de Julho de 2000, que aplica o Regulamento (CE) nº 2223/96 do Conselho no que respeita às despesas e receitas das administrações públicas.
Regulamento (CE) nº 1055/2005 do Conselho de 27 de Junho de 2005, que altera o Regulamento (CE) nº 1466/97 relativo ao reforço da supervisão das situações orçamentais e à supervisão e coordenação das políticas económicas.
Regulamento (CE) nº 1056/2005 do Conselho de 27 de Junho de 2005, que altera o Regulamento (CE) nº 1467/97 relativo à aceleração e clarificação da aplicação do procedimento relativo aos défices excessivos.

– Leis:
Lei nº 64/77, de 26 de Agosto (Lei orgânica orçamental).
Lei 8/90, de 20 de Fevereiro (Lei de Bases da Contabilidade Pública).
Lei nº 11/90, de 5 de Abril (Lei Quadro das Privatizações).
Lei nº 13/98, de 24 de Fevereiro (Lei de Finanças Regionais).
Lei nº 42/98, de 6 de Agosto (Lei das Finanças Locais - 1ª alteração pela Lei nº 87-B/1998, artº 59; 2ª alteração pela Lei nº 3-/2000 de 4 de Abril, artº 28; 3ª alteração pela Lei nº 15/2001 de 5 de Junho; 4ª alteração pela Lei 94/2001, de 20 de Agosto; 5ª alteração pela Lei Orgânica 2/2002, de 28 de Agosto).
Leis nº 30-F/2000, de 29 de Dezembro, nº 30-G/2000, de 29 de Dezembro, e nº 15/2001, de 5 de Junho (Várias alterações fiscais em sede de impostos sobre o rendimento, Lei geral tributária e Regime geral de infracções tributárias).
Lei nº 91/2001, de 20 de Agosto (revoga a Lei nº 6/91, Lei de enquadramento orçamental - 1ª alteração pela Lei nº 2/02, de 28 de Agosto; 2ª alteração pela Lei nº 23/03, de 2 de Julho; 3ª alteração pela Lei nº 48/04, de 24 de Agosto; 4ª alteração pela Lei nº 48/2010, de 19 de Outubro, 5ª alteração pela Lei nº 22/2011, de 20 de Maio, 6ª alteração pela Lei nº 52/2011, de 13 de Outubro).
Lei Orgânica nº 2/02, de 28 de Agosto, da Assembleia da Republica (Lei de Estabilidade Orçamental, primeira alteração à Lei nº 9/2001).
Lei nº 32/02, de 20 de Dezembro (Lei de Bases da Segurança Social).
Lei nº 26/2004, de 8 de Julho (Estatuto do Mecenato Científico).
Lei nº 2/2007, de 15 de Janeiro (Lei das Finanças Locais).

Lei nº 22-A/2007, de 29 de Junho (Código do Imposto sobre Veículos e Código do Imposto Único de Circulação).
Lei nº 64-A/2008, de 31 de Dezembro (Orçamento de Estado para 2009)
Lei nº 3-B/2010, de 28 de Abril (Orçamento de Estado para 2010)
Lei nº 55-A/2010, de 31 de Dezembro (Orçamento de Estado para 2011)
Lei nº 22/2011, de 20 de Maio (5ª alteração à lei de enquadramento orçamental)
Lei nº 48/2011, de 26 de Agosto (primeira alteração à Lei do OE para 2011).
Lei nº 49/2011, de 7 de Setembro (Sobretaxa extraordinária-IRS).

– Decretos-Lei:
Decreto nº 15465 de 1928, de 14 de Maio (Equilíbrio orçamental).
Decreto-Lei nº 727/76, de 16 de Outubro (Equilíbrio orçamental).
Decreto-Lei nº 394-B/84, de 26 de Dezembro (Aprova o Código do IVA) – republicado pelo DL nº 102/2008, de 20/06.
Decreto-Lei nº 442-A/88, de 30 de Novembro (Aprova o Código do IRS).
Decreto-Lei nº 442-B/88, de 30 de Novembro (Aprova o Código do IRC).
Decreto-Lei nº 442-C/88, de 30 de Novembro (Aprova o Código da Contribuição Autárquica).
Decreto-Lei nº 215/89, de 1 de Julho (Aprova o Estatuto dos Benefícios Fiscais) – republicado pelo DL nº 108/2008, de 26/06.

Decreto-Lei nº 155/92 de 28 de Julho (Regime de Administração Financeira do Estado).
Decreto-Lei nº 398/98, de 17 de Dezembro (Aprova a Lei Geral Tributária).
Decreto-Lei nº 566/99, de 12 de Dezembro (Código dos Impostos Especiais de Consumo – reunificação).
Decreto-Lei nº 26/02, de 14 de Fevereiro (Regime jurídico dos códigos de classificação económica das receitas e despesas públicas).
Decreto-Lei nº 287/2003, de 12 de Novembro (Reforma da tributação do património; Código do IMI e Código do IMT).
Decreto-Lei nº 33/2006, de 17 de Fevereiro (Controlador financeiro).
Decreto-Lei nº 273/2007, de 30 de Julho (Reforma da Gestão da Tesouraria do Estado-IGCP).
Decreto-Lei nº 246/2008, de 18 de Dezembro (Retribuição mínima mensal garantida-RMMG).
Decreto-Lei nº 159/2009, de 13 de Julho (Alteração e republicação do Código do IRC).
Decreto-Lei nº 249/2009, de 23 de Setembro (Código Fiscal do Investimento).
Decreto-Lei nº 73/2010, de 21 de Junho (Código dos Impostos Especiais de Consumo-CIEC).
Decreto-Lei nº 134/2010, de 27 de Dezembro (Regime de IVA nas transacções intracomunitárias).

BIBLIOGRAFIA[1]

AFONSO, A. e St. AUBYN, M. (2006). "Cross-country efficiency of secondary education provision: A semi-parametric analysis with non-discretionary inputs". Economic Modelling, 23 (3), 476-491.

ALBUQUERQUE, P., Arcanjo, M., Pereirinha, J. e Nunes, F. (2010). "Retirement and the Poverty of the Elderly: The Case of Portugal", Journal of Income Distribution, 19(3-4), 41-64.

AMARAL, L. (2010) A Economia Portuguesa, as Últimas Décadas, Relógio D'Água para Fundação Francisco Manuel dos Santos.

BENTO, V. (2009) Perceber a Crise para Encontrar o Caminho, bnomics, Lisboa

BLANCHARD, O. (2007) The Difficult Case of Portugal, Portuguese Economic Journal, 6(1), 1-21

PEREIRA, P. T. (2012) Portugal: Dívida Pública e Défice Democrático, Relógio D'Água para Fundação Francisco Manuel dos Santos.

PEREIRA, P. T., AFONSO, A. ARCANJO, M. e Santos, J. C. (2012). Economia e Finanças Públicas, Escolar Editora, (4ª edição revista e actualizada) Lisboa

PEREIRA, P. T. e WEMANS, L., (2012). "Portugal and the Global Financial Crisis – Polities, Deteriorating Públic Fiances and the Bailout Imperative", capítulo de livro a sair pela Edward Elgar.

LOPES, J. S. (1999) A Economia Portuguesa desde 1960, Gradiva, Lisboa

SANTOS, J. Gomes (1996). "Evasão e Fraude Fiscais – Uma Perspectiva Económica do Fenómeno", Prospectiva e Planeamento, (2), Departamento de Prospectiva e Planeamento.

SANTOS, J. Gomes (1997). "Tax Harmonization in the European Union and the Convergence of Fiscal Structures – the Portuguese case", 1º Encontro Internacional sobre Economia Europeia, CEDIN/ISEG, Lisboa.

VALÉRIO, N. (Coord.), NUNES, A. B., BASTIEN, C. e MATA, E. (2001). As Finanças Públicas no Parlamento Português. Estudos Preliminares, Assembleia da República e Edições Afrontamento, Lisboa.

VALÉRIO, N. (Coord.), NUNES, A. B., BASTIEN, C. e MATA, E. (2006a). Os Orçamentos no Parlamento Português, Assembleia da República e D. Quixote, Lisboa.

VALÉRIO, N. (Coord.), NUNES, A. B., BASTIEN, C. e MATA, E. (2006b). Os Impostos no Parlamento Português, Assembleia da República e D. Quixote, Lisboa.

---

[1] Trata-se apenas de alguma referências que versam especificamente sobre o caso português. Para referências mais completas ver o livro teórico complementar deste Pereira, P. T. et al. (2012).